国合华夏城市规划研究院系列研究成果

“十五五”规划编制及案例解读

吴维海 吴志强 黄宝荣 等著

西南财经大学出版社

图书在版编目(CIP)数据

“十五五”规划编制及案例解读/吴维海等著.
成都:西南财经大学出版社,2024.9.(2025.11 重印)
ISBN 978-7-5504-6396-7

Ⅰ.F123.3

中国国家版本馆 CIP 数据核字第 202479ZH29 号

“十五五”规划编制及案例解读

“SHIWUWU” GUIHUA BIANZHI JI ANLI JIEDU

吴维海　吴志强　黄宝荣　等著

策划编辑:孙婧
责任编辑:王利
责任校对:植苗
封面设计:杨红英
责任印制:朱曼丽

出版发行	西南财经大学出版社(四川省成都市光华村街 55 号)
网　　址	http://cbs.swufe.edu.cn
电子邮件	bookcj@swufe.edu.cn
邮政编码	610074
电　　话	028-87353785
照　　排	四川胜翔数码印务设计有限公司
印　　刷	成都国图广告印务有限公司
成品尺寸	185 mm×260 mm
印　　张	22.5
字　　数	454 千字
版　　次	2024 年 9 月第 1 版
印　　次	2025 年 11 月第 3 次印刷
书　　号	ISBN 978-7-5504-6396-7
定　　价	88.00 元

丛书编委会名单

仇焕广（辽宁大学副校长、中国人民大学农业发展研究院原院长）

蔡继明（清华大学政治经济学研究中心主任）

张玉柯（北京大学教授）

周道许（清华大学五道口金融学院教授）

刘瑞（中国人民大学教授）

刘福毅（中国人民银行山东省分行原副行级研究员）

刘德冰（通用技术咨询顾问有限责任公司原董事长）

王秀忠（农业农村部原巡视员）

4. 总策划

吴维海（国合华夏城市规划研究院院长）

前　言

战略是国家、城市、园区、企业生存与发展的行动指南。科学编制“十五五”规划，是应对复杂严峻的国际环境挑战，全面破解我国发展与改革中的重大难题，持续推进中国式现代化国家建设，尽快实现中华民族伟大复兴“中国梦”的战略性、全局性、系统性工作，是一项伟大的事业，必须汇聚各方智慧与资源，高水平谋划与前瞻设计。以习近平同志为核心的党中央，审时度势，高度重视五年规划编制工作。为应对复杂多变的国际形势，我们全面启动了“十五五”规划前期研究，积极做好国家和地方“十五五”规划编制工作，进一步明确规划目标任务和路线图，高质量推动经济社会可持续发展。

为发挥国合华夏城市规划研究院（简称“国合院”）作为中国首家“民族智库”的优势，高质量开展“十五五”规划前期研究和“十五五”规划编制工作，吴维海博士牵头并主笔，吴志强、黄宝荣联合研究，王卓、吴玥、杨春祥、葛春晓、涂翔云、刘亚男、李洁、程华、姚顺、杨达莉等参与编写，汇总提炼了近年来国合院编制的有关部委、地方政府、城市、园区或企业案例，形成了“十五五”规划模型、编制技巧与案例等研究成果。

希望本书对各级党委、政府、园区、企业开展“十五五”规划前期研究、编制“十五五”规划，撰写专项规划，培育发展新质生产力，进行干部培训与院校教学等，提供系统、前瞻、实操的实践指南。

吴维海　吴志强　黄宝荣

（学术支持：国合华夏城市规划研究院）

2024 年 8 月

目 录

第一章

“十五五”规划“难点”“痛点”“堵点”

高水平编制国家和地方经济与社会发展规划，是国家、城市、企业实现高质量发展的前提。科学把握全球形势，分析我国和地方经济与社会“难点”“痛点”“堵点”，以“问题、需求、目标”为导向，因地制宜，统筹谋划，系统推进“十五五”规划前期研究，科学编制“十五五”规划，研究撰写专项规划，确立阶段性战略目标与重点任务，有效进行资源要素配置，提高决策水平与经济运营质量，是党中央、国务院、国家各部委、地方党政机关、各行各业紧迫的重大任务。

一、宏观形势

跟踪全球宏观形势，分析我国经济与社会发展面临的挑战，提炼经济改革发展的“重点”“痛点”，有助于科学确定各地区、各行业规划目标，明确工作任务，高质量编制五年规划与各类专项规划，为经济与社会发展、企业转型、产业招商、市场竞争等提供科学、前瞻、实操的决策依据。

（一）国际形势

面临世界百年未有之大变局，我们需要深入分析全球政治、经济、军事、金融与外交等各种外部环境。“十五五”时期，全球政治、军事形势日趋复杂多变，国际经济环境波动性较强。美国遏制中国战略导致了全球贸易摩擦，国际经济金融政策呈现不稳定性、区域性特征，全球投资信心减弱，世界多数国家经济下滑。受俄乌冲突、巴以冲突等事件影响，全球能源、粮食、商品进出口等经济版图出现重大变化，各国失业率持续上升，通货膨胀率持续提高，全球经济处于相对低迷与低速增长的态势。

为刺激经济复苏，世界各国中央银行纷纷实行宽松的货币政策，积极刺激金融市场，推动实体经济发展。但是，长期宽松的货币政策可能加剧金融失衡，助长各国债务累积，加剧全球金融市场波动。未来几年，美国将面对高债务压力，非洲、西亚、拉丁美洲和加勒比地区等国家经济发展的内生动力相对不足。我国经济增速放缓，出口贸易压力较大，国内经济韧性十足，国内国际双循环新发展格局有待进一步深化，刺激国内消费、促进经济发展模式有待创新，我国经济发展机遇与挑战并存。

（二）国内环境

我国经济经历了几十年的中高速增长，进入中低速发展新阶段。我国经济发展模式需要重塑。从宏观视角看，决定国家经济增长的主要因素包括劳动力、资本和全要素生产率等。近年来，我国人口加速进入老龄化阶段，失业率高企，全要素生产率增长率低位运行，宽松的财政政策，每年发放十万亿元级的专项债、中央预算内资金等，单位货币对经济增长的贡献度显著下降，投资拉动的传统发展模式亟待转型。

“十四五”规划后两年，我国GDP年均增速预计5%左右。从全国来看，经济发展呈现不均衡的态势，上海、江苏、浙江、广东等东部地区省份经济发展较快，且科技含量较高，经济集约度领先全国。青海、西藏、宁夏、新疆等中西部地区省份以承接东部地区产业转移，能耗型与劳动密集型、能源引领型、补贴引领型企业为重要特征，东北地区老工业基地振兴的效果仍不明显，经济发达程度与居民收入的南北差距、东西差距较为明显，全国低收入群体规模很大，共同富裕的任务较为繁重。

我国大力推动培育发展新质生产力，鼓励发展绿色低碳循环化新兴产业，主动应对全球激烈的市场竞争与国内就业增收等现实压力。同时，我国面临着多种有利的发展因素与变革需求。

（三）问题“痛点”

从我国经济环境看，各地区存在诸多“痛点”，包括但不限于：产业结构不尽合理，区域发展不平衡；出口受阻且增幅趋缓；传统产业转型处在爬坡期，新动能培育不足；生态环保压力大，单位GDP能耗偏高；城乡公共服务差别大，乡村全面振兴任重道远；科技研发水平与欧美国家差距拉大，战略性科技力量投入少；高端专业人才匮乏，对外开放程度不高；引进外资难度较大，项目投资预期偏低；产业园区数量多，但空间分散，聚集度低；政府债务杠杆率高，投资回报率较低，等等。

从我国五年社会经济规划来看，编制“十五五”规划，应着力解决十大社会经济难题和各类“难点”“痛点”“堵点”。

一是我国社会经济的主要矛盾和关键指标问题。这是“十五五”规划纲要的重点内容，也是各地区“十五五”规划前期课题研究的“痛点”。“十五五”期间，国家和地区GDP增速、财政收入增幅、生态发展目标、居民收入目标、投资规模、乡村振兴和高质量发展等指标，都需要集中研究和统筹设计。初步预测，“十五五”规划期间，全国GDP增速一般在5%左右。

二是各地区经济转型和结构性矛盾问题。这是“十五五”规划编制的主线，也是各城市、各地区高质量发展的前提。“十五五”规划编制要聚焦“痛点”和关键性问题，高效推进各项经济工作。“十五五”时期，各地区生态建设、产业优化、科技创新、居民就业和增收、乡村振兴、基础设施建设和对外开放等是规划编制的重点。

三是宏观环境和开放机制问题。这是“十五五”规划重点研究的“痛点”。尤其是中美关系、对外开放、农业现代化与城乡融合等，需要聚焦研究并提出发展思路。

四是产业发展与生态保护问题。这是“十五五”规划的重点内容，也是新时代需要提出的新思路、新机制、新业态的重点领域。

五是乡村振兴与高质量发展问题。中央高度重视乡村振兴和城乡融合发展，大力推动产业振兴和共同富裕，积极探索新质生产力培育发展路径等，这也是“十五五”规划着力解决的战略性问题。

六是教育文化与健康医疗问题。增强文化自信，提高人民福利，是当前的热点问题。如何立足新时代，推动教育体制改革，提高人民福利，如何创新文化事业发展道路，是“十五五”规划的重点。

七是公共服务和兜底保障问题。我国公共服务财政压力较大，社会服务水平总体不高，这是“十五五”规划的研究重点。

八是科技创新与高质量发展问题。基于培育发展新质生产力的更高需求，我国科技成果如何转化、现代产业体系如何构建等，是“十五五”规划积极推动的重大话题。

九是国家安全与政府债务问题。如何化解政府债务，提升金融创新能力，提高投资回报率，如何加强国家安全、人民财产安全等是“十五五”规划的要点。

十是党的集中统一领导与组织建设问题。党对经济的统领作用、组织建设是“十五五”规划前期研究和规划编制的研究重点。

除了上述问题与各类“难点”“痛点”“堵点”外，各地还应突出本地优势，因地制宜，突出特色，科学确立各自“十五五”规划目标任务，统筹编制“十五五”规划纲要和专项规划。

二、主要挑战

近年来，国家稳投资、稳预期、保就业、保民生的压力加大，我国基础设施投资需求较大，房地产市场低迷，投资预期偏低等，是我国社会经济的基本现状，也是我国“十五五”规划时期经济高质量发展的立足点。“十五五”时期，我国经济与社会发展面临的主要挑战，有如下一些方面：

（一）全球经济相对低迷

（1）国际宏观环境波动较大。“十五五”时期，美国、日本、澳大利亚等国家继续在军事、政治、金融或经济领域对我国实行遏制政策，全球经济总体疲软，美国大选、俄乌冲突等导致世界经济与政治格局的不确定性增大。

（2）国内经济存在韧性，发展“机大于危”。受全球经济和政治变化等因素影响，我国投资、消费和出口“三驾马车”对经济增长的刺激作用趋缓。国内投资增速下降，居民消费的内需总量不足，出口增幅减少，导致经济增速降低。经济转型、生态环保导致的过剩产能压缩、各地发展动能不足，引发了阶段性、区域性、行业性就业困难，地方税收下降等现实压力，反过来又影响了地方投资预期、居民消费信心等，在一定程度上对“十五五”经济发展带来了深层次的挑战。中国经济发展有良好支撑基础和有利条件。我国有“集中力量办大事”的制度优势，有丰富的宏观调控经验和充足的政策储备工具，有信心有底气从容应对各种风险和挑战。同时，我国是全球潜力最大的消费市场，拥有完整的产业体系、丰富的人力资源、便利的软硬件基础设施条件，正在全面深化改革、扩大开放、实施创新驱动发展战略、夯实安全发展根基，新发展格局正在加快形成，高质量发展全面推进，我国经济长期向好的趋势总体不变。

（二）社会民生短板较多

近年来，在中央和各地方政府的持续努力下，我国社会医疗保障和各种公共事业得到了显著改善。但是，教育、医疗、社保、养老等城乡和民生短板仍然存在，城乡居民收入差距和基础性、保障性公共服务水平与发达国家相比偏低，城乡公共服务差距大。诸多问题需要在“十五五”规划时期着重研究和逐步解决。

三、重大“堵点”

从“十四五”规划执行与评估看，我国各地区社会经济发展及五年规划实施中存在诸多不足，包括但不限于：实际进度与规划目标差距较大，规划实施的国际环境发生了重大变化，经济增速明显低于预期，人居环境治理与生态文明建设存在短板弱项，乡村振兴推进需要的资金与资源支撑动力不足，科技创新对经济发展的驱动力偏弱，健康医疗与公共服务领域存在诸多亟待解决的问题，居民就业与收入水平增速偏低，对外开放形势不容乐观等。上述“堵点”问题影响了“十四五”规划目标的全面实现，必须尽快优化。

四、美好生活

我国经济与社会发展的初心就是满足人民群众对美好生活的更高要求，这是党和各级政府一切工作的出发点，也是“十五五”规划的核心需求。

（一）“十五五” 规划目标

全心全意为人民服务是我们党的根本宗旨，人民对美好生活的向往就是我们的奋斗目标。国家和地方社会经济发展规划的立足点和出发点是以人民为中心。当前和今后相当长一段时期，人民群众的最大期盼就是对美好生活的更高向往，是有效增加人民收入、改善人民生活水平，是持续推进和深化社会体制改革，统筹社会经济工作，实现人民群众幼有所育、学有所教、劳有所得、病有所医、老有所养、住有所居、弱有所扶，是聚焦人民群众最关心、最直接、最现实的利益问题，让改革发展成果更多更公平地惠及全体人民，使人民获得感、幸福感、安全感更加充实、更有保障、更可持续。

（二）人民追求美好生活的更高需求

当前，国家和地方经济与社会发展的重点是更加聚焦改革开放和创新发展，着力解决人民群众对经济发展、生态环境、就业创收、民生兜底等更高要求问题，着力解决不利于生产力和生产关系协调运行的制度体系和行政限制问题，全面推进体制机制创新，提高资源配置效率效能，推动资源向优质企业和产品集中，推动创新要素自由流动和集聚，以优质的制度供给、服务供给、要素供给和完备的市场体系，增强发展环境的吸引力和竞争力，提高绿色低碳高质量发展水平。

在“十五五”时期，各级党委、政府部门应聚焦人民群众普遍关注的生态环境、就业增收、经济转型、乡村振兴、科技创新、改革开放等诉求，科学编制国家和地方政府“十五五”规划，系统提出未来五年规划目标、发展布局和重点任务等，积极推动经济与社会绿色低碳高质量发展。

五、高质量发展

“高质量发展”是“十五五”规划的关键词，是党的二十届三中全会强调的“重点”“难点”，也是编制地方“十五五”规划的重要指引。

（一）高质量发展的内涵

习近平总书记强调，推动高质量发展是做好经济工作的根本要求。高质量发展是体现新发展理念的发展，突出高质量发展导向，就是要坚持稳中求进，在稳的前提下，有所进取、以进求稳，更好满足人民群众多样化、多层次、多方面的需求。对此，可以从三个方面解读：

第一，高效益是高质量的重要内涵。高质量发展指要素资源利用的高效率，包括较高的资本效率、劳动效率、土地效率、资源效率、环境效率等，要用较少的投入形成更多有效产出，特别是全要素生产率处于较高水平。

第二，经济运行的稳定性、持续性及低风险是发展质量的重要标志。我国要坚持先立后破的总基调，推动经济持续稳定增长，实现城乡、区域、产业之间相互协调，实体经济与金融、实体经济与房地产、制造业与现代服务业协调发展。

第三，坚持创新驱动。我国要树立国际视野，聚焦改革与发展主线，着力解决制约社会经济发展的深层次问题，进一步刺激和发挥企业创新主体作用和市场导向作用，完善技术创新体系，推动制造业的数字化、网络化、智能化、开放化，推动传统产业改造提升，大力培育新动能，完善产业链、价值链、创新链，显著改善供给质量。

（二）高质量发展路径

实现中华民族伟大复兴，是中华民族近代最伟大的梦想。实现“中国梦”是党的十八大以来习近平总书记提出的重要指导思想和重要执政理念。中国梦的最大特点是把国家、民族和个人作为命运共同体，把国家利益、民族利益和每个人的实际利益紧紧联系在一起。国家好，民族好，大家才会好，中国梦是民族的梦，也是每个中国人的梦。中国梦的出发点与落脚点都是人民。

习近平总书记强调，高质量发展，就是能够很好地满足人民日益增长的美好生活需要的发展，是体现新发展理念的发展，是创新成为第一动力、协调成为内生特点、绿色成为普遍形态、开放成为必由之路、共享成为根本目的的发展。推动高质量发展是我国经济发展的鲜明主题，是我们党准确把握经济发展阶段特征和发展趋势，基于新需要、新问题、新要求做出的重大战略决策。

六、新质生产力

新质生产力是“十五五”规划的重要内容，是党的二十届三中全会的战略谋划，也是各地区大力探索的重要工作内容。

自 2023 年 9 月习近平总书记提出“新质生产力”以来，该词成为各行各业、全国两会的关注焦点。习近平总书记强调，要因地制宜发展新质生产力。2024 年中央政府工作报告把“大力推进现代化产业体系建设，加快发展新质生产力”列为 2024 年政府工作十大任务首位。

为深度理解新质生产力概念的内涵，必须要弄清楚新质生产力与新动能的关系。

国合院认为，新质生产力是新动能的升级版。具体从如下多个维度分析。

（一）核心概念的异同

新质生产力是创新起主导作用，摆脱传统经济增长方式、生产力发展路径，具有高科技、高效能、高质量特征，符合新发展理念的先进生产力质态。

新动能是指新一轮科技革命和产业变革中形成的社会经济发展新动力，新技术、新产业、新业态、新模式都属于新动能。

（二）提出背景的异同

新质生产力：这是我国在经济经过了多年转型升级，进入较高科技水平的发展阶段，同时，欧美国家实行科技壁垒与遏制战略的大环境下，提出的以创新为引领，以提升我国和企业等综合竞争力与资源要素优化为目标的新型发展业态。

新动能：这是2016年在全国推动传统产业转型，大力发展新经济的背景下提出的，以“新技术、新产业、新业态、新模式”为特征的新经济，新动能产业包括新能源汽车、新材料、人工智能、云制造等新兴产业。

（三）发展阶段的异同

两者的关系：新质生产力是新动能的升级版，是较高阶段的生产力建设过程，是较高目标的新动能，是新产业的推进路线图。

新质生产力：科技创新是发展新质生产力的核心要素。新质生产力，主要包含战略性新兴产业和未来产业。战略性新兴产业包括新一代信息技术、新能源、新材料、高端装备、新能源汽车、绿色环保、民用航空、海洋装备等，未来产业包括元宇宙、脑机接口、量子信息、机器人、人工智能、生物制造、未来网络、新型储能等。

新动能：指在新一轮科技革命和产业变革中形成的社会经济发展新动力，包括新技术、新产业、新业态、新模式等，包括新能源汽车、新材料、人工智能、云制造、AI等新兴产业。

两者的关联性：新质生产力强调的是创新与要素，主要包含三个要素——新型劳动者、新型劳动资料、新型劳动对象，它是新动能的升级版，它在内容、视野、流程等方面呈现过程性、动态性、创新性；新动能更多地强调静态的目标、标准、技术、产业、模式，是培育发展新质生产力的动力源与较高技术、较高业态及前瞻产业。

七、规划编制技巧

编制国家和地方政府“十五五”规划是一项复杂的系统工程，涉及面广，几乎囊括了经济、社会等全部领域，编制技巧和规划要求需要随着政策和环境的变化而有所调整，各级政府对其的要求越来越高，社会对其也普遍关注。

（一）规划编制基本技巧

总体来看，“十五五”规划的编制技巧，包括但不限于：

一是“多规合一”。全面推动与各规划的深度融合，“十五五”规划目标、文稿编写与城乡规划、土地利用规划、环境保护规划、文物保护规划、林地与耕地保护规划、综合交通规划、水资源规划、文化旅游规划、社会事业规划等各类规划无缝衔接，确保“多规”确定的保护性空间、开发边界、城市规模等重要空间参数多元融合。

二是突出核心和主线。以人民、政府和社会各界主要需求和核心问题为导向，突出规划调研和规划编制的总体思路。以党的二十大、二十届三中全会、习近平新时代中国特色社会主义思想，党中央、国务院战略部署为指针，以不断解决满足人民群众对美好生活的更高需求与不平衡不充分发展的矛盾为主线。

三是因地制宜，突出重点。以人民为中心，突出双碳等主要矛盾和人民群众更高需求，突出优势，聚焦资源和力量，科学编制规划并形成项目、任务等系统支撑。同时，加强组织领导，加强高端智库与各级政府沟通，共同编制“十五五”规划文本。

四是前瞻且可操作。规划编制要形成课题专班，引进高水平规划编制团队和现代化理念。“十五五”规划既要接地气，又要高大上，要有国际视野和开放性。要突出政策性、先进性和实操性，杜绝措施空洞、路径不符合实际，目标偏离人民群众的更高需求，或者缺少落地措施等。

五是体现“四个度”。运用国合华夏城市规划研究院独创的“345”模型，全面突出“十五五”规划的高度、宽度、亮度和精度，通过编制规划，提高本地区决策定位、实践指引、社会发展和产业聚集能力。

六是文稿“五性”尺度。增强规划前瞻性、系统性、规范性、层次性和操作性（“五性”标准）。引进专业团队，采取科学、前瞻的规划编制思路、总体模型和分析方法，以高标准、专业性和高质量撰写并形成“十五五”规划纲要的前期课题研究、规划建议，以及“十五五”规划纲要等。要政策匹配、语言规范、层次清晰，有创新开放的理念，规划文本要体现前瞻性、系统性、规范性、层次性和操作性（“五性”标准）。

七是包容引领。“十五五”规划编制与实施涉及全体人民和所在地区，规划制定和谋篇要有国际标准、世界眼光，要统筹国家和上级要求，兼顾国际国内形势，立足本地优势，与国际环境、国家、上级和本地区专项规划，与资源环境相衔接，充分发挥“十五五”规划纲要对本地区经济、社会发展的统筹、引领、协调与推动作用。

（二）“十五五” 规划的目标

中央、地方、园区、企业等编制“十五五”规划的基本要求和目标各不相同，但是它们具有共同的目标：

（1）贯彻国家政策法规。国家和各地方政府、经济组织等采取一定的决策流程和组织形式，选择专业机构或权威人员，构建规划研究团队，系统研究国家、地方法规，进行系统分析，立足区位、资源与行业优势，对特定地区政策、法规和产业趋势进行提炼，确定规划指导思想、基本原则、战略目标、产业布局、主要任务、资源分配以及保障机制等，为实现特定地区的经济、社会发展目标提供战略指引。

（2）落实国家发展战略。通过研究国家战略、区域战略和专项规划等，编制符合国家战略和区域定位的“十五五”规划纲要，据此编制文化旅游、工业制造、高端服务业等专项规划，达成地方经济发展与科学决策共识。

（3）编制专项规划方案。各城市、地方政府、园区或企业等，按照国家、上级主管等工作部署，依据国家战略、各级“十五五”规划编制要求，以及城市总体规划、土地利用规划等上位规划和相关规划，确立规划编制工作任务和计划，进行五年经济规划、文化旅游、生态文明、水利建设、工业制造、乡村振兴等专项规划的研究、编写和论证，提交审议，按照法定程序颁布，用于相关领域经济与社会工作的指南。

（4）制定特定经济目标。通过编制各级政府、产业园等“十五五”规划、专项规划等，确立规划目标、社会民生目标与产业目标等，为未来五年经济与社会发展提供科学的决策依据。

（5）确定阶段性工作任务。通过规划编制和各方参与，确立重点任务和工作内容，明确发展思路、重大项目等，统筹各方思想、资源等，推动政府、产业园或其他经济组织发展目标的实现。

（6）有效分配优势资源。鉴于经济资源的短缺性和经济行为的多元化、发散性、冲突性，通过“十五五”规划与专项规划等编制和审核，进一步明确地方政府、实体组织在特定时间之内需要的资源和条件，对可控制资源进行结构、总量、限制条件以及优先使用顺序等规则的制定，以便更好地配置资源，提高资源投入产出比，实现五年规划等核心目标。

（7）实现高质量发展。推动经济转型，实现高质量发展是“十五五”规划时期以及今后一段时期各级政府、园区等积极探索的重要目标。通过编制与实施规划，统一各方思想和资源，激发动力和活力，改革制约社会经济发展的不利因素，提升经济发展质量和效能。

（8）完善组织运行体系。各类政府规划和产业规划（包括“十五五”规划）都会提出实现规划的领导机制、组织体系、运行规则、重大决策流程、决策程序以及操作办法等，这对规划的落地实施具有重要的作用。

（9）明确监督评价体系。规划的实施离不开完善的激励机制和责任考核，需要明确责任主体、权利与义务、责任边界、行动准则、奖励规则、惩罚机制等。

八、案例研究

（一）五年规划框架

五年规划编制工作包括但不限于：“十五五”规划前期战略研究、“十五五”规划基本建议、“十五五”规划草案、“十五五”规划纲要报告；各类专项规划；等等。其中：

1. 总体规划

总体规划以国民经济和社会发展为对象编制的战略性、纲领性、综合性规划，是统领规划期内社会经济发展的行动纲领，是对本辖区国民经济和社会发展的全面部署和总体安排，是编制各级各类规划的基本依据。规划期限一般为 5 年。

总体发展规划大体包括：

——上一个规划期的实施情况；

——本规划期的发展环境和条件；

——本次规划指导思想和发展战略、原则、目标、指标体系；

——本次规划空间布局、主要任务、发展重点和发展时序；

——本次规划保障措施。

“十五五”规划纲要等五年规划是国民经济计划的主要组成部分，主要是对全国、地方重大建设项目、生产力分布和国民经济重要比例关系等做出规划，为国民经济发展目标、为本地区经济发展和社会活动提供决策指南。

2. 一般结构

中央和地方政府第十五个国民经济和社会发展规划纲要的基本内容，包括但不限于：

（1）过去五年规划实施情况回顾及发展环境分析，主要包括上一个五年规划的经济情况、主要指标、取得的成绩以及本五年规划面临的产业形势、发展基础、机遇与挑战等。

（2）指导思想，主要描述五年规划思路和重点方向以及重点产业布局等。

（3）主要目标，主要描述五年规划的经济、产值、资源、人才、科技、开放、能耗、人均收入等指标以及阶段性任务等。

（4）政策导向，主要描述五年规划的政策依据和产业导向、发展机遇等。

（5）现代农业，主要描述农业产业发展的主要方向、产业调整结构、科技创新、农业教育、基础设施、县域经济、农业服务体系等，为五年发展规划奠定基本的思路。

（6）先进制造业，主要描述五年规划的钢铁、船舶、建材、轻工、纺织等重点制造业发展方向，制造业优化结构、技术路线、重大布局、重点项目或龙头企业等。

（7）战略性新兴产业，主要描述五年规划的节能环保、新一代信息技术、生物医药、高端装备制造、新能源、新材料、新能源汽车、海洋产业等重点领域、产业结构、重点技术、产业布局、重点项目或龙头企业等。

（8）交通运输业，主要描述五年规划的区际交通、城际交通、公共交通、运输服务等重点领域、重点项目、重点技术、重大工程或龙头企业等。

（9）现代服务业，主要描述五年规划的金融、物流、商务服务和高技术等生产性服务业，以及商贸服务、家庭服务、旅游、体育等生活性服务业，以及重点项目、重点技术、重大工程或优惠政策等。

（10）区域发展战略，主要描述五年规划的区域战略、老工业基地战略、主体功能区布局等。

（11）乡村振兴战略，主要描述五年规划的乡村振兴、农业农村、城乡融合、产业融合及重点工程等。

（12）绿色发展，主要描述五年规划的生态环保、循环经济、节能减碳等政策、目标、产业布局、重大工程、碳汇交易与监控体系等。

（13）友好型社会，主要描述五年规划的生态环保、节能减碳、低碳生活、减排措施、重大工程、激励补偿机制，等等。

（14）科教人才，主要描述五年规划的教育、科技卫生、医疗养老、人才战略等。

（15）公共服务，主要描述五年规划的就业创业、收入分配、社会保障、医疗改革、重大公共工程等。

（16）市场体系，主要描述五年规划的文化改革、财税改革、市场机制、资源配置等。

（17）对外开放，主要描述五年规划的国际合作、对外贸易、利用外资、国际化战略等。

（18）政治文明，主要描述五年规划的政治改革、民主法治、政府改革、营商环境等。

（19）港澳台关系，主要描述五年规划的港澳台关系、国家政策、重大导向等。

（20）国防建设，主要描述五年规划的国防政策、军队建设、重大改革措施等。

（21）规划实施，主要描述五年规划的规划实施、机制体系、资源供应、考核激励、监督优化等。

各省、市、县、区五年规划报告的框架内容，可以根据上述规划纲要，结合当地经济、资源与发展需求予以适当调整、优化。

国民经济和社会发展年度计划是对国民经济和社会发展所做的年度安排，是国民经济和社会发展总体规划在年度中需要付诸实施的具体工作计划。计划期为一年。国民经济和社会发展年度计划包括：上年度计划执行情况和本年度计划目标；本年度国民经济和社会发展的主要任务和政策措施；与本年度计划相配套的专项计划；其他需要安排的重大事项。

（二）专项规划体系

1. 基本概念

国家级专项规划是指国务院有关部门以社会经济发展的特定领域为对象编制的、由国务院审批或授权有关部门批准的规划。

国家级专项规划的主要编制领域，如下：

（1）关系国民经济和社会发展全局的重要领域；

（2）需要国务院审批或核准的重大项目以及国家投资数额较大的领域；

（3）涉及重大产业布局或重要资源开发的领域；

（4）法律、行政法规和国务院明确要求的领域。

地方专项规划是指地方政府及其有关部门对其组织编制的工业、农业、畜牧业、林业、能源、水利、交通、城市建设、物流、旅游、环保、文化、自然资源开发等有关专项规划。

专项规划是针对国民经济和社会发展的重点领域和薄弱环节、关系全局的重大问题编制的规划，是总体规划的若干主要方面、重点领域的展开、深化和具体化，应该符合总体规划的总体要求，并与总体规划相衔接。

下列领域可以编制专项发展规划：

总体发展规划确定的重大战略和重大工程；农业、林业、水利、能源、交通、通信、信息化应用等基础设施建设；土地、水、矿产、湖泊等重要资源的开发利用和保护；环境保护、生态建设、循环经济、低碳发展、园林绿化、安全生产、防灾减灾、公共安全和应急能力建设；教育、科技、文体广电、卫生、社会保障、住房保障、人力资源、社会管理等公共事业和公共服务；产业发展和结构调整；区域合作、对外开放和体制改革的重点领域；国家、省、市确定的其他领域。

2. 专项规划的特点

（1）规划编制期限灵活。专项规划应与总体规划同步；补充完善城市总体规划的专项规划期限以目标完成情况确定，不必受限于总体规划期限；指导城市开发的专项规划一般与近期建设规划同期，并可以根据发展情况调整。专项规划以解决问题的程度作为划分规划阶段的依据。

（2）规划编制专业性与可操作性强。专项规划有大量专业、非专业人员和机构参与。专项规划编制从管理权限和实际出发，所规划内容体现特定领域的特点，对供求进行分析和预测，发展目标要尽可能量化，做到任务明确、重点突出、布局合理、保障措施可行。

3. 编制审批流程

国家级专项规划编制与审批的一般程序如下：

（1）立项。国家级专项规划由国务院有关部门依据相关法律、行政法规和国务院规定的职责负责编制。

编制国家级专项规划均需制订工作方案。工作方案包括规划编制的必要性、规划期、衔接单位、论证方式、进度安排和报国务院审批的依据或理由等。

工作方案是国家级专项规划立项的依据，由发展改革部门统筹协调后予以立项确认。

（2）起草。编制国家级专项规划，必须认真做好基础调查、信息搜集、课题研究以及纳入规划重大项目的论证，采取多种形式广泛听取各方面意见。

国家级专项规划文本一般包括现状、趋势、方针、目标、任务、布局、项目、实施保障措施以及法律、行政法规规定的其他内容。

专项规划内容要达到以下要求：符合国家总体规划，发展目标尽可能量化，发展任务具体明确、重点突出，政策措施具有可操作性。对需要国家安排投资的规划，要充分论证并事先征求发展和改革委员会和相关部门意见。

（3）衔接和论证。国家级专项规划的发展方针、目标、重点任务要与国家总体规划保持一致，相关规划之间对发展趋势的判断、需求预测、主要指标和政策措施要相互衔接。

国家级专项规划草案，应送国家有关部委审批，确保与国家总体规划相衔接，涉及其他领域的，还应送相关部门审批，确保与部门规划相衔接。有关部门自收到规划草案之日起 30 个工作日内反馈衔接意见。

国家级专项规划草案，由国家发展改革委与有关部门共同组织论证。国家级专项规划应委托规划专家委员会、有资质的中介机构或组织专家组进行论证。参加论证的其他相关领域专家不少于专家总数的 1/3。论证后出具详细论证报告。论证报告应全面、客观、公正，由专家组组长签字，并附上每位专家的论证意见。

（4）报批。由国务院批准的专项规划，要拟订年度计划。编制部门应在已确认立项的基础上，在每年 10 月向本层级发展改革委提出下一年度国家级专项规划报批建议。本层级发展改革委商有关部门在此基础上拟订国家级专项规划年度审批计划，于每年 12 月前报国务院，经国务院批准后执行。基础工作不深入，不能保证在一年内完成上报程序的规划，不应列入年度审批计划。各部门按照审批计划有序报批。未列入审批计划的，原则上不予受理。国家级专项规划报批时，除规划文本外还应附下列材料：

①编制说明，包括编制依据、编制程序、未予采纳的相关部门和专家意见及其理由等。

②论证报告。

③法律、行政法规规定需要报送的其他有关材料。报国务院审批的国家级专项规划，编制部门须会签本层级发展改革委后上报，也可与本层级发展改革委联合上报。国务院授权由有关部门批准的国家级专项规划，编制部门应会签本层级发展改革委。

（5）备案和公布。国务院授权有关部门印发或批准的专项规划应在印发的同时报国务院备案，并抄送本层级发展改革委。除法律、行政法规另有规定以及涉及国家秘密的内容外，国家级专项规划应在批准后一个月内向社会公布。国家级专项规划报批时，应明确公布事项，即全文公布、删去涉密内容后公布或不公布，以及公布机关。发展改革委应建立规划信息库。有关部门在印发规划的同时，应将电子文档和纸质文件送发展改革委入库。

（6）实施。国家级专项规划经批准后，编制部门要及时对规划的主要目标和任务进行分解，明确责任，保障规划的实施落到实处。

在国家级专项规划实施过程中，编制部门要加强跟踪监测，应适时对实施情况进行评估，并向审批机关提交评估报告。国家级专项规划经评估或者因其他原因需要进行修订的，编制部门应将修订后的规划报原审批机关批准。规划期十年及以上的，应定期进行滚动修订。

4. 规划内容

根据不同产业、不同行业和不同地区的资源与产业特征，中央政府、各部委、各地区的专项规划具体规划结构可以略有不同。我们总结各类专项规划模式，主要包括分析部分、规划部分和结论与措施部分。

（1）分析部分

分析主要包括现状分析、发展预测分析两个方面。

现状分析是做好规划的前提。产业或经济现状可以从国内、国际等方面进行分析。分析生产与需求结构平衡状况，包括市场容量与供给规模、市场结构。分析影响领域发展的关键因素或起作用的因素。回顾和评价近年采取的措施及取得的成绩，找出存在的主要问题，分析产生问题的根源。

发展预测分析主要根据未来发展状况，对需求与供给进行预测。

（2）规划部分

①目标。专项规划通过一定的数量指标表示规划期末研究对象应达到的高度。目标既有定量描述，也有定性描述。目标应有压力又有激励即是切实可行的。

②规划重点与配套工程。规划重点与配套工程是实现规划目标的关键部分和主要支撑部分。规划重点主要根据专项规划的目标及存在的薄弱环节确定。

③方案研究与设计。首先明确规划的指导思想，确立规划主线，这条主线是进行规划的依据，贯穿于规划设计的始终。要明确规划的时限，分解规划目标，制定符合经济与社会发展要求的阶段性目标。

（3）结论与措施部分

规划的制定本身是为了落实规划，落实规划要通过一系列的政策与手段来实施，有无可操作性最终要通过措施来体现。可操作性是政策措施可行、合理的主要标志。

制定政策措施的内容包括：措施内容要具体。要明确执行主体、执行方法和手段、执行时间和范围等。政策措施要量力而行，符合实际。实施目标要明确，要有考核激励机制，等等。

第二章

“十五五”规划理论

一、欧美政府规划理论

规划是指针对特定对象或发展目标，制订全面的长远的发展计划，对未来特定对象的整体性、长期性、基本性问题的思考、考量和设计未来的行动方案。规划具有综合性、系统性、时间性、强制性等特点。“十五五”规划作为政府规划体系的重要内容，具有相同的理论支撑。

研究欧美国家的政府规划理论及实践，有助于我们借鉴国外规划思想，研究我国政府规划理论基础，进行“十五五”规划布局，提高政府、园区等经济布局与重大项目决策质量和效率，推动国民经济与社会高质量发展。

（一）田园城市理论

美国是研究城市规划和政府规划较早的国家之一。霍华德以“三磁铁”为特征的田园城市理论具有一定的代表性。

1898 年，霍华德出版《明日：一条通向真正改革的和平道路》，该书在 1902 年再版并更名为《明日的田园城市》。霍华德的“三磁铁”理论包括：第一枚磁铁是城市，城市拥有各种经济和社会机遇，缺点是住宅拥挤，环境恶化；第二枚磁铁是乡村，乡村有宽敞的空间和清洁的空气，但是就业机会较少，社会生活相对枯燥；第三枚磁铁是田园城市，既有城市的经济与社会机遇，又有乡村优美的环境，同时避免了两者的主要缺点。按照霍华德的观点，人们除了选择城市生活或乡村生活，还存在第三种选择：将城市生活的生动活泼与乡村生活的优美快乐等完美结合，这就是田园城市。他把田园城市比作万能钥匙，认为可以解决城市的各种社会问题。

霍华德倡导用土地社区所有制代替土地私有制，通过建设田园城市治疗社会弊病。他提倡成立合作的股份公司，筹集资金，将工厂和工人迁移到田园城市。购买土地归社区所有，交给信托人管理。田园城市的发展导致土地价格上升，城市地产租金的价格随之上调，上升的租金可以偿还抵押贷款，并建立地方性的社会福利基金。田园城市实行地方自治，社会服务可以让市政机构提供，或由私人公司提供。田园城市的居民通过建筑公司、友好组织、合作组织或者工会等提供的资金建造自己的住宅。

霍华德的田园城市理论及其向“花园郊区”演变的城市发展理念，推动了美国城市向郊区、低密度方向扩展，对美国经济、社会和生态环境等产生了显著影响。

（二）现代主义城市规划

现代主义城市规划思想的代表人物是法国建筑师勒·柯布西耶，他在 1922 年出版的《明日之城市》和《阳光城》中阐述了现代主义的城市规划思想，其核心是理性主义和功能主义。他认为应实行严格的城市功能分区、批量生产和大规模开发。

他认为，随着工业化和城市规模的扩张，功能随机的传统城市空间结构不能适应理性化的经济和社会要求，产生了各种城市病。而通过城市规划和城市建筑的变革，使城市和建筑的结构与功能适合当代理性化的社会经济生活的要求，城市病症逐步解决。这种规划思想把城市看作静止的而非动态平衡的事物，城市规划的目的是探索理性化的终极状态的城市，通过建筑师和规划师绘制宏大的形体规划总图，通过技术解决城市的所有问题。

柯布西耶认为，建筑施工要实现工业化发展，必须摆脱过时的根据居民的要求“量身定做”的独栋住宅建设，要关注整条街道甚至整个地区。必须研究基本建设单元，亦即“人”的住所、固定的规模等，遵循大规模生产的需要。为加快汽车的行进速度，柯布西耶反对建设小规模的街区，主张建设大规模的街区、大规模的停车场，反对路边停车。

美国在战后郊区住宅建设中采纳了柯布西耶的理论，采用批量生产的方法建造住宅和小区，导致了建筑同质化，降低了郊区密度，浪费了投资和土地资源，不利于居民步行，导致了汽车流量增加、交通拥堵和时间浪费。

新城市主义规划师卡尔索普认为：专业化和标准化导致了社区同质性，无视历史独特的生态系统。批量生产忽视了地方企业、区域系统、全球网络之间的平衡。批量生产的逻辑是规模越来越大，这加强了日常生活的专业化和标准化。

（三）城市空间艺术

卡米诺·西特认为，现代城市规划的骄傲是圆形广场，这是现代城市规划的特征。当围绕广场步行时，眼前的景象持续不变，人们不知道自己的确切位置。转一个弯就足以使陌生人在这种旋转木马似的广场上无所适从，迷失方向。

卡米诺·西特的城市空间艺术原则，是基于城市物质空间形态中各实体要素间功能关联及组合关系而形成的，其艺术原则的核心注重整体性及关系、关联的内在性。

（四）城市设计理论

（1）凯文·林奇的城市空间设计。凯文·林奇通过调查，对城市空间设计提出两个基本要求：易识别性、可认知性。可认知性是城市空间应为不同层次、不同个性的人共同接受。认知意象是城市生活的基石，使用者主要通过认知认识城市，城市设计应以满足人的认知要求为目标。市民一般用路径、边界、节点、地区和标志这五个元素组织城市意象，其中，路径是观察者习惯或可能顺其移动的路线，如街道、小巷、运输线。其他要素常常围绕路径安排。边界是指不作为道路或非路的线性要素，“边”常由两面的分界线如河岸、铁路、围墙构成。区域是中等或较大地段。这是一种二维的面状空间要素，人对其的认识有一种进入“内部”的体验。节点是城市的战略要点，如道路交叉口、方向变换处、城市结构的转折点、广场，也可大至城市一个区域中心和缩影，使人有进入和离开的感觉。标志通常是明确、肯定的具体对象，如山丘、高大建筑物、树木、招牌、建筑物细部等。

（2）克里斯托弗·亚历山大的城市设计。克里斯托弗·亚历山大在《城市并非树形》中把那些在漫长岁月中自然生长起来的城市称为“自然城市”，把由设计师和规划师精心创建的城市和城市的部分称为“人造城市”。人造城市缺少某些必不可少的成分，与充满生活情趣的自然城市相比，现代人造城市从人性观点而言，是完全失败的。传统规划与设计只考虑形式，不考虑场所与人的活动之间丰富、多种多样的变化和联系，是一种失败的规划与设计。亚历山大的图式语言以各种类型、不同范围的使用倾向和形态关系为基础，研究人的行为与场所情感对应的空间图式。按照其观点，“城市形态”是其表现形式，要素之间的相互作用，以及城市中各种活动对不同区位的竞租过程带来的动力与压力及相关效应，形成了城市空间结构的构成机制。

（3）诺伯格·舒尔兹的空间概念。诺伯格·舒尔兹提出五种空间概念：肉体行为的实用空间、直接定位的知觉空间、环境方面为人形成稳定形象的存在空间、物理世界的认识空间、纯理论的抽象空间，并对存在空间和建筑空间进行了详尽分析。场所是存在空间的基本要素之一。场所必须有明显的界限或边界线。场所与其外部包围相比，是作为内部来体验的。场所、路线、领域是定位的基本图式，也是存在空间的构成要素。这些要素组合起来，空间才成为可测出人的存在的次元。他将存在空间划分为用具、住房、城市阶段、景观阶段、地理阶段。其中，城市阶段主要根据社会的相互作用、社会共同的生活形态决定。城市的内部结构是“正在那里发生”的个人和社会诸多功能作用的复合结果。在城市阶段，个人一般据有“私有”色彩更浓的存在空间，它必须作为更大的总体中的一部分理解。存在空间的诸多阶段形成结构化的整体，是与存在的结构相对应的。人与物理、精神、社会、文化的诸多对象相关联而存在。存在空间是由相互作用的多重穿插的体系构成的。在这样复合的总体性中，产生了不确定性或矛盾。

（4）罗杰·特兰西克的图底关系理论。罗杰·特兰西克在《发现失去的空间》中提出图底（figure-ground）关系理论和联系理论。图底关系理论是研究城市的虚化空间与实体之间的规律的理论。在城市环境中，建筑形体的主导性作用使其成为人们知觉的对象，周围的空间被忽视。成为对象的建筑被称为“图”，被模糊（虚化）的事物被称为“底”。像这样把建筑部分涂黑、把虚化空间部分留白而形成的图称为图底关系。把虚化空间部分涂黑、建筑部分留白而形成的图称为图底关系反转。图底关系理论与联系理论的目的是探寻城市空间形态要素之间的某种构图关系以及相关的结构组织方式，特兰西克将其归纳为三种关系，即形态关系（图、底分析）、拓扑关系（关联耦合）与类型关系（场所理论）。这三种关系在结构上的明确组织与确立，是建立一定的空间秩序与相应的视觉秩序的基础和前提。

（5）比尔·希列尔的空间句法理论。比尔·希列尔在1983年提出的空间句法理论是建立在图底关系理论、联系理论和社区分析基础上的城市空间分析方法。空间句法的分析过程是将城市和建筑形体严格联系起来，借助电脑进行模拟实验，以此作为空间分析、评价设计的工具。在空间句法分析中，希列尔引入了“变量”或称为指标体系：从特定空间观察的一维视线长度，称为“轴线”；空间可以赋予数值表示它与给定分析系统中其他空间的关系，并用电脑绘出深度图，根据数字差别，就可以测绘某一特定点，审视其所在空间系统相对深度的精确指标，据此对不同城镇空间格局及城市设计方案进行比较分析。

（6）阿尔多·罗西的集体记忆理论。阿尔多·罗西在《城市建筑》中提出，城市是一种集体的人工创造物，是一种艺术文化的集体产物，它由时间造就并植根于居住和建筑文化中。传统的建筑形式、场所和空间在城市发展及其形态结构形成的过程中起着至关重要的决定作用。阿尔多·罗西将城市作为某个地域一个种群人们“集体记忆”的所在地，城市交织着历史和个人的记录，当记忆被某些城市片断触发，过去遇到的经历就会和个人的记忆一起呈现。罗西从研究场所和记忆入手，就形成了“类似性城市”理论的内涵。城市空间形态及场所与人类特定的生活密切相关，包含历史与文化，是人类文化观念在形式上的表现，体现在时间因素中即是现存城市的建筑类型（历时性）。要寻找有共时性和历时性的集体创作的城市（城市空间）及某个体参与者（建筑师、规划师和居民）之间的关系，可借助形态—类型学的方法：发现城市建筑环境中变化缓慢或基本稳定的那些特点，它们构成了城市的不同类型；确定城市的主要人工环境（街道、市场、建筑物等）在类型学上的归属；表明这些人工环境的构成关系；研究城市类型和构成的形式问题。

（五）城市生态理论

（1）芝加哥学派的城市生态理论。帕克、伯吉斯、麦肯齐在 1925 年联合发表《城市》一文，指出，城市的区位布局与人口的居住方式是个人通过竞争谋求适应和生存的结果。城市空间组织的基本过程是竞争和共生，自然的经济力量把个人和组织合理分配在特定的功能位置，使之各尽其才、各得其所，最终导致最佳的劳动分工和区域分化，使城市系统保持平衡。

（2）多元的空间理论。谢尔基、威廉姆斯、贝尔认为，城市内部结构可以用经济地位、家庭类型和种族背景三种主要特征要素的空间分异加以概括。康成认为，固结界限是城市物质空间发展的障碍，包括自然因素（如河道）、人为因素（如铁路）和无形因素（如产权），城市物质空间的发展会在一段时间内受到这些因素的束缚，但最终会克服这些障碍，产生新的边缘地带，直至遇到新的界限，从而形成城市物质空间的分布模式。福列认为，城市结构的概念框架具有多层面。城市结构包括三种要素：文化价值、功能活动和物质环境。城市结构包括空间和非空间两种属性，城市结构的非空间属性指文化价值，功能活动和物质环境是城市结构的空间属性。城市空间结构包括形式和过程两个方面，分别指城市结构要素的空间分布和空间作用的模式，有必要在城市结构的概念框架中引入时间层面。塔弗和耶提斯等提出城市地域理想结构模式。城市核心是中心商务区（CBD），有集中的摩天大楼、银行、保险公司、股票交易市场、百货商店和大量的文化娱乐场所；围绕 CBD 的是 CBD 边缘区，从中心商务区向四周蔓延，由若干扇面组成，需要有批发商地段和工业小区；中间带是以住宅区为主的混合经济社会活动区，占市区用地的较大部分；外缘带属市区的周边地区，或城市的新城区，往往居住和轻工业混合；放射近郊区、沿着城市对外的高速公路和快速道路向外辐射、蔓延，包含工业、农牧业、住宅区和高、中级住宅形成的卧城。英国学者帕顿提出城市内部空间结构的综合模型。哈维认为：任何城市理论都必须研究空间形态和作为其内在机制的社会过程之间的关系。城市研究的跨学科框架就是在社会学科的方法和地理学科的方法之间建立“交互界面”。克罗克斯把城市空间结构的研究工作分为物质环境、感知环境和社会—经济环境。弗贝尔等认为：自 20 世纪 70 年代以来，劳动力的国际分工发生了根本性的变化。在原有的世界经济格局中，发展中国家作为原料产地，发达国家从事成品制造。而在新一轮的劳动力国际分工中，发达国家仍然掌握着管理和控制、研究和开发的功能，发展中国家成为跨国公司的生产和装配基地，产品市场是全球性的，相当部分将返销到发达国家。新兴工业国家和地区的出现就是劳动力国际分工的产物。斯特维克提出了欧洲城市结构、北美城市结构、伊斯兰城市结构、拉美城市结构四个模型。其中，欧洲城市结构模型反映了社会中层和高层的优势，社会低层住宅区位于工业区附近及外城，第二产业在城市边缘呈环形分布，在主要交通线上呈线性分布，市中心为城市核心，在城市中心以外有零售业的次中心。北美城市结构模型的特点：低层住宅区围绕市中心呈环形分布，市郊化的中层住宅区处于外城。第二产业沿主要交通线呈线性分布。在城市边缘呈环形分布。第三产业集中在市中心，零售业次中心的位置安排缺少社会性。伊斯兰城市结构的特点：中层和高层住宅区居于内城区，低层住宅区居于边缘地区，第二产业分布于较老和较新的市郊以及主要交通干道沿线，第三产业集中在市中心。拉美城市结构的特点：空间安排显示环形和产业的结构元素，第二产业沿主要交通干道呈线性延伸，第三产业在市中心以外的内城和外城的次中心出现。区位决策客体从原先的工业、农业、市场，增加到包括运输、商业、银行、保险、旅游、度假等第三产业。

（3）生态城市理论。德国生物学家赫克尔在 1869 年首次提出生态学（ecology）概念。城市生态学是研究城市生态系统的结构、功能及其运动规律的生态学分支学科，是研究城市人口与自然环境和社会环境之间相互关系的应用生态学。“生态城市”是联合国教科文组织在发起的“人与生物圈计划”研究过程中提出的重要概念。生态城市是经济高度发达、社会繁荣昌盛、人民安居乐业、生态良性循环四者保持高度和谐，城市环境及人居环境清洁、优美、舒适、安全，失业率低、社会保障体系完善，高新技术占主导地位，技术与自然充分融合，发挥人的创造力和生产力，有利于提高城市文明程度的稳定、协调、持续发展的人工复合生态系统。理查德·雷吉斯特认为，生态城市追求人类和自然的健康与活力，生态城市即生态健康的城市，是紧凑、充满活力、节能并与自然和谐共处的聚居地。杨东振等认为，生态城市是基于生态学原理建立的自然和谐、社会公平和经济高效的复合系统，更是具有自身人文特色的自然与人工协调、人与人之间和谐的理想人居环境。城市生态化指城市向生态城市转化的过程，是从生态环境、经济社会等多层面促进生态城市建设的重要环节，其建设目标是致力于城市基本生态条件改善，引导和推动城市向生态城市目标迈进，为城市向更高层次的社会与经济发展转化奠定生态基础。城市在生态系统中的适应性表现在：通过对社会环境的适应，把握时代脉搏和现实需求；通过对自然环境的适应，创造适合地方物理环境和资源条件的舒适空间；通过对地形文化脉络的适应继承生态经验。

（六）区域分工理论

区域分工理论的实施前提是区域的利益实体。区域分工理论源于国际贸易分工理论。贸易保护理论可追溯至15世纪的重商主义：在一个国家内部，各区域的利益实体性容易虚化。区域利益的形成很大程度上与企业的外部经济性有关。企业对所在区域提供税收、就业、消费等一系列的利益。区域具有二重性，它既是商品生产的区位，又是有整体利益的综合主体，这就决定了区域利益的存在，其代言人是地方政府。

早期区域分工理论有绝对利益论、比较利益论与要素禀赋论等，自20世纪中期以来，区域分工理论得到进一步发展，出现了人力技能理论、偏好相似理论与技术差距理论、供给可能理论等。已有区域分工理论的基本假设是：各区域之间是和谐的合作关系。实际上，各区域之间通常是不和谐的。区域作为利益实体，在处理区域关系时是采用区域分工、区域冲突还是区域保护的方式，完全取决于区域利益最大化的程度。

区域关系包括区域冲突、区域竞争与区域分工等领域，区域冲突与区域分工是区域关系常态性的两大表现。区域关系也指基于竞争基础的合作关系，简称竞合关系。地方政府与区域规划既强调整体利益，更充分体现区域利益，在整体利益与局部利益之间找到结合点，使区域规划更具有可操作性、协同性。地方保护加剧了地区间产业结构的趋同性，人为分割了国内统一市场。趋同性的产业结构依赖于地方保护和市场分割的延续，两相互动，恶性循环，构成“诸侯经济”的两个层面。研究探索区域分工和区域关系理论，有助于加强区域之间的沟通与合作，消除地方规划与区域经济发展的恶性竞争，实现跨区域的产业协同。

二、欧美国家规划实践

（一）美国政府规划实践

美国宪法限制了政府对于土地及私有财产的权力，土地与其他私有财产可被私人拥有，19 世纪之前的美国城市发展基本依靠自然资源的开发，在缺乏规划和政府控制的状况下自发进行，导致了城市发展过程中出现城市空间秩序混乱。1893 年，芝加哥举办的哥伦比亚展览会推动了美国“城市美化运动”，催生了住房和卫生等制度改革，目的是以政府有限的参与来协调对土地资源的使用，控制土地投资等资本主义市场经济的自发行为。1909 年，勃南编制的芝加哥总体规划成为第一个美国城市的总体规划。

2000 年前，美国没有建立全国国土空间战略规划，主要是州、市地方规划和部门专项规划等，包括：城市规划、公共用地规划、土地利用规划等。美国初期的城市规划是在没有具体法律框架的状况下开展的。自 2000 年开始，美国空间规划进入以区域可持续发展为核心的综合规划阶段。

在 20 世纪 30 年代以前，美国以城市规划为主，如土地利用分区规划。在 20 世纪三四十年代，美国遭受“经济大萧条”和汽车产业时代来临两项重大的社会与经济变迁，城市中心功能发生了很大变化，美国开始重视城市规划。20 世纪五六十年代，美国政府规划以资源开发规划为主；20 世纪 70—90 年代，美国跨州区域规划主要是经济规划，开始重视环保、能源等规划。

2006 年，为应对 21 世纪美国人口增长、基础设施需求、经济发展和环境等问题，美国联邦政府提议，由洛克菲勒基金、福特基金、林肯土地政策研究所等资助，美国“2050”国家委员会具体管理，联合美国区域规划协会、林肯土地政策研究所、大学等专家、学者和政策制定者，共同研究构建美国未来空间发展的基本构架。当前，美国城市规划工作相对完备，主要包括四个方面：城市经济发展规划、社会发展规划、物质建设规划、城市政策设计和研究。美国联邦政府、州政府到各城镇政府均设有城市规划机构：联邦政府设有“住房和城市发展部”（HUD），议会设有城市规划委员会，行政部门有规划局、规划办公室。

美国联邦政府和州政府对城市规划调控能力较弱，城市规划的编制、审定、实施主要由各城市政府负责。联邦政府和州政府多采用法规、经济政策进行引导，不直接参与规划实务。美国各级政府在法律法规制定、规划编制、审批与监督实施中都明确了公众参与的要求和规定，从制度层面确保公众参与规划，确保规划能够广泛听取利益相关方的意见和建议。

美国"2050"空间战略规划主要包括基础设施规划、巨型都市区域规划、发展相对滞后地区规划和大型景观保护规划四个方面，重点确定东北地区、五大湖地区、南加利福尼亚、南佛罗里达、北加利福尼亚等11个巨型都市区域。该规划的主要特征：针对关键问题，瞄准重点区域；建立科学的分区标准；加强国家级空间战略规划重点区域划分研究；广泛的公众参与和制度创新。

（二）欧盟政府规划实践

欧盟在20世纪80年代启动实施了欧洲标准区域划分（NUTS）、欧洲空间发展远景（ESDP）和欧洲空间规划研究计划（SPESP）等不同的空间规划研究项目，在空间规划理念、空间区域划分等方面取得了重要成果。2010年，欧盟公布了第二个十年经济发展规划——"欧洲2020战略"，推动欧盟各成员国未来10年的就业及经济增长，内容涵盖科研投资、就业增长、能源使用效率、气候变化协调以及贸易政策等多个方面。欧盟委员会建议将研究和创新资金在欧盟国内生产总值中所占比例从1.9%增加至3%；将20岁至64岁劳动力人口的就业比例从69%提高至75%。建议欧盟国家减少二氧化碳排放，将能源中可再生能源比例提高至20%，能源消耗总量减少20%。"欧洲2020战略"将替代2000年制定的"里斯本战略"继续为欧盟的发展服务。

2014年，欧盟宣布全面部署和落实"欧洲工业复兴战略"，以提振经济和创造就业。欧盟各成员国之间根据具体情况和发展问题，提出了着眼于区域平衡和共同发展的规划目标和计划，建立三级规划协调组织框架，对欧盟各国事务和规划展开协调，制定了ESDC欧盟空间发展规划。2014年，欧盟发布《可持续城市移动性规划》编制与实施导则，作为指导新时期欧盟城市交通发展规划的纲领性文件。在规划编制办法上，SUMP包含11个步骤、32项任务，涵盖规划前期准备、规划目标与方案、规划阐释、规划实施四个方面。SUMP的基本原则是，使用尽可能少的交通为城市居民提供出行服务。SUMP设定可度量的城市移动性规划绩效目标，通过建立一整套指标体系监测和评估绩效目标的实现程度，对规划目标和（或）方案提出修正措施。SUMP建立规划绩效报告制度，定期公布规划实施效果。

2020年，欧盟委员会公布了一系列向数字化转型规划，包括如何使欧洲适应数字化时代的总体规划和《欧洲数据战略》《人工智能白皮书》两份文件。《欧洲数据战略》的目标是确保欧盟成为"数据赋能"社会的榜样和领导者。

三、我国政府规划的理论依据

我国城市规划理论研究偏少，规划实践借鉴了欧美等的规划成果。归纳来看，我国各级政府与园区"十五五"规划及专项规划等编制，通常借鉴或采用如下理论：

（一）城市发展理论

1. 区域发展梯度理论

区域发展梯度理论认为：区域经济发展不平衡，就像处于不同阶梯上，高收入地区处于高梯度，低收入地区处于低梯度，在高收入地区和低收入地区之间，还有几个中间梯度。

有梯度就有空间的转移，高梯度地区首先应用新技术，先发展起来。随着时间的推移，逐步有序地从高梯度地区向处于二级、三级的低梯度地区推移。随着经济的发展，梯度推移加快，区域间差距可以逐步缩小，最终实现经济分布相对均衡。

在区域经济梯度推移过程中，有三种效应同时起作用，即极化效应、扩展效应和回程效应，它们共同制约地区生产分布的集中和分散。极化效应作用的结果使生产进一步向条件好的高梯度地区集中，扩展效应使生产向其周围的低梯度地区扩散，回程效应削弱低梯度地区，促成高梯度地区进一步发展。三种效应综合作用的结果就是不断扩大发达地区与不发达地区之间的差别。其中起主导作用的是极化效应，回程效应起到了推波助澜的作用。

高梯度区域一般采取创新型经济发展战略，中梯度萧条区可以实行改造型发展战略，低梯度区域可以实行渐进型发展战略。

2. 区域发展辐射理论

区域发展辐射理论认为，经济发展与现代化进程中的辐射是指经济发展水平和现代化程度相对较高的地区（辐射源）与经济发展水平和现代化程度相对较低的地区进行资本、人才、技术、市场信息（辐射媒介）等的流动和思想观念、思维方式、生活习惯等的传播。通过流动和传播，进一步提高经济资源的配置效率，以现代化思想观念、思维方式、生活习惯取代与现代化相悖的旧习惯。一般将经济发展水平和现代化程度较高的地区称为辐射源。辐射的媒介是交通条件、信息传播手段和人员流动等。

3. 区域发展增长极理论

区域经济发展增长极理论认为，在经济增长过程中，不同产业的增长速度不同，其中增长较快的是主导产业和创新产业，这些产业和企业一般在某些特定区域集聚，优先发展，然后对周围地区进行扩散，形成强大的辐射作用，带动周边地区发展。这种集聚了主导产业和创新产业的区域被称为“增长极”。

增长极的吸收和扩散作用表现为：技术的创新和扩散、资本集中和输出、规模经济效益、产生聚集经济效果。

增长极的作用效应表现为：

（1）极化效应：指增长极的推进型产业吸引和拉动周围地区的要素和经济活动不断趋向增长极，从而加快增长极自身的成长。

（2）扩散效应：指增长极向周围地区进行要素和经济活动输出，从而刺激和推动周围地区的经济发展。

（3）溢出效应：增长极极化效应和扩散效应的综合影响。如果极化效应大于扩散效应，溢出效应为负值，结果有利于增长极的发展。反之，如果极化效应小于扩散效应，溢出效应为正值，结果对周围地区的经济发展有利。

4. 区域发展比较理论

（1）区域差异理论。古典区位论认为，区位选择总是趋向生产总成本费用最低的地点，这就是“成本决定论”。近代区位论认为，以市场—价格分析揭示利润最大化是影响区位选择的决定性因素，使区位论走向宏观化，弥补了传统成本决定论排除市场因素的缺陷，这就是利润决定论。现代区位论认为：合理的区位选择和产业配置受到多种因素的影响，必须对多种因素进行综合分析。决策者最终选择的区位，不一定是成本最低或利润最高的区位，而通常是综合优势显著的区位。

（2）地域分工理论。绝对优势理论认为，每个国家都自己生产所需的全部物品是不明智的。每个国家都有擅长生产和不擅长生产的东西，每个国家都有其绝对有利的、适宜于某些特定产品的生产条件，如果每个国家都按其绝对有利的生产条件去进行专业化生产，然后进行交换，各国资源就能被正确配置和有效利用，从而提高劳动生产率，增加国民财富。这种绝对优势理论也可用于不同国家的同种产品。比较优势理论认为，参与国际贸易的各个国家虽然在经济发展、资源情况等方面存在差异，但每个国家都能以具有比较优势的产品参与国际贸易。只要成本比率在各国之间存在差异，各国就能生产具有比较优势的产品，并在国家之间进行交换，通过贸易增进彼此利益。

（3）区域结构比较理论。区域产业结构静态比较指各区域某一时点上的产业结构在区际分工阶梯中的相对地位的比较。决定一个地区在全国区际分工中的相对地位的主要因素是该地区非农产业的发展水平，特别是主要制造业的专业化程度。地区产业结构静态比较可从非农产业发展水平和制造业构成技术水平的区域比较两方面进行。非农产业发达、主要制造业专业化程度较高的地区，在经济联系和区际分工中的地位相对有利。区域产业结构动态比较指地区产业结构的变动比较，包括产业结构变化状况的区域比较、产业结构转换能力的区域比较。

（4）区域规划理论。区域规划理论包括：区域（空间）经济学理论、社会生态学理论、系统科学理论和区域管制理论等。区域（空间）经济学研究关于资源在空间的配置和经济活动的空间区位问题。区域（空间）经济学研究的核心问题：解释地理空间中经济活动的集聚现象，解释经济活动地理结构和空间分布是如何在集聚的向心力和分散的离心力这两股力量的相互作用下形成的。区域（空间）经济学的基本模型包括：

①区域模型：中心—外围模式（CP Model）；

②城市模型：城市层级体系的演化；

③国际模型：产业集聚与国际贸易。

为消除区位论的限制，可以应用宏观经济学进行区域规划，研究区域资本积累、劳动力就业、技术创新与国民经济增长的关系，区域内产业结构等经济要素与有关影响。我国政府自20世纪80年代开始编制地区国土规划、区域发展战略和地区产业政策；90年代，对区域发展模式、区域产业结构优化、城市经济、城乡联系、农业可持续发展等区域经济进行规划，并注重区际发展差异分析、区际分工合作等研究，对跨区域行业联合等微观领域的经济活动进行研究。一些学者开始翻译西方区域经济学著作和文献，与我国区域经济实践结合，逐渐形成区域经济学。

（5）城市经营理论。20世纪中叶，城市经营的思想在国外萌芽，90年代传到中国。城市经营的主体有一元论（政府是城市经营的主体）、二元论（市场和政府）和多元论（以政府为主体的多元化参与）等理论与观点。一般认为，城市经营指以城市政府为主导的多元经营主体，根据城市功能对城市环境的要求，运用市场经济手段，对以公共资源为主体的各种可经营资源进行资本化的市场运作，实现资源资本在容量、结构、秩序和功能上的最大化与最优化，从而实现城市建设投入和产出的良性循环、城市功能的提升，以及促进城市社会、经济、环境的和谐可持续发展。

（6）区位论。又称区位理论，是关注经济活动地理区位的理论，已成为经济地理学、区域发展科学和空间经济学不可或缺的组成部分。区位论研究和解决经济活动的地理方位及其形成原因等。区位论以德国经济地理学家约翰·海因里希·冯·杜能1826年发表的《孤立国同农业和国民经济的关系（第一卷）》为标志。区位论有以韦伯、杜能等为代表的成本学派、以克里斯塔勒等为代表的市场学派和以丹妮逊、普莱德等为代表的行为学派等。区位是开放的、复杂的、动态的环境子系统，在区位选择时，要保持系统内各部门以及系统（区位系统与地理系统）之间的协调与统一；在区位活动中，要兼顾经济效益、社会效益和环境效益的统一。

中心地理论。中心地理论是由德国城市地理学家克里斯塔勒和德国经济学家廖士分别于1933年和1940年提出的。该理论认为，每一点均有接受一个中心地的同等机会，一点与其他任何一点的相对通达与距离成正比，不管方向如何，均有统一的交通面。中心地指向居住在周围地域（尤指农村地域）居民提供各种货物和服务的地方。中心地主要提供贸易、金融、手工业、行政、文化和精神服务。根据中心地商品服务范围的大小，中心地可分为高级中心商品地和低级中心商品地。高级中心商品地指名牌服装等服务范围的上下限都很大的中心地。低级中心商品指小百货、蔬菜等商品服务范围的上下限都很小的中心地。中心货物与服务分别指在中心地内生产的货物与提供的服务，也称为中心地职能。中心货物和服务分为较高（低）级别的中心地生产的较高（低）级别的中心货物或提供较高（低）级别的服务。一个地点的中心性可理解为该地点对周围地区的相对意义的总和，即是中心地所起的中心职能作用的大小。服务范围指中心地提供的每一种货物和服务的涉及范围。服务范围的上限是消费者愿意去一个中心地购买货物或服务的最远距离，超过这一距离便可能去另一个较近的中心地购买货物或服务。以最远距离r为半径，可得到一个圆形的互补区域，表示中心地的最大腹地。服务范围的下限是保持一项中心地职能所必需的腹地的最短距离，以之为半径，也得到一个圆形的互补区域，表示维持某一级中心地存在所需的最小腹地，也称为需求门槛距离，即最低必需销售距离。它们构成市场原则的两个限制因素：各级供应点必须达到最低数量以使商人的利润最大化、一个地区的所有人口都应得到每一种货物的提供或服务。

克里斯塔勒认为，有三个条件或原则支配中心地体系的形成，即市场原则、交通原则和行政原则。市场原则适用于由市场和市场区域构成的中心地商品供给情况。交通原则适合新开发区、交通过境地带或聚落呈线性分布区域。在文化水平高、工业人口多、人口密度高的区域，交通原则比市场原则的作用更大。行政原则适用于有强大统治机构的地方，或以行政组织为基础的社会生活。自给性强、与城市分离、相对封闭的偏远山区，行政原则的作用较强。一般而言，高级中心地按照交通原则布局，中级中心地按照行政原则布局，低级中心地按照市场原则布局。以上三个原则共同导致了城市等级体系的形成。均衡模式：在满足上述前提的条件下，中心地均匀分布在平原上，同一等级的中心地之间的距离相等，服务范围是相同半径的圆形区。每三个相邻 B 级中心地之间有一个空白区，得不到这三个中心地任何一个提供的商品和服务，因此，在这个空白区的中心产生一个次一级（K 级）的中心地，用来满足居民消费的需求。每三个 K 级中心地之间又会出现空白区，又出现一个次一级中心地（A 级），依此类推。中心地可分为许多等级。由于竞争机制的存在，各中心地都想扩大服务区范围，相邻的中心地服务区之间将出现重叠。根据到中心地购物的原则，重叠区的消费者将以中心线为界被最近的中心地吸引。于是，每个中心地的服务区变成最稳定空间结构的六边形，每个次一级的中心地成为六边形的六个顶点，各级中心地组成一个有规律递减的多级六边形图形，形成一般均衡状态下的中心地空间分布模式。

（8）交易成本理论。交易成本理论由诺贝尔经济学奖得主科斯提出。交易成本理论的根本论点在于对企业的本质进行解释。由于经济体系中企业的专业分工与市场价格机能的运作，产生了专业分工；但是，使用市场的价格机能成本相对偏高，形成企业机制，它是人类追求经济效率所形成的组织体。交易成本的类别有：①搜寻成本——商品信息与交易对象信息的搜集。②信息成本——取得交易对象信息与和交易对象进行信息交换所需的成本。③议价成本——针对契约、价格、品质讨价还价的成本。④决策成本——进行相关决策与签订契约所需的内部成本。⑤监督成本——监督交易对象是否依照契约内容进行交易的成本，如追踪产品质量、监督、验货等。⑥违约成本——违约时需付出的事后成本。交易成本理论又叫交易费用理论。

（9）政府规制理论。规制是相关部门通过对某些特定产业或企业的产品定价、产业进入与退出、投资决策、危害社会环境与安全等行为进行的监督与管理。依据规制的性质，规制可分为经济性规制与社会性规制。经济性规制主要关注政府在约束企业定价、进入与退出等方面的作用，重点针对有自然垄断、信息不对称等特征的行业。社会性规制是以确保居民生命健康安全、防止公害和保护环境为目的所进行的规制，主要针对与对付经济活动中发生的与外部性有关的政策。对规制经济理论的研究主要分为两类：规制规范分析与规制实证分析。规制规范分析学派产生于 19 世纪，其主要代表人物是查得威克、马歇尔、庇古、德姆塞茨、威廉姆森等。规制实证分析学派萌芽于 19 世纪法国经济学家迪普特的研究，其主要代表人物有斯蒂格勒、卡恩、帕尔兹曼、贝克尔等。规制规范分析学派的主要观点：由于市场机制不完善及存在市场失灵，如自然垄断、外部性等，应对企业活动进行规制。规制的目的是在确保资源配置效率的情况下，保证公共利益不受损害。规制实证分析学派的主要观点：政府规制的目的是维护特定集团的利益。规制俘虏理论是斯蒂格勒在 20 世纪 70 年代初提出的，其核心内容是：具有特殊影响力的利益集团—被规制企业—进行寻租活动，使规制者成为被规制者的“俘虏”，并参与共同分享垄断利润，使政府规制成为企业追求垄断利润的一种手段。政府规制的内容主要有：进入（退出）规制；价格（收费）规制；数量、质量规制；资源、环境规制等。

（二）产业集群理论

产业集群理论是 20 世纪 90 年代由美国哈佛商学院的迈克尔·波特创立的。他认为，在一个特定区域的一个特别领域，集聚着一组相互关联的公司、供应商、关联产业和专门化的制度和协会，通过这种区域集聚形成有效的市场竞争，构建出专业化生产要素优化集聚洼地，使企业共享区域公共设施、市场环境和外部经济，降低信息交流和物流成本，形成区域集聚效应、规模效应、外部效应和区域竞争力。迈克尔·波特提出由四种关键要素构成的“钻石体系”理论，从竞争力角度对集群的现象进行分析和研究，结果显示集群不仅降低交易成本、提高效率，而且改进激励方式、创造信息、专业化制度、名声等集体财富。产业集群能改善创新的条件，加速生产率的增长，有利于新企业的形成。虽然集群内企业竞争暂时降低了利润，但相对于其他地区的企业建立了竞争优势。克鲁格曼从区域经济与规模经济的角度，解释了工业活动的集中性，集聚效应的关键是规模经济，特别是外部规模经济，集聚能导致生产某一产品的平均成本下降，产生递增的规模效应。

（三）全球化理论

全球化是一种概念，也是一种人类社会发展现象。T. 莱维于 1985 年在《哈佛商业评论》提出“全球化”概念，认为经济全球化就是商品、服务、资本和技术在全球生产、消费和投资领域的扩散。国际货币基金组织认为，全球化就是通过贸易、资金流动、技术涌现、信息网络和文化交流，实现世界范围的经济融合。美国哈佛大学的杰弗里·萨克斯教授认为，经济全球化至少包含四方面的内容：促进经济更快增长、影响宏观经济稳定、改变收入分配状况和对国际政治格局产生影响。新自由主义经济学认为，自由贸易有利于发挥比较优势，经济自由化能够促进生产要素实现最佳配置，形成新的国际劳动分工，创造更多利润，推动经济增长。

（1）劳动地域分工理论。劳动地域分工又称生产地域分工或地理分工。它与部门分工一起成为社会分工的两种基本形式。劳动地域分工指一个国家或地区按某一优势的社会物质生产部门实行专业化生产，是社会分工的地域表现形式，是在生产地与消费地分离、靠运输进行交换的条件下形成的。通常，实现分工的前提是产品在生产地的价格与运费之和低于在消费地生产同种产品的价格。地域分工分为：①绝对地域分工。受自然条件和社会条件的限制，某地区不能生产某种产品，必须从其他地区输入。②相对地域分工。某地区生产某种产品，但生产耗费大，收效小，从外部输入更好。劳动地域分工有四个特点：地区生产的产品主要是通过交换和贸易在其他国家和地区最终实现消费；一定的运输手段和商品贸易的存在是劳动地域分工发展的前提；劳动地域分工得以实现的原动力是经济效益；劳动地域分工发展的最终结果是经济区的形成。劳动地域分工有以亚当·斯密的绝对成本论、大卫·李嘉图的比较成本论、马克思的劳动地域分工思想构成的古典经济学的劳动地域分工，以及以赫克谢尔—俄林的要素禀赋说、“里昂梯夫之谜”等新古典经济学的劳动地域分工理论等分类。

（2）比较优势理论。大卫·李嘉图在《政治经济学及赋税原理》中提出了比较成本贸易理论（后人称为“比较优势贸易理论”）。比较优势理论认为，国际贸易的基础是生产技术的相对差别（而非绝对差别），以及由此产生的相对成本的差别。每个国家都应根据“两利相权取其重，两弊相权取其轻”的原则，集中生产并出口有比较优势的产品，进口有比较劣势的产品。

（四）产业定位理论

（1）主导产业理论。主导产业由美国的经济学家罗斯托在《经济成长阶段》中提出。罗斯托将其定义为革新创造的可能或利用新的有利可图或至今未开发的资源的可能，将造成很高的增长率并带动这一经济中其他方面的扩充力量。主导产业有三个明显的特征：具有与新技术相关联的新的生产函数；有超出国民经济总增长率的持续高速增长的部门增长率；主导产业对其他部门乃至国民经济有着回顾效应、旁侧效应、前瞻效应。一国或地区的主导产业通常都是成熟产业或较为成熟的新兴产业。主导产业的选择基准有：数据包络分析法（DEA）有效基准、波特的钻石理论基准、可持续发展基准、人力资本匹配基准、就业功能基准、偏离份额分析法（SSM）基准等。从主导产业选择基准的发展过程看，有如下的特点：在理论上，部门主导产业转向区域主导产业群和主导产业链，强调区域特性、产业组织生产方式对主导产业的重要性；区域主导产业的选择由单一工业部门扩展到区域各个产业部门的综合；对区域概念的理解更加深入；产业环境从封闭到开放，关注区域经济一体化和经济全球化的影响；主导产业的选择注重生态环境和人本主义。我国主导产业定量选择方法：①传统的参数模型方法。运用参数模型计算有效边界，采用观察点到有效边界的某种距离确定决策单元的运作效率。该方法的主要缺点：研究者难以摆脱主观的对有效边界的函数类型和模型随机结构的预先假设，结果缺乏客观性。当样本数量较少时，研究者将陷入两难境地：复杂模型的拟合效果更好，但包含更多的参数，无法计算；简单模型的参数较少，可以全部估计，但模型可能失真，结果失去意义。这类方法以主成分分析法和层次分析法为代表。②非参数数据包络分析法（DEA）。DEA 可避免参数模型的缺点，不必人为地对有效边界做任何假设，完全以数据为依据，具有客观性，被广泛应用于公共领域的绩效评估和主导产业的选择等领域。

（2）点轴开发理论（点轴理论）。该理论由波兰经济学家萨伦巴和马利士提出。点轴开发模式是增长极理论的延伸。经济学家在研究区域经济发展的过程中发现，经济中心总是首先集中在少数条件较好的区位，成斑点状分布。这种经济中心既可称为区域增长极，也是点轴开发模式的点。随着经济的发展，经济中心逐渐增加，点与点之间，由于生产要素交换需要交通线路以及动力供应线、水源供应线等相互连接起来，就是轴线。这种轴线首先为区域增长极服务，但轴线一经形成，对人口、产业也有吸引力，吸引人口、产业向轴线两侧集聚，并产生新的增长点。点轴贯通，形成点轴系统。点轴开发可以理解为从发达区域的经济中心（点）沿着交通线路（轴）向不发达区域纵深地发展推移。其主要特征包括：①方向性和时序性。点轴渐进扩散过程有空间和时间的动态连续特征，是极化能量摆脱单点的限制走向整个空间的第一步。②过渡性。点轴开发开始将开发重点由点转向轴线，多个点轴的交织构成网络，点轴开发变为网络形成的过渡阶段；随着区域网络的完善，极化作用减弱，扩散作用增强，区域经济趋于均衡。点轴渐进是区域不平衡向平衡转化的过程，是欠发达地区二元经济结构逐渐消除的过程。

（3）产品生命周期理论。产品生命周期理论是美国哈佛大学教授雷蒙德·弗农1966 年在《产品周期中的国际投资与国际贸易》中首次提出的。产品生命周期是产品的市场寿命，即一种新产品从开始进入市场到被市场淘汰的整个过程。产品的生命经历初创、成长、成熟、衰退等基本的周期。这个周期在不同技术水平的国家和地区，发生的时间和过程不一样，其间存在较大的差距和时差，该时差表现为不同国家或地区技术水平的差距，反映了同一产品在不同国家或地区的竞争差异，决定了国际贸易、国际投资以及国内贸易和投资等的变化。判断某个产业或产品生命周期处在哪个阶段的方法有：曲线判断法、类比判断法、经验判断法（家庭普及率推断法）、销售量增长率法和比率增长判断法等。

（4）循环经济理论。循环经济指物质闭环流动型经济，指在人、自然资源和科学技术的大系统内，在资源投入、企业生产、产品消费及其废弃的全过程中，将传统的依赖资源消耗的线性增长经济，转变为依靠生态型资源循环发展的经济。循环经济是在物质的循环、再生、利用的基础上发展经济，是建立在资源回收和循环再利用基础上的经济发展模式。其主要原则是资源使用的减量化、再利用、资源化、再循环。其生产的基本特征是低消耗、低排放、高效率。循环经济的实施包括三个层面：小循环（企业内部）、中循环（企业之间）、大循环（社会化）。从资源利用的技术层面看，主要通过资源的高效利用、循环利用和废弃物的无害化处理等技术路径予以实现。

（五）产业结构理论

（1）二元结构理论。从产业供给与需求的角度看，在二元经济中，农业的边际劳动生产率为零或接近零，农业剩余劳动力对城市工业的供给价格低，工业的边际劳动生产率高于农业剩余劳动力的工资，工业生产可以从农业获得无限的廉价的劳动力供给，从劳动力供给价格与边际劳动力差额当中获得较高的利润。工业利润的储蓄倾向较高，城市工业发展对农村剩余劳动力的吸纳能力增强，由此产生累积性效应。累积的结果使得农业劳动力的边际生产率提高，工业劳动力的边际生产率下降，导致工业、农业劳动力边际生产率趋向一致。这时，二元经济转变为一元经济。在政府与产业编制规划时，需要分析各类产业的发展现状，用二元结构理论作为依据，进行二元结构的状况及变化分析。政府部门习惯于按照一项产业（农业）、二项产业（工业）、三次产业（服务业）来分析与评价产业现状、产业结构的趋势，通常以3~5年的经济数据和发展趋势来判断产业趋势。

（2）赫希曼的不平衡增长理论。发展中国家资源非常稀缺，全面投资和发展所有部门是不可能的，政府只能把有限的资源有选择地投入某些行业，使有限资源最大限度地促进经济增长，这就是不平衡增长。赫希曼认为，在发展中国家，有限的资本在社会资本和直接生产之间的分配具有替代性，有两种不平衡增长的基本途径：一是“短缺的发展”，先对直接生产资本投资，引起社会资本短缺。社会资本短缺引起直接生产成本提高，迫使投资向社会资本转移进而实现二者的平衡，然后，通过对直接生产成本的投资引发新一轮的不平衡增长过程。二是“过剩的发展”，先对社会资本投资，使二者平衡后再重复此过程。

（3）主导部门理论。罗斯托按照技术标准把经济成长阶段划分为传统社会、为起飞创造前提、起飞、成熟、高额群众消费、追求生活质量六个阶段，每个阶段的演进以主导产业部门的更替为特征。按照其理论，在经济成长的各阶段存在起主导作用的产业部门，主导部门通过回顾、前瞻、旁侧三重影响带动其他部门的发展。罗斯托在《战后二十五年的经济史和国际经济组织的任务》一书中列出了五种主导部门综合体系：

①作为起飞前提的主导部门综合体系，主要是食品、饮料、烟草、水泥、砖瓦等工业部门；

②替代进口货的消费品制造业综合体系，主要是非耐用消费品的生产；

③重型工业和制造业综合体系，如钢铁、煤炭、电力、通用机械、肥料等工业部门；

④汽车工业综合体系；

⑤生活质量部门综合体系，主要指服务业、城市和城郊建筑等部门。

罗斯托认为：主导部门序列不可任意改变，任何国家都要经历由低级向高级的发展过程。罗斯托的主导部门通过投入产出关系带动经济增长的观点，以及主导部门可以变化的观点，对我国的经济布局和产业规划有一定的借鉴意义。

（4）两基准理论。“两基准”指收入弹性基准和生产率上升基准。收入弹性基准要求把积累投向收入弹性大的行业或部门，主要是这些行业或部门有广阔的市场需求，便于实现规模经济效益，迅速地提高利润率；生产率上升基准要求积累投向生产率（指全要素生产率）上升最快的行业或部门，这些行业或部门生产率上升最快，单位成本下降最快，在工资一定的条件下，该行业或部门的利润必然上升最快。两基准理论以下列条件为基本前提：

①基础产业较为完善，不存在瓶颈制约；或即使存在一定的瓶颈制约，但要素有充分的流动性，资源能迅速地向颈瓶部门转移，缓解产业发展的瓶颈。

②产业发展中不存在技术约束。

③产业发展中不存在资金约束。

（5）产业分配理论。英国经济学家配第和克拉克研究发现：随着全社会人均国民收入水平的提高，就业人口首先从第一产业向第二产业转移；当人均国民收入水平进一步提高时，就业人口大量向第三产业转移。这种由人均收入变化引起的现象称为配第—克拉克定律。他们进一步研究发现：工业收入比农业多；商业（服务业）收入又比工业收入（附加值）多。克拉克研究了产业结构的演进趋势，得出了产业结构演进的规律性结论。库兹涅茨在继承配第和克拉克等研究成果的基础上，依据人均国内生产总值份额基准，考察了总产值变动和就业人口机构变动的规律，揭示了产业结构变动的总方向，进一步证明了配第—克拉克定律。库兹涅茨研究发现，产业结构的变动首先引发人均国民收入变动，这被称为库兹涅茨人均收入影响论。罗斯托认为，无论是在任何时期（甚至是在已经成熟并继续成长的经济体系中），保持经济增长的原因是，为数不多的主导部门迅速扩大，这种扩大又产生了对产业部门的重要作用，即产生了主导产业的扩散效应，包括回顾效应、旁侧效应和前向效应。根据科学技术和生产力发展水平，罗斯托将经济成长的过程划分为五个阶段：传统社会、为“起飞”创造前提的阶段、“起飞”阶段、向成熟挺进阶段、高额大众消费阶段。他在《政治与成长阶段》一文中又增加了“追求生活质量”的阶段。钱纳里从经济发展的长期过程中考察了制造业内部各产业部门的地位和作用的变动，揭示制造业内部结构转换的原因，即产业间存在产业关联效应，为了解制造业内部的结构变动趋势奠定了基础。他发现，制造业发展受人均 GNP、需求规模和投资率的影响大，受工业品和初级品输出率的影响小。他将制造业分为三个时期：经济发展初期、中期和后期，并将制造业按照三种不同的时期划分为如下类型的产业：①初级产业，指经济发展初期对经济发展起主要作用的制造业部门，如食品、皮革、纺织等部门；②中期产业，指经济发展中期对经济发展起主要作用的制造业部门，如非金属矿产品、橡胶制品、木材加工、石油、化工、煤炭制造等部门；③后期产业，指在经济发展后期起主要作用的制造业部门，如服装和日用品、印刷出版、粗钢、纸制品、金属制品和机械制造等部门。

（6）霍夫曼工业阶段论。霍夫曼对工业化问题进行了开创性的研究，提出了被称为“霍夫曼工业化经验法则”的阶段理论。他根据霍夫曼比例，即消费品工业净产值与资本工业净产值的比例，把工业化分为四个阶段：①第一个阶段，消费品工业占主导地位，霍夫曼比例为（5+/−1）。②第二阶段，资本品工业快于消费品工业的增长，消费品工业降到工业总产值的50%左右或以下，霍夫曼比例为（2.5+/−0.5）。③第三阶段，资本品工业继续快速增长，并已达到和消费品工业相当状态，霍夫曼比例为（1+/−0.5）。④第四阶段，资本品工业占主导地位，该阶段被认为实现了工业化，霍夫曼比例为1以下。在经济实践应用中，霍夫曼比例经常采用轻工业品净产值与重工业品净产值的比例表示。霍夫曼的工业阶段论主要阐述工业过程中重化工业阶段的演变情形。

（7）三次产业分类理论。三次产业分类理论于20世纪40年代初提出，其中：第一次产业指广义的农业，划分依据为第一产业的属性为取自于自然；第二次产业为广义的工业，划分依据为第二次产业的属性为加工取自于自然的生产物；第三次产业是广义的服务业，划分依据为第三次产业是繁衍于有形物质财富生产活动之上的无形财富的生产部门。三次产业分类法的局限性：近年来，信息技术、互联网、高新技术等持续出现，需求结构不断变化，产业分析更加复杂，三次产业分类理论出现了很多的局限性。围绕信息产业化浪潮展开的“第四次产业”“环境产业”“资源产业”“生态环保产业”等，逐步形成了新的战略性产业。现有产业分类理论不能明确界定新兴产业的内涵、范围和地位等。三次产业分类理论的内容：随着新技术、信息化和互联网等新概念的出现，逐渐形成了一批被称为“新兴产业”的独立的产业部门，包括自然资源产业、环境产业、高技术产业等。新兴产业与传统产业，尤其是一、二次产业存在交融及被包含关系，与传统产业之间的界限是有一定宽度的“带”，产业界限模糊，产业定义难以统一。新兴产业活动与传统产业活动有高依附性和相关性。高次产业（新兴产业）来源于传统三次产业但又有差异。立体产业分类理论的核心内容：引入了两类新的独立产业，即自然资源产业作为零次产业，以及由环境产业、高技术产业（包括信息产业）等组成的高次产业；提出了产业结构立体层级理论。

（六）土地开发理论

（1）土地开发模式。地方政府土地开发包括一级开发和二级开发等类别。一级开发：有权属转移的过程，如通过农地征用、收购等实现权属国有。毛地变净地、生地变熟地。通过农地征用、地上附属物拆迁实现净地，进行市政基础设施的建设和投入实现熟地。土地一级开发的目的：达到出让条件，以备二级市场出让。二级开发：包括公建配套开发、商品房开发和产业园区开发等主要模式。土地使用者经过开发建设，将新建成的房地产进行出售和出租。一般指商品房首次进入流通领域进行交易而形成的市场。房地产二级市场包括土地二级市场，土地使用者将达到规定可转让的土地进入流通领域进行交易的市场。其主要运作模式有三种：①由政府主导的运作模式：土地储备机构充当政府土地一级开发机构，开发土地的权属登记在该机构名下，可以保证政府完全控制地价，熟地后的增值收益不流失，土地一级开发法律关系单纯，便于政府实施土地一级开发的事务；其缺点是：政府自筹土地开发资金压力较大，土地储备投入较多，开发效率低。②企业主导的运作模式：有效利用市场资源，减轻政府开发资金压力，促成二级市场拿地。由于在一级开发中具备了土地成本定价、对规划及地块的熟悉程度等优势，与当地政府深度合作，二级市场拿地的成功率较大。③政府和企业混合模式（城市运营开发模式）：企业采取与政府签订合作协议的方式，或合作成立第三方公司，资金投入与利润分成进行约定，前台职能及程序由有收储资格的政府机构实施。通过参与和运作土地一级开发，在二级市场进行项目和土地操作。

（2）产品（项目）开发模式。产品开发模式的基本要素包括：①城市选择，基于战略发展规划选择拟进入的目标城市或地区。②区位选择，选择项目在城市的中观区位和具体特征。③确定项目规模，确定项目的占地面积、建筑面积、容积率等。④目标客户选择，研究并锁定核心消费者。⑤确定项目风格，设计项目独特的、便于识别的“符号”，使社会公众、目标客户容易识别企业开发的类型和特定项目。⑥设计定型，对各项目进行规划设计、景观设计等。⑦卖场设计、广告风格定型，宣传资料（包括楼书、媒体广告等）、统一的 VIS（视觉识别系统），对特定项目或具体产品的策划和总体包装等。

（七）供给侧结构性理论

按照供给侧结构性理论，我国产业结构在低附加值产业、高消耗、高污染、高排放产业的比重偏高，而高附加值产业、绿色低碳产业、高科技、有国际竞争力的产业比重低。我国“十五五”规划和专项规划等要根据供给侧结构性调整的需要进行优化，加快推进科技体制改革，促进高技术含量、高附加值、绿色低碳产业发展，深化金融体制改革、畅通国内统一大市场，加快对外开放，形成高质量发展的城市空间布局和产业格局。

（八）高质量发展理论

我国经济与社会进入了高质量发展阶段，国家大力推动绿色低碳循环经济，倡导人与自然、产业和谐共生，需要构建一套符合我国社会主义特色的先进理论体系，作为国家和地方进行重大决策与经济活动的支撑。

我国经济已由高速增长阶段转向高质量发展阶段的重大论断，蕴含了丰富的马克思主义基本原理。从经济发展的范畴看，经济发展是指量的增长和质的提升，是量和质的有机统一。“质”通常是指经济发展的结构、效益，“量”通常是指经济发展的规模、速度。质的提升为量的增长提供持续动力，量的增长为质的提升提供重要基础，二者相辅相成。高质量发展可以从宏观层面、产业层面和企业层面进行解读：一是从宏观层面来看，高质量发展是指经济增长稳定，区域城乡发展均衡，以创新为动力，实现绿色发展，让经济发展成果更多更公平地惠及全体人民。二是从产业层面来看，高质量发展是指产业布局优化、结构合理，不断实现转型升级，显著提升产业发展的效益。三是从企业经营层面来看，高质量发展包括一流的竞争力、质量的可靠性与持续创新、品牌的影响力、先进的质量管理理念与方法等。高质量发展可以上升为理论体系，它既包含了马克思主义理论的基本原理，也体现了系统工程、循环经济、零碳经济、区域经济、城乡融合、“四个自信”等核心理念，集中了中国共产党、各级党委和政府、社会各界与人民群众的集体智慧，更加彰显了中国积极构建人类命运共同体、利益共同体、责任共同体的“事物具有普遍联系”的哲学价值观。高质量发展的理论体系与逻辑关系有待进一步提炼与创新，并形成中国特色社会主义理论体系的重要组成部分。

（九）新质生产力理论

习近平总书记提出了新质生产力的概念与特征，号召大力推动培育发展新质生产力，带动了新质生产力的理论研究与模型创新。

习近平总书记强调：“高质量发展需要新的生产力理论来指导，新质生产力已经在实践中形成并展示出对高质量发展的强劲推动力、支撑力，需要我们从理论上进行总结、概括，用以指导新的发展实践。”“新质生产力”指明了新发展阶段激发新动能的决定力量，明确了我国重塑全球竞争新优势的关键着力点。它是对马克思主义生产力理论的创新发展和重要拓展，是习近平经济思想的原创性贡献。新质生产力的要义在于科技创新、技术突破。要深刻认识新质生产力的概念、内涵，推进路径、载体与保障机制，加快发展和形成新质生产力，开辟高质量发展新赛道，为推进中国式现代化提供持久的动能。新质生产力需要探索与创新，需要社会各界的广泛参与和不懈努力，需要创新精神和实践能力。

中国科学院院士褚君浩认为：“新质生产力是创新驱动的高品质生产力，是技术提升和新技术产生的重要驱动力。”北京大学副校长董志勇教授认为，新质生产力首先是“新观念”，区别于旧有技术体系，摆脱传统增长路径；其次是“新要素”，不断拓展数据等新的生产要素的应用广度和深度：再次是“新阵地”，布局一系列战略性新兴产业和未来产业；最后还是“新引擎”：创新驱动，跨学科、跨领域、跨机构、跨部门。中国工程院院士、中国科学院生态环境研究中心研究员曲久辉指出，环境科技与环保产业发展要立足生态、走入广域，发展新质生产力。国合华夏城市规划研究院院长吴维海博士提出“1381”新质生产力培育模型，即 1 个国家级新质生产力示范城市创建目标，3 个衡量标准，组织、人才、产业、资金、激励等 8 大要素体系，10 大推进策略。吴维海博士还提出了与新质生产力相关的生产力理论、系统工程理论、全要素增长率理论等创新性观点。

四、我国政府规划实践

我国政府规划经历了几十年的改革创新，逐步向系统化、融合化、链条化、数字化等方向转变。

（一）我国政府规划存在的问题

我国政府规划存在缺陷。改革开放以来，我国政府规划和城镇规划等制度体系和编制程序逐步完善与优化，但是规划编制与执行中仍存在一些缺陷，如：规划编制自上而下为主；规划编制受到过多行政干预，规划编制成果以规划目标等静态规划为主；对市场与环境变化预测少；缺乏规划期内多种情景的模拟；规划过于理想化和追求形式；生态减碳规划投入不足；某些土地用途不符合土地总体规划；规划社会参与度整体不够；规划执行力较差，等等。

各类规划存在实施漏洞。我国政府规划存在规划不完整、规划主管机构过多、规划编制分散、规划内容割裂、部分功能重复、跨部门协调困难等“痛点”，造成了人力、资金、资源、时间等浪费，降低了规划质量，不利于统筹谋划重大问题，降低了规划引领效能。

（二）我国规划实践的演变

中华人民共和国成立初期，政府规划体系相对零散，城镇化规划基本空白。党的十一届三中全会召开以后，我国初步确立了对外开放的改革道路，城市建设进入高速发展轨道，西方理论被引入我国实践中，综合国土规划、城市/区域规划、大城市市域规划等逐步完善。1989 年，《中华人民共和国城市规划法》提出“国家实行严格控制大城市规模，合理发展中等城市和小城市的方针”，将城镇体系规划纳入法定规划框架内。根据该法，我国城镇体系规划包括全国、省、自治区和直辖市层面的城镇体系规划，以及各地级市、县市级总体规划内容框架内的城镇体系规划。20 世纪 90 年代后期，《中国二十一世纪议程》提出适当控制大城市人口增长过快的势头，发展大城市的卫星城市，积极发展中小城市与大力发展小城镇。《全国城镇体系规划（2005—2020）》推动了城镇规划的发展。2005 年，国务院发布《国务院关于加强国民经济和社会发展规划编制工作的若干意见》（国发〔2005〕33 号），对五年规划编制提出了明确的要求。2007 年，国务院发布《国务院关于编制全国主体功能区规划的意见》（国发〔2007〕21 号）。2007 年，国家发展改革委关于印发《国家级专项规划管理暂行办法》的通知（发改规划〔2007〕794 号）规定，国家级专项规划是指国务院有关部门以经济与社会发展的特定领域为对象编制的、由国务院审批或授权有关部门批准的规划。国家发展改革委、原国土资源部、原环保部和住房城乡建设部四部门在2014年联合下发《关于开展市县“多规合一”试点工作的通知》（以下简称《通知》），提出在全国28个市县开展“多规合一”试点。2017年2月，习近平总书记在北京调研时指出，把握好战略定位、空间格局、要素配置，坚持城乡统筹，落实“多规合一”形成一本规划、一张蓝图，着力提升首都核心功能，做到服务保障能力同城市战略定位相适应，人口资源环境同城市战略定位相协调，城市布局同城市战略定位相一致，不断朝着建设国际一流的和谐宜居之都的目标前进。

关于我国城市发展阶段，国内学者、智库院所和部委机构等有不同观点。

（1）三阶段理论。李矿辉、张有才、王建军等在《新区总体规划编制的理念与内容创新实践》一书中提出了“我国新区建设经历了工业发展带动型、疏解老城压力型、低碳生态型三个阶段”。一是工业发展带动型阶段。我国第一代新城主要通过工业用地的建设带动新城的开发，以土地换投资，从而带动城市基础设施建设。二是疏解老城压力型阶段。城市化成为我国重要的发展战略，许多老城区不能满足城市发展需要。为了培育新的城市中心并缓解老城中心区交通压力，新城建设应运而生。它不仅带动了周边地区的城市化，也能有效地疏散和缓解老城的人口、产业及部分职能压力，构筑多中心的城市发展体系，促进城市空间结构良性发展。三是低碳生态型阶段。各地区积极推动建设“低碳”“生态”理念指导下的新型人居环境示范区、低碳新城、生态新城等。

（2）五阶段理论。国合华夏城市规划研究院吴维海博士等在《产业园规划》一书中归纳提炼了国内外典型案例，形成了我国城市与产业园发展五个阶段的理论成果①。该理论认为，我国城市和产业园发展一般经历由产业层级低到高的五个阶段：生产要素集聚、产业主导、创新突破、都市科技和生态零碳城市（家园）五大发展层级。这些阶段可能是跳跃式的，不一定每个阶段必然经过，或者几个阶段的产业特征并存。在不同的发展阶段，呈现不同的功能、特征和驱动方式等。以上五个层级的产业链导向、产业发展需求要素、园区功能、与城市发展的空间关系、核心驱动力、主要产业类型、产业空间形态、园区增值方式等各有差异。

城市（或园区）生产要素集聚阶段的主要特征见表2-1。

表2-1 生产要素集聚阶段主要特征

分析维度	主要特征
产业链导向	低成本导向，要素低效串联配置
产业发展需求要素	廉价的土地、劳动力以及优惠的税收政策
园区功能	加工型，单一的产品制造、加工
与城市发展的空间关系	基本脱离（点对点式）

① 吴维海，葛占雷．产业园规划［M］．北京：中国金融出版社，2015.

表2-1(续)

分析维度	主要特征
核心驱动力	政府优惠政策等外力驱动
主要产业类型	低附加值、劳动密集型传统产业
产业空间形态	纯产业区，在空间上沿交通轴线布局，单个企业或同类企业集聚
园区增值方式	园区主要活动的关注顺序：贸易—工业—技术。增值手段主要是贸易链，即通过与区内外、国内外的贸易交换获取附加值

如表2-1所示，在生产要素集聚阶段，城市或产业园主要是低成本导向的，要素之间低效率串联配置，政府依靠廉价的土地、劳动力和优惠政策吸引企业和集聚产业。该阶段产业园功能是加工型企业，单一的低附加值、劳动密集型的产品制造和加工。产业空间形态沿着交通线路轴线布局，单个企业或同类企业集聚。园区增值模式是贸易链，即以贸易交换带动工业制造，促进技术研发等活动。

城市或园区产业主导集聚阶段的主要特征见表2-2。

表2-2 产业主导集聚阶段主要特征

分析维度	主要特征
产业链导向	生产要素重新整合，形成稳定的主导产业和上、中、下游结构完整的产业链，有较好的产业支撑与配套条件
产业发展需求要素	一定的配套服务和研发能力，企业主要依靠外部科研机构和大学的支撑
园区功能	以产品制造为主
与城市发展的空间关系	相对脱离（串联式）
核心驱动力	由政府的优惠政策等外力驱动
主要产业类型	低附加值、劳动密集型传统产业
产业空间形态	纯产业区，在空间上沿交通轴线布局，单个企业或同类企业集聚
园区增值方式	园区主要活动的关注顺序：贸易—工业—技术。高技术产品生产基地，增值手段主要是产业链。

如表2-2所示，在产业主导集聚阶段，城市或产业园主要生产要素重新整合，形成稳定的主导产业和上、中、下游结构完整的产业链。这时的重点产业园已经具有了一定的配套服务和研发能力，企业主要依靠外部科研机构和大学的支撑。园区功能以产品制造为主，产业园与城市之间是相对脱离的串联关系。核心驱动力是政府的优惠政策等外力驱动。该阶段产业类型仍然是低附加值、劳动密集型的加工企业，产业空间形态是纯产业区，空间上沿着交通线路轴线布局，单个企业或同类企业集聚。园区增值方式是产业链，即通过产业的集聚，获得贸易订单，促进工业制造，重视技术研发活动。

城市或园区创新突破阶段的主要特征见表2-3。

表 2-3 创新突破阶段主要特征

分析维度	主要特征
产业链导向	创新文化
产业发展需求要素	高素质人才，较好的信息、技术及其他高端产业配套服务，园区自身研发能力不断增强
园区功能	研发型。科技产业区、制造、研发复合功能
与城市发展的空间关系	相对耦合（中枢轴辐式）
核心驱动力	内力为主、技术推动、企业家精神
主要产业类型	技术密集型、创新型产业，如信息技术、生物医药、新能源技术、新材料和先进制造技术等
产业空间形态	产业社区。产业间开始产生协同效应，在空间上形成围绕产业集群的圈层布局
园区增值方式	园区主要活动的关注顺序是：技术—工业—贸易。其增值手段主要是创新链。代表性园区：中关村科技园、台湾新竹科技园、法国索非亚高科技园区

如表 2-3 所示，在创新突破阶段，大力倡导创新文化，城市或产业园主要依赖高素质人才以及较好的信息、技术及其他高端产业配套服务获得高质量发展，城市或园区自身研发能力不断增强。这时的产业园具有科技产业区、制造、研发复合功能。产业园与城市之间是相对耦合（中枢轴辐式）的关系。核心驱动力是内力为主、技术推动、企业家精神。该阶段主要产业类型是技术密集型、创新型产业，如信息技术、生物医药、新能源技术、新材料和先进制造技术等。产业空间形态是产业社区，产业间开始产生协同效应，在空间形态上，逐步形成围绕产业集群的圈层布局。园区增值方式是创新链：技术—工业—贸易。代表性园区有中关村科技园、台湾新竹科技园、法国索非亚高科技园区。

城市或园区科技都市阶段的主要特征见表 2-4。

表 2-4 科技都市阶段主要特征

分析维度	主要特征
产业链导向	高势能优势
产业发展需求要素	高价值的品牌、高素质的人才资源、高增值能力和高回报率的巨额资本
园区功能	复合型（事业发展中心+生活乐园）。现代化综合城市功能，产业集聚地、人气集聚区、文化扩散区、资本融通区
与城市发展的空间关系	紧密整合（多极耦合式）
核心驱动力	高价值的“财富级”要素推动
主要产业类型	文化创意、科技创新产业及其他高端现代服务业
产业空间形态	综合新城，城市功能和产业功能完全融合

表2-4(续)

分析维度	主要特征
园区增值方式	园区主要活动的关注顺序：技术—贸易—工业。以研发中心、研发型产业、科技服务业为主体，其增值手段主要是财富链。代表性园区：美国硅谷

如表 2-4 所示，在科技都市阶段，产业链导向是高势能优势。城市或产业园主要依赖高价值的品牌、高素质的人才资源、高增值能力和高回报率的巨额资本获得发展。这时的城市或产业园已具有复合型（事业发展中心+生活乐园）、现代化综合城市功能，是产业集聚地、人气集聚区、文化扩散区、资本融通区。产业园与城市之间是紧密整合（多极耦合式）的关系。核心驱动力是高价值的“财富级”要素推动。该阶段产业形态以文化创意、科技创新产业及其他高端现代服务业为主。产业空间形态是综合新城，城市功能和产业功能完全融合。园区增值方式是财富链，以研发中心、研发型产业、科技服务业为主体，其增值手段主要是财富链。代表性园区：美国硅谷。

城市或园区生态零碳家园阶段的主要特征见表 2-5。

表 2-5 生态零碳家园阶段主要特征

分析维度	主要特征
产业链导向	生态、循环与零碳发展
产业发展需求要素	高生态环境、高技术应用、高资源利用率、零碳循环产业
园区功能	产业生态化。生态的城市业态，产业与自然和谐，以人为中心的资源集聚与产业协同，产业园与园区周边环境、产业协同
与城市发展的空间关系	融合与耦合
核心驱动力	生态利用与创新驱动
主要产业类型	生态产业、生态生活、生态环境、零碳产业
产业空间形态	人与自然、城市与产业完全融合
城市或园区增值方式	城市或园区主要活动的关注顺序是：人—产—城。以生态零碳产业、循环零碳技术和生态零碳服务业为主体，其增值手段主要是基于“人本”价值观的“生态圈”“零碳城”。这是未来几十年全球发达国家和地区积极追求的“未来城”——基于“生态零碳圈”的“泛产业园”“生态零碳城市（家园）”

如表 2-5 所示，在生态零碳家园阶段，城市或园区的产业链导向是生态、循环与零碳发展，这是全球普遍倡导的最高城市（园区）发展阶段。城市或园区主要依赖高生态环境、高技术应用、高资源利用率、零碳循环产业等，获得绿色零碳高质量发展。这时的城市或产业园具有产业生态化、城市零碳化特征。生态零碳的城市业态、产业与自然和谐，以人为中心的资源集聚与产业协同，城市、产业园与周边环境、居民协同。产业园与城市之间是融合与耦合的关系。核心驱动力是生态利用、零

碳发展与创新驱动。该阶段产业类型主要是生态产业、生态生活、生态环境、零碳产业。产业空间形态是人与自然、城市与产业完全融合。园区增值方式是"生态圈"，园区主要活动的关注顺序是：人—产—城。以生态零碳产业、生态零碳技术和生态低碳服务业为主体，其增值手段主要是基于"人本"价值观的"生态圈""零碳城"。这是全球积极推动的"未来城"——基于"生态圈""零碳城"的"泛产业园""生态零碳城市（家园）"。

（三）政府多规合一改革

党中央、国务院、国家各部委、规划编制与研究机构和专家学者积极推动和探索了政府规划政策体系改革，实施"多规合一"实践。从 2017 年开始，国家各部委机构实行重大调整和职责重组，整合设立了自然资源部、生态环境部等部门，大幅调整了国家发展改革委、住房城乡建设部、水利部、原环保部、原国土资源部等部委职责，进一步规范、整合和优化了规划管理部门及规划编制流程等。

2014 年，国家发展改革委、原国土资源部、原环保部和住房城乡建设部四部门联合下发《关于开展市县"多规合一"试点工作的通知》，提出在全国 28 个市县开展"多规合一"试点，实现一个市县一本规划、一张蓝图。地方政府积极研究探索"多规合一"的实践应用与规划体系改革。2019 年 5 月 23 日发布《中共中央 国务院关于建立国土空间规划体系并监督实施的若干意见》，提出建立国土空间规划体系并监督实施，将主体功能区规划、土地利用规划、城乡规划等空间规划融合为统一的国土空间规划，实现"多规合一"。通过实施"多规合一"，形成"一本规划、一张蓝图"，建立统一的编制审批体系、实施监督体系、法规政策体系和技术标准体系，构建统一的基础信息平台，形成全国国土空间开发保护"一张图"。

五、我国政府规划职能的作用

（一）贯彻国家政策法规

中央政府、地方政府、产业园区等通过主体功能规划、土地利用规划、城市总体规划、五年发展规划、详细性控制规划、修建性详细规划、能源与交通等专项规划的编制和修订，有助于构建完善的地方和城市发展规划体系，指导地方经济和城市发展重大决策。各种政府规划在一定范围内倡导了一种方向，体现了国家意志和人民群众的根本利益。

经济规划是国家和城市经济领域相关法规政策贯彻实施的重要载体。中央政府和地方政府五年发展规划，从经济、政治、文化、军事、技术和其他领域对国家、本地区的经济发展和社会生活等领域做出较全面、科学的定位，为我国和地方经济发展提供强有力的基础保障。

城市发展存在空间边界、用途约束的红线和强制性问题。城市发展总规划以全国城镇体系规划、省域城镇体系规划及其他更高层次法定规划为依据，从区域经济与社会发展的角度研究城市定位和发展战略，按照人口与产业、就业岗位的协调发展要求，控制人口规模、提高人口素质，按照有效配置公共资源、改善人居环境的要求，充分发挥中心城市的区域辐射和带动作用，合理确定城乡空间布局，促进区域经济与社会全面、协调和可持续发展。详细规划通过编制城市控制性详细规划，依据已经依法批准的城市总体规划或分区规划，考虑相关规划的要求，对具体地块的土地利用和建设提出控制指标，作为建设主管部门（城乡规划主管部门）做出建设项目规划许可的依据。城市修建性详细规划依据已经依法批准的控制性详细规划，对所在地块的建设提出具体的安排和设计。专项规划包括：交通规划、资源利用规划、循环经济、节能环保、现代服务业等专题规划，从技术角度对总体规划或分区规划进行细化与深化，从管理角度将某个地区或城市功能分解成为若干密切相关的系统进行专项研究，确保各地区和城市活动的有机性与多样性。

（二）促进社会经济发展

五年经济规划、总体规划和专项规划等具有各自的作用，它们从整体性、土地空间和专业领域等进行一个国家、一个地区、一个城市的经济、社会生活、产业和交通等的规划框架设计，有助于体系化、科学化、规范化地进行经济发展和社会管理目标分解与效果预估，对特定地域和特定系统的开发速度、开发时序、开发分布、开发重点等做出控制性安排，较好地满足市场和社会需要，使空间资源产生最大效应。

（三）经营政府和城市

通过总体经济规划、土地规划、产业规划和城市规划等，使得有限的财力、资料和资源得到更好的分配，对特定国家、特定地区、特定城市形成更加系统、全面、准确、前瞻的认知。

通过制定各类社会经济规划，确定战略目标，厘清开发边界，明确政府职责与任务，开展重大工程与项目设计，有助于促进政府职能转变，提高城市管理技巧，增强城市经营思维，以规划带动城市发展，以规划提高城市开发质量，加快我国城市规划与社会经济规划、生态环境规划融合，运用城市发展与管理规律，提高一个地区和城市规划的操作性、系统性、前瞻性。

（四）改善社会民生

国家和特定地区经济发展的最终目的是以人民为中心，不断改善民生，完善教育、医疗、社保等保障体制，实行精准扶贫，做好社会公共服务，提高国民的福利及生产、生活质量，使得国民有悠闲的生活、舒适的环境、清新的空气，更多的获得感、安全感和幸福感等。各类政府规划应该确定该类主要目标，并制订具体行动计划。

从各类规划体系和规划目标看，经济发展与民生保障是国家、地方政府规划编制的研究难点，是以人民为中心的行动体现，也是“十五五”规划需要持续探索的重大课题，需要高度关注。

（五）优化资源配置

城市、地区经济发展和企业经营等消耗或者占有大量的能源、水资源、原材料、人力和土地等。各地区经济发展存在土地、水源、矿产、电力等资源条件的限制，资源的稀缺性、地域分布不均衡性等倒逼政策导向、分配机制、空间布局、资源定价、优化调整等各方面的持续研究。我国经济工作中存在的产业同质化、产业园过散、产业集中度低、单位能耗大等突出问题，是制约各地区经济与社会高质量发展的严重障碍，需要通过五年规划纲要、农业农村规划、工业发展规划、现代服务业规划、园区发展规划、文旅规划、能源规划、交通运输规划等进行统筹研究和有序解决。

六、案例研究

（一）产业园规划范式

产业园发展规划指各类产业园为了实现特定发展目标，根据已有总体布局和产业特征，结合产业园基础与发展潜力，研究制定未来几年发展目标、重点工程、主要任务、实施路径以及保障机制等，进而推动特定产业园的可持续发展。

笔者撰写出版的《产业园规划》阐述了我国产业园规划的一般格式与主要内容，提出了各省份、各地区、不同类别的产业园发展规划的报告格式略有不同。我们以笔者编制的《潍坊节能环保产业园中长期发展规划》《贵阳高新区低碳发展规划》《山东半岛蓝色经济区发展规划》《文登光伏产业园规划》《东营经济技术开发区总体发展战略》等案例为蓝本，归纳提炼了产业园规划报告的一般结构与范式：

（1）前言。该部分主要描述规划的战略意义、时代背景、核心思想、主要观点以及实践价值等。

（2）产业园区规划的背景。该部分主要包括产业园区规划的目的、意义以及产业园区发展的有利条件等。

（3）产业园区的发展定位。该部分主要包括产业园区的区位选择、功能定位、产业定位等。

（4）产业园区的规划布局。该部分主要包括产业园区用地布局、各功能区的建设规模与产业布局。

（5）产业园区的投资成本与收益估算。该部分主要包括产业园区总投资、分阶段投资、成本估算、产值、销售收入及销售税金估算和社会效益、生态效益评估。

（6）产业园区适应性评价指标体系。该部分主要包括目标适应性指标、经济适应性指标以及社会适应性指标等，可根据具体要求进行各类指标调整。

（7）产业园区招商引资方案。该部分主要包括产业园区产业布局、品牌推广策略、团队管理及运作模式、招商引资目标企业推介等。

（8）产业园保障机制。该部分主要包括产业园区组织体系、重大工程、责任分解、资源匹配、服务平台、风险管理以及对外合作等。

备注：各地政府委托的具体产业园区规划报告，应该结合当地实际和上位规划的总体要求，进行规划报告目录的修订和内容调整，没有必要强制要求完全一致。

（二）控制性详细规划范式

控制性详细规划指以城市总体规划或分区规划为依据，确定建设地区的土地使用性质和使用强度的控制指标、道路和工程管线控制性位置以及空间环境控制的规划要求。

编制城市控制性详细规划，应依据已经依法批准的城市总体规划或分区规划，考虑相关专项规划的要求，对具体地块的土地利用和建设提出控制指标，作为建设主管部门（城乡规划主管部门）做出建设项目规划许可的依据。

编制城市修建性详细规划，应依据已经依法批准的控制性详细规划，对所在地块的建设提出具体的安排和设计。

按照国家有关法规（制度）的要求，控制性详细规划包括：确定规划范围内不同性质用地的界线，确定各类用地内适建、不适建或有条件地允许建设的建筑类型；确定各地块建筑高度、建筑密度、容积率、绿地率等控制指标；确定公共设施配套要求、交通出入口方位、停车泊位、建筑后退红线距离等要求；提出各地块的建筑体量、体型、色彩等城市设计指导原则；根据交通需求分析，确定地块出入口位置、停车泊位、公共交通场站用地范围和站点位置、步行交通及其他交通设施，规定各级道路的红线、断面、交叉口形式及渠化措施、控制点坐标和标高；根据规划建设容量，确定市政工程管线位置、管径和工程设施的用地界线，进行管线综合；确定地下空间开发利用的具体要求；制定相应的土地使用与建筑管理规定。

其中，控制性详细规划确定各地块的主要用途、建筑密度、建筑高度、容积率、绿地率、基础设施和公共服务设施配套规定应当作为强制性内容。

第三章

“十五五”规划架构

一、政府规划分类

（一）按照政府层级分类

（1）国家层面政府规划。这主要是以党中央、国务院名义颁布的重大综合性规划和产业政策等。如国家“十五五”规划纲要编制与颁布，一般由国家发展改革委选聘机构，对经济与社会发展中的重大问题进行专项研究，形成五年规划思路，对纲要主要指标进行测算，对支撑“十五五”发展的重大工程、重大项目进行初步安排，形成纲要（草案）的框架。经过征求地方各部门和社会各界对规划编制的意见和建议，先后经国务院、中央政治局讨论审议，经全国人民代表大会审查批准，授权发布。

（2）国务院各类规划，由国务院组织有关部门编写并发布。如《国务院关于印发全国主体功能区规划的通知》由国务院发布，并要求“各地区、各部门要从全局出发，统一思想，高度重视，加强领导，明确责任，切实抓好规划的贯彻落实。各省、自治区、直辖市人民政府要按照规划明确的原则和要求，尽快组织完成省级主体功能区规划编制工作，并认真实施。各部门要根据规划明确的任务分工和要求，调整完善财政、投资、产业、土地、农业、人口、环境等相关规划和政策法规，建立健全绩效考核评价体系，加强组织协调和监督检查，全面做好规划实施的各项工作”。该功能规划从规划背景、指导思想与规划目标、国家层面主体功能区、能源与资源、保障措施等方面进行了我国主体功能区的空间布局，为全国各省份的产业布局和土地资源使用确立了主体格局和基本要求。

（3）部委和省（直辖市、自治区）政府规划。国家部委和各省份出台的经济规划包括五年发展规划、专项规划等。如国家“十五五”工业规划。

（4）地级市政府规划。这类经济规划等一般由地级市人民政府或其职能部门如各级发展改革委、经信局等组织编写，或者委托专业机构编写，组织专家审核和予以完善。有些综合性发展规划，还需要上报市人大等审批后予以发布，如《廊坊市城市总体规划（2012—2030 年）》。

（5）县（市、区）政府规划。这类规划一般由各县、县级市、市辖区政府等组织编制，由县（市、区）人民政府发布并实施。如吴维海负责编制的《潍坊节能环保产业园中长期发展规划》《聊城市“十三五”规划》《汉中市“十四五”规划战略研究》《中宁县沿黄生态经济示范区规划》《襄城县乡村振兴战略规划》等，分别由潍坊市、聊城市、汉中市、襄城县等政府委托国家发展改革委国际合作中心、国合华夏城市规划研究院编制，由吴维海牵头组织，汇集了产业、行业等专家学者，对相关地区进行了调研和走访，搜集了大量数据和行业资料，按照“发展背景、发展基础、资源禀赋、愿景与战略定位、行业选择与规划目标、空间布局和发展步骤、重点工作、重点工程、保障机制”等规划报告目录，进行了报告撰写，确立了各自的战略定位，积极推动地方经济发展和产业转型升级。

（6）城乡规划。根据《中华人民共和国城乡规划法》，城乡规划包括城镇体系规划、城市规划、镇规划、乡规划和村庄规划。城市规划、镇规划分为总体规划和详细规划。详细规划分为控制性详细规划和修建性详细规划。城市总体规划、镇总体规划包括城市、镇的发展布局，功能分区，用地布局，综合交通体系，禁止、限制和适宜建设的地域范围，各类专项规划等。规划区范围、规划区内建设用地规模、基础设施和公共服务设施用地、水源地和水系、基本农田和绿化用地、环境保护、自然与历史文化遗产保护以及防灾减灾等内容，应当作为城市总体规划、镇总体规划的强制性内容。城市总体规划、镇总体规划的规划期限一般为 20 年。城市总体规划还应当对城市更长远的发展做出预测性安排。乡镇规划、村庄规划的内容包括规划区范围，住宅、道路、供水、排水、供电、垃圾收集、畜禽养殖场所等农村生产、生活服务设施、公益事业等各项建设的用地布局、建设要求，以及对耕地等自然资源和历史文化遗产保护、防灾减灾等的具体安排。乡规划还应当包括本行政区域内的村庄发展布局。乡镇和街道办事处经济规划一般参照县级规划，结合本地优势和主要特点研究编制。

除了上述规划之外，其他各类开发区、国家级或省级高新区、国家级新区等经济规划参照各类级别进行编制计划确定和分类，如国家级开发区规划一般是地级市或略低于地级市层面。国家级新区根据所在地区的级别不同，可能是副省级或地级市等。

（二）按照规划时限分类

（1）中长期规划。政府中长期规划期限一般超过 5 年，有 10 年、20 年或更长的时间跨度。如《国家中长期教育改革和发展规划纲要（2010—2020 年）》时间跨度 10 年，《广州市中长期人才发展规划纲要（2010—2020 年）》规划期限 10 年。再如《北京市中长期科学和技术发展规划纲要（2008—2020 年）》规划时间从 2008 年开始到 2020 年。

（2）五年发展规划。2005 年，国务院《关于加强国民经济和社会发展规划的意见》明确规定：五年规划分别包括三级（国家级、省级和市县级）和三类（总体规划、区域规划和专项规划）。国家总体规划、省（自治区、直辖市）级总体规划和区域规划期一般为 5 年，可 10 年以上。市县级总体规划和专项规划期限，可根据当地经济发展需要确定。

（3）三年发展规划。各级政府或开发区等为贯彻落实有关经济规划与发展目标，可制定各自三年规划，以便于实现阶段性的工作计划和发展目标。

（4）年度专项规划。各级政府和产业园区年度规划实际就是年度工作计划，主要界定上年度工作情况和本年度工作重点、主要目标、工作要点和保障措施等。

（三）按照规划范围分类

（1）总体（综合）规划。国家和地方政府等综合规划一般涉及多个方面、多个地域的经济布局或社会发展规划，如《国民经济和社会发展五年规划》《大连国家级金普新区发展规划》等。

（2）专项规划。专项规划主要是对特定领域、区位或产业等进行的经济规划或其他规划，如《国家新能源发展规划》《地方循环经济发展规划》《河北省白洋淀科技产业园规划》《智慧北京行动纲要》《潍坊节能环保产业园中长期发展规划》《贵阳高新区低碳发展规划》《贵阳市低碳城市发展规划》等。按照在政府规划中的作用，专项规划可分为总体规划附属的专项规划、完善总体规划的专项规划和指导城市开发的专项规划。其中，总体规划附属的专项规划指从技术上确保城市总体规划的合理性和可行性，主要指道路交通、给水工程、排水工程、供电工程、电信工程、供热工程、燃气工程、人防工程等项目的规划。完善总体规划的专项规划主要指随着经济建设的需要新增加的内容，主要是社会发展过程中新观点在经济发展或城市建设中的应用，针对新问题在地区发展或城市建设中的对策和总体规划中复杂问题的系统化。如城市生态规划、历史文化保护规划、城市景观工程规划等，这类专项规划一般独立于总体规划单独编制。还有循环经济规划、工业转型规划、高端服务业规划、现代制造业规划、文化旅游规划等经济类专项规划。指导城市开发的专项规划主要是指对区域经济或城市发展中系统性强、关联度大的要素进行重点开发时，关注城市空间规划、城市滨水区规划、城市市场体系规划等。

（四）按照规划功能分类

（1）全国主体功能区规划。根据不同区域的资源环境承载能力、现有开发密度和发展潜力，统筹谋划未来人口分布、经济布局、国土利用和城镇化格局，将国土空间划分为优化开发、重点开发、限制开发和禁止开发四类，确定主体功能定位，明确开发方向，控制开发强度，规范开发秩序，完善开发政策，逐步形成人口、经济、资源环境相协调的空间开发格局。全国主体功能区规划是战略性、基础性、约束性的规划，是国民经济和社会发展总体规划、人口规划、区域规划、城市规划、土地利用规划、环境保护规划、生态建设规划、流域综合规划、水资源综合规划、海洋功能区规划、海域使用规划、粮食生产规划、交通规划、防灾减灾规划等在空间开发和布局时的基本依据。同时，编制全国主体功能区规划要以上述规划和其他相关规划作为支撑，并在政策、法规和实施管理等方面做好衔接工作。编制全国主体功能区规划的主要任务是，在分析评价国土空间的基础上，确定各级各类主体功能区的数量、位置和范围，明确不同主体功能区的定位、开发方向、管制原则、区域政策等。主体功能区规划的规划期一般为 20 年，主要内容为：资源环境承载能力、现有开发密度和发展潜力分析；主体功能区的分类及其划定原则；各类主体功能区的数量、位置和范围；各主体功能区的功能定位、发展方向、开发时序和管制要求等；能源和资源开发；障措施和财政、投资、产业、土地、农业、人口、民族、环境、应对气候变化等相关配套政策。全国主体功能区规划由国家主体功能区规划和省级主体功能区规划组成，分国家和省级两个层次编制。国家主体功能区规划由全国主体功能区规划编制工作领导小组（以下简称“领导小组”）会同各省（自治区、直辖市）人民政府编制，并通过中期评估实行滚动调整；省级主体功能区规划由各省（自治区、直辖市）人民政府组织编制。

（2）土地利用总体规划。各级人民政府应当依据国民经济和社会发展规划、国土整治和资源环境保护的要求、土地供给能力以及各项建设对土地的需求，组织编制土地利用总体规划。土地利用总体规划的规划期限一般为 15 年。土地利用总体规划应当将土地划分为农用地、建设用地和未利用地。县级和乡（镇）土地根据需要，划定基本农田保护区、土地开垦区、建设用地区和禁止开垦区等；其中，乡（镇）土地利用总体规划还应当根据土地使用条件，确定每一块土地的用途。土地分类和划定土地利用区的具体办法，由国务院土地行政主管部门会同国务院有关部门制定。土地利用总体规划指在各级行政区域内，根据土地资源特点和社会经济发展要求，对今后一段时期内（通常为 15 年）土地利用的总安排。全国土地利用总体规划到省、市、县、乡土地利用总体规划分别由各级人民政府编制。土地利用总体规划是城乡建设、土地管理的纲领性文件，是落实土地用途管制的依据，是实行最严格的土地管理制度的基本手段。

（3）城市总体规划。为了实现一定时期内城市的经济和社会发展目标，确定一个城市的性质、规模、发展方向，合理利用城市土地，协调城市空间和进行各项建设的综合布局和全面安排，还包括选定规划定额指标，制定该市远期、近期目标及其实施步骤和措施等。城市总体规划的规划期限一般为 20 年。城市总体规划是城市在一定时期内发展的计划和各项建设的总体部署，是城市规划编制工作的第一阶段，也是城市建设和管理的依据。

（4）经济（区域）发展规划。经济规划指在生产资料公有制的基础上，根据社会主义基本经济规律和国民经济有计划按比例发展规律的要求，由国家按照经济、社会建设与发展的计划，管理国民经济的社会经济制度。区域发展规划是以跨行政区的特定区域国民经济和社会发展为对象，以促进相关行政区之间合作与协调发展为目的编制的规划，是规划纲要在特定区域的细化与落实，是编制该区域内专项发展规划和区域内各行政区规划纲要的依据。经济规划可按照不同的标准分类，如根据政府层级分为国家级、国务院、部委和各省（自治区、直辖市）、地级市、县（市、区）、乡（镇）等；根据功能分为综合经济规划和专项经济规划等。区域发展规划分为省级、州（市）级，规划期限一般为 10 年，可以进行远期展望。其主要内容为：发展基础和条件；区域定位、发展战略和目标；区域发展的空间结构框架；区域基础设施、产业布局、市场体系、公共服务、城乡建设、生态环保等一体化发展的重点内容；区域协调机制等规划实施的保障措施。

（5）控制性详细规划。控制性详细规划以城市总规划或分区规划为依据，确定建设地区的土地使用性质和使用强度的控制指标、道路和工程管线控制性位置以及空间环境控制的规划要求。控制性详细规划的主要任务是：以城市总体规划或分区规划为依据，确定建设地区的土地使用性质和使用强度的控制指标、道路和工程管线控制性位置以及空间环境控制的规划要求。城市人民政府城乡规划主管部门根据城市总体规划的要求，组织编制城市的控制性详细规划，经本级人民政府批准后，报本级人民代表大会常务委员会和上一级人民政府备案。镇人民政府根据镇总体规划的要求，组织编制镇的控制性详细规划，报上一级人民政府审批。县人民政府所在地镇的控制性详细规划，由县人民政府城乡规划主管部门根据镇总体规划的要求组织编制，经县人民政府批准后，报本级人民代表大会常务委员会和上一级人民政府备案。

（6）修建性详细规划。修建性详细规划以城市总体规划、分区规划或控制性详细规划为依据制定，用以指导各项建筑和工程设施的设计和施工的规划设计，是城市详细规划的一种。编制修建性详细规划的主要任务是：满足上一层次规划的要求，规划总平面图——直接对建设项目做出具体的安排和规划设计，并为下一层次建筑、园林和市政工程设计提供依据。修建性详细规划包括：建设条件分析及综合技术经济论证；做出建筑、道路和绿地等的空间布局和景观规划设计，布置总平面图；道路交通规划设计、绿地系统规划设计、工程管线规划设计、竖向规划设计，估算工程量、拆迁量和总造价，分析投资效益。

（7）产业或项目环境评价。项目环境评价（EIA）指在一定区域内进行开发建设活动，事先对拟建项目（规划）可能对周围环境造成的影响进行调查、预测和评定，提出防治对策和具体措施，为项目决策提供科学依据。环境影响评价制度是从环境保护的角度，决定开发建设活动能否进行、如何进行的有强制性的法律制度。环境影响评价严格执行《中华人民共和国环境影响评价法》，以及环境评价法律法规（宪法、环境保护法、环境保护单行法、环境保护相关法规等）、环境政策与产业政策、环境标准和规范、建设项目（规划）的技术文件等。环境标准从内容和性质上予以分析，主要包括：环境质量标准、污染物排放标准、相关方法标准、标准样品标准、相关基础标准。环境标准从行政级别上主要分为国家环境保护标准和地方环境保护标准。其中，国家环境保护标准包括：国家环境质量标准、国家污染物排放标准、相关方法标准、国家标准样品标准、相关基础标准、国家环境保护行业标准。地方环境保护标准包括：地方环境质量标准、地方污染物排放标准。建设项目环境影响评价的管理程序主要包括：编制大纲→编制报告书→评估报告书→审批报告书。

二、“十五五”规划依据

（一）符合国家政策法规

国家和地方政府第十五个国民经济和社会发展纲要（“十五五”规划）是本规划期内社会主义现代化建设的总体战略部署，是制定其他各类规划的重要依据，应符合国家中长期政策和法律要求。专项规划是对地区发展战略、目标及发展重点和任务的具体落实，专项规划不能与规划纲要相违背。

（二）体现政府主要职责

“十五五”规划、总体规划、专项规划等有政府管理色彩，应该符合国家或地域性的政府管理与服务职责，满足经济发展的基本需要，体现政府的意志和责任等。

（三）反映经济与社会规律

规划任何一种事物，既有共性，又有个性。在进行各类规划原则的描述时，应揭示其发展的独特规律，反映经济和社会生活的内在逻辑。“十五五”规划也不例外。

（四）综合各方意志或意见

在制定各类规划时，需要有高度综合性，要考虑经济与社会各方面的因素，吸收各方专家，听取社会各方意见，考虑规划实施的可行性与先进性等。“十五五”规划作为综合性经济规划，必须让人民群众、社会各界参与和讨论，共同编制与多方研讨，自上而下、自下而上，反复修改与完善，才能较好地体现“以人民为中心”的规划编制初心和规划编制质量。

（五）完善规划保障机制

各类规划与行动方案一般通过下一层规划或者具体的重大项目安排予以实施、执行。无论是哪种规划保障措施，都要与国家政策、法律法规相一致，有利于各类规划目标实现，并且与各类规划、行动方案紧密配合与辅助促进。

三、“十五五”规划模型

（一）国合院“345”规划模型

根据国家经济政策与相关法规，提炼归纳国内外案例，国合华夏城市规划研究院（简称“国合院”）独创“345”规划编制模型，广泛用于国家部委、各级政府“十五五”规划、专项规划、乡村振兴战略等编制与实施的指导工具。具体模型如图 3-1 所示。

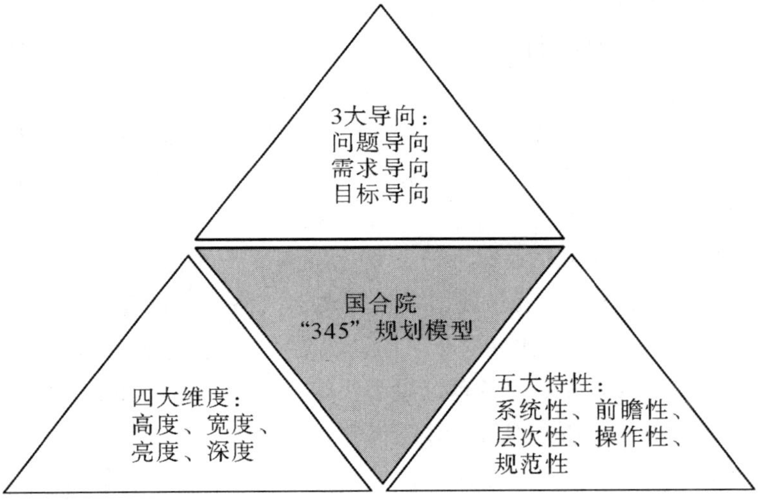

图 3-1 国合院独创“345”“十五五”规划模型

按照图 3-1 所示的“345”“十五五”规划模型，国家部委、各级政府在组织编制“十五五”规划时，应成立规划编制工作组和研究团队，研究规划思路，推进实施计划，重点以“345”规划模型为方法论和评价规划报告质量的标准，梳理和明确三个导向（3 个清单）、研究和把握四个维度（4 个标准）、对标和体现 5 个特性（5 大要求）。

1. 全面梳理和明确三大导向（3 个清单）

系统分析和认真研究“十五五”规划目标是什么（目标清单）、人民群众、当地政府、企业等的需求是什么（需求清单）、当前存在的问题和“十五五”规划时期主要解决的问题是什么（问题清单），可以把问题导向、需求导向和目标导向以“3 个清单”的形式，列表归纳，并反复讨论和定稿，据此作为“十五五”规划编制的主线和行动指南。

2. 研究和把握四个维度（4个标准）

针对特定“十五五”规划课题，对标对表国际国内行业案例、国家政策和上位规划等，进行研究对象的“高度”界定；参考以往规划和上级工作部署，结合经济与社会实际，进行“宽度”分析和报告目录推敲，确定报告目录，并在初稿阶段进行文稿对照，看是否达到报告要求的宽度，是否覆盖了主要的领域和内容等；从较高的标准和专业性角度进行报告目录、报告初稿的“深度”评价，评估报告目录或者已经成文的规划报告是否具有较深的观点或措施，是否达到了较高的政策水平和实施能力等。统筹规划目录和报告全文，分析和论证是否具有特色，是否发挥了区域优势，是否体现了上位规划或本级党委及政府的核心思想及实践设想，有无自己的亮点和特色等（“亮度”）。通过“四个维度”的对标和自我测评、专家评价，可以有效地发现规划思路或报告的缺陷，精准提高规划质量和改进重要的环节。

3. 对标和体现5个特性（5大要求）

关于“十五五”规划编制质量和评价衡量标准，国家和有关部委至今没有一套严谨、科学、量化的考核评估办法。国合院总结自身规划实践和案例，提出了“345”模型，特别强调“五个特性”的评价标准和基本要求。在“十五五”规划模型选择、目录设计、报告撰写和文稿优化过程中，要有系统性，避免思路和报告内容的偏差；要有前瞻性，既体现当前趋势与发展规律，发展思路和指标又要有前瞻性、先进性；规划目录和各项工作内容繁杂，要分层阐述，并且相互呼应，具有层次性；“十五五”规划作为综合性的五年规划报告，文字风格、语言表述和报告格式等有一定的要求和模式，体现了规范性；“十五五”规划是立足国家、城市和地方经济与社会实际，具体工程和行动计划由各单位组织实施，其资源条件和实施保障具有局限性和阶段性，同时必须可行和接地气，体现操作性和可行性。

使用国合院独创的“345”规划模型，可以高质量地进行规划思路设计、规划目录确定、规划层级分析、规划文稿撰写、规划报告评价、规划体系优化等，进而形成前瞻、系统、清晰、规范和实操的规划报告，提高服务地方经济与社会发展，促进经济转型提升、推动改革开放的综合能力与战略预判作用。

（二）规划战略地图

战略规划是国家和地方进行经济定位、制定发展策略、推动经济与社会高质量发展的重要手段和工具。“十五五”规划是我国和各地区实现2026年到2030年各项战略目标的重要指南和行动路线图。

编制国家、地方和园区“十五五”规划，可以采用如图3-2所示的“十五五”规划战略地图，重点解答和阐述“为什么”“是什么”“做什么”这三个战略性规划命题。

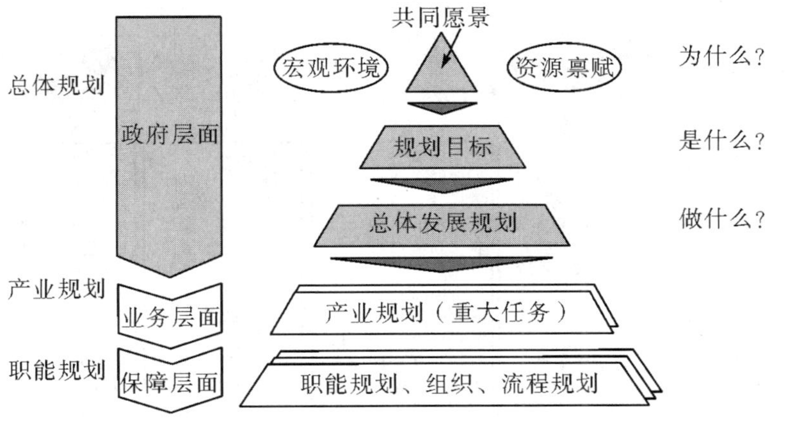

图 3-2 国合院“十五五”规划战略地图

如何运用图 3-2 进行三个规划命题的系统研究与阐述？

（1）“为什么？”。使用“十五五”规划战略地图，研究国际形势和宏观环境，结合国家或区域产业基础、资源优势和特殊条件，分析和确立“为什么”的战略命题，为确定发展愿景、历史使命、规划目标和产业布局等提供科学的决策依据。

（2）“是什么？”。基于宏观形势和微观要素的综合分析，进行规划重大观点的判断，确定五年战略目标、指标体系、空间布局与实施步骤等，为制定未来五年主要任务、产业项目、资源分配、主要任务、重大工程等提出判断与决策的重要参考。

（3）“做什么？”。基于宏观环境、发展基础和目标任务，结合发展趋势和要求，制定未来五年工作任务、生态布局、产业路径、科技创新、品牌战略、乡村振兴、人才机制、金融创新、改革开放、公共服务以及组织体系、考核激励等，确立“十五五”规划实施与评价的保障体系。

围绕“为什么”“是什么”“做什么”三大战略性命题，进行前期调研、行业研究、规划目录敲定、文稿撰写、观点论证以及报告修订，提交有关部门审核，并按照审批发布程序审核、颁布与实施。

（三）五年规划编制步骤

地方政府、园区编制“十五五”规划，首先要通过招投标程序，确定并委托专业机构，签订规划编制委托合同。受托专业智库根据规划要求，组建规划编制课题组，制订规划编制计划，确认调研提纲和访谈计划，组织现场调研与访谈，并遵循“十五五”规划编制的“五步法”步骤（见图 3-3）。

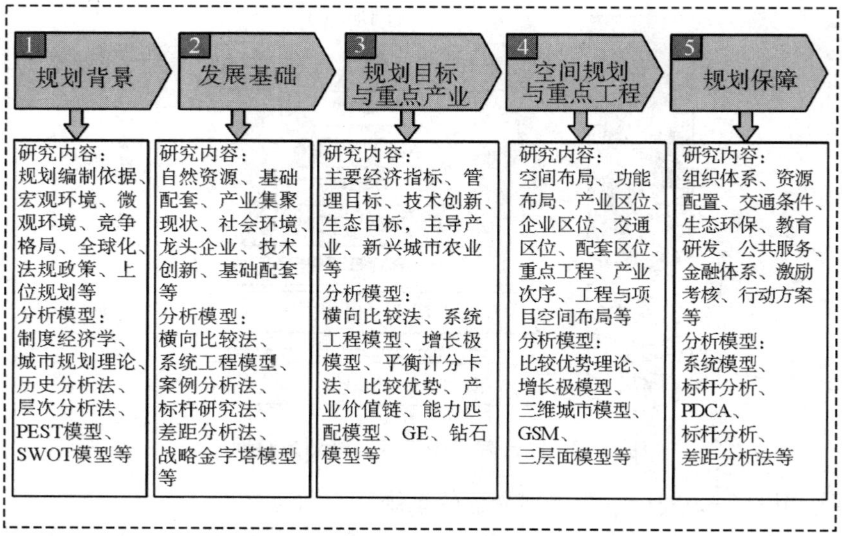

图 3-3 规划编制“五步法”基本流程

1. 规划背景

（1）成立规划编制团队。按照“十五五”规划编制要求，组建规划编制研究团队。重点邀请宏观政策、产业规划、金融信用、乡村振兴、科技研发、社会治理、康养医疗等领域的专家与研究人员参加。

（2）制订编制计划并推进实施。与委托单位协商，确立调研计划和时间安排，组织规划调研组，按照调研计划和规划程序，有计划地搜集、整理和分析国家政策、市场布局、地方政府提供的规划文本、地域性文件、年度报告、经济数据、统计报表等。

（3）组织调研访谈。组织各种现场与非现场座谈，与专家交流，开展现场调研，进行城市、园区、企业或居民走访，发放调研问卷，开展网上调研等，进行特定城市、产业园的经济基础、产业现状等非现场和现场研究。

在本步骤，可采用国合院独创的“345”规划模型、战略地图、历史比较法、标杆分析法、比较优势法、PEST（企业外部环境分析）等分析工具，研究并撰写“十五五”规划编制背景、外部环境等分析报告或者现状诊断报告，提交规划委托单位研讨论证，为下一步规划编制与规划文稿修订提供科学的分析依据。

2. 发展基础

分析研究对象经济、社会发展现状，以及主导产业、企业、市场、社会民生等现状与趋势，分析研究对象的资源、禀赋与能力，研究重点行业或产业链现状，对比标杆单位的典型做法，提炼存在的问题与挑战，寻找市场机遇与自身优势等。“十五五”规划基期时间是 2025 年（“十四五”规划末期），报告期是 2026—2030 年。

本步骤规划研究采用区位法、案例分析、标杆研究、比较优势理论、差距分析、战略地图等分析工具。

3. 规划目标与重点产业

本步骤主要进行“十五五”规划研究对象的产业定位、指标任务、产业链以及管理目标、科技目标、人力目标、土地资源、交通条件、资金资源等重点目标确定，对特定园区和重点产业进行定位等。

本步骤主要采用层次分析法、增长极理论、能力匹配模型、钻石模型等。

4. 空间规划与重点工程

本步骤研究确立“十五五”规划的空间布局、重点工程、重点任务、实施步骤和区域分布等。通过规划编制和内部讨论，确定规划研究对象的规划实施路线图和工作重点等。

本步骤主要采用系统工程、比较优势、增长极理论等理论模型与研究工具。

5. 规划保障

本步骤主要确定“十五五”规划实施的保证措施及政策措施等，主要包括政策、组织、财务、土地、交通、金融、人才、激励、服务平台等。

本步骤分析工具主要有PDCA、标杆分析、系统工程法、差距分析法等。

（四）规划编审程序

1. “十五五”规划各类报告流程

“十五五”规划全称“国民经济和社会发展第十五个五年规划纲要”，主要包括：

一是政府部门组织一系列“十五五”规划前期战略研究，包括农业、工业、智造业、水利、环保、交通等领域的战略研究报告，为编制各专项规划以及“十五五”规划提供研究依据。可委托外部专业智库撰写，联合讨论并推进实施；也可以自行组织部门业务骨干人员调研和形成战略研究报告。

二是编制某地“国民经济和社会发展第十五个五年规划的建议”，确定“十五五”规划的总体思路，作为各级人大、党委、政府编制和审核某市“国民经济和社会发展第十五个五年规划纲要”的决策依据。可以委托专业智库撰写，联合讨论并推进实施；也可以自行组织部门业务骨干调研和形成战略报告。

三是编制某地“国民经济和社会发展第十五个五年规划纲要”草案，进行特定城市、园区“十五五”规划草案编制，并提交有关政府部门审议。

四是修订完善“国民经济和社会发展第十五个五年规划纲要”并通过各级人大会议审议，对外发布某市“国民经济和社会发展第十五个五年规划纲要”。一般做法是，筛选或委托专业智库进行调研并组织撰写，联合论证并定稿，最后由当地人民代表大会审议通过。

2. “十五五”规划纲要编制流程

“国民经济和社会发展第十五个五年规划纲要”作为国家、地方五年经济与社会发展的主体报告，在国家和地方经济与社会发展中具有不可替代的价值。各级经济和社会发展规划（包括“十五五”规划、“十五五”专项规划）的编制背景、编制依据、规划原则、规划内容、具体要求各不相同。一般遵循如下的编制、评审与颁布程序：

（1）进行规划立项。贯彻执行上级政策和战略部署，结合本地区、本单位经济和社会实际，在不同发展阶段，履行特定审批程序，确立“国民经济和社会发展第十五个五年规划纲要”等各类规划编制任务，进行规划编制机构和人员筛选，进行规划立项。

（2）组织编制团队。规划涉及的部门不是单一领域，参与主体也尽量吸收各相关专业专家参加。在进行规划编制与审核时，应由多个部门专家组成，并且履行法定程序。

（3）搜集相关资料。根据规划主体的要求进行，制订调研和资料搜集计划，分工到人，列出时间表，系统搜集有关社会和经济方面的资料，访谈行业专家和部委领导、上级主管部门等。

（4）评估原有规划。进行规划调整的原因有：以往规划可能到期，需要重新制定发展规划；以往规划在实施中出现某些问题，需要进行问题解决和规划修编；以往规划在执行中遇到外界环境变化，需要重新调整规划。

（5）撰写规划初稿。这是“国民经济和社会发展第十五个五年规划纲要”编制工作的核心。正式规划编制不可能在一个环节就完成，需要经过讨论和专家论证、审核与修订，经过特定的审批程序，予以确定并发布。

（6）规划相互衔接。以“十五五”规划前期战略研究、各类已有专项规划等政策文件与先期开展的基础调研报告等为基础，研究国家政策和区域政策，研究全球、国家经济形势和发展趋势，做好各类专项规划与“国民经济和社会发展第十五个五年规划纲要”总体规划的衔接，重点分析“十五五”规划与国家政策、法律是否一致，“十五五”规划确立的目标任务和实施路径在专项规划中是否落实和细化；专项规划在指导思想、发展目标、具体任务、政策措施等方面是否符合总体规划的核心要求，规划内容是否体现了总体规划的方向；同时，分析本级规划是否与上一层级规划相衔接等。

（7）征求修改意见。将编制的“国民经济和社会发展第十五个五年规划纲要”及专项规划在一定范围内，包括政府和利益相关方等，采取一定的论证模式，组织专家等进行研讨，吸收各方意见，予以修改、完善和优化。

（8）规划初次修改。根据各方意见和信息反馈，对规划初稿进行优化、修改和适度调整。

（9）规划评审论证。规划在送审之前需进行专家论证。可以委托同级规划咨询委员会论证，也可以由规划编制单位自行组织论证，由组织论证的单位提出论证报告。未经论证的规划不得报请批准并公布实施。

（10）报送审核审批。五年规划或专项规划等由规划编制单位提出规划草案，经本级发展改革委等职能机构审核后，由本级发展改革委会同编制单位上报本级人民政府批准。需要提交人大会议审议的，执行有关审批程序。经审核同意后，由各级政府或职能部门签发并颁布。

（11）规划对外发布。“国民经济和社会发展第十五个五年规划纲要”等五年规划必须履行法定程序，专项规划由本级政府或授权的职能部门批准、发布。除法律、行政法规另有规定外，本级政府批准的专项规划由行政负责人签署命令并公布，本级人民政府有关部门批准的专项规划由部门领导人签署命令并公布。

（12）规划中期评估。五年规划或专项规划可以在规划实施的中期阶段组织评估，并将评估结果报同级人民政府或有关部门。

（13）规划修订与废止。经过中期评估或其他原因需要对原有规划进行修订或废止时，规划编制单位应提出规划修订或废止方案，按规划的程序报批和对外公布。

（五）“十五五” 规划编制方法

“十五五”规划编制方法主要有：

（1）定量与定性分析相结合的方法。在“十五五”规划编制过程中，对于发展现状的描述，必须定量分析各种缺陷和问题，在各类规划中对于问题和关键因素的系统研究，尽可能采用数量指标和进行规范分析。对各类规划的发展方向、规划目标、产业趋势和基本规律，必须有定量指标进行描述或测算。在政策建议方面，应研究有关形势与行业特征，提出针对性的建议或措施。在规划定位方面，应有定性描述和展望，定性描述需有清晰和科学的判断。

（2）自上而下与自下而上相结合的方法。各类规划在有关领域之内，应与上级、下级规划相衔接、相融合。如地市级规划既要和部委、本省有关规划衔接，也要征求下级、基层意见与建议，作为修改本级规划的重要依据和必要补充。

（3）理论分析与实证研究相结合的方法。在规划编制过程中，既需要一定的理论分析，还要有实证研究。规划编制必须以事实为依据，进行科学分析，针对基础的调查研究对各类规划需要解决的问题和方案进行佐证，必要时进行实际调查与专家访谈。

（4）理论模型和案例研究相结合的方法。在规划编制过程中，需要使用理论依据和分析模型，进行系统设计和规划编制。要系统研究国内某一行业、产业园或国内外先进地区或经典案例，分析其内在规律和发展特征，找出可持续发展的经验和核心特征，剖析存在的问题或可能的缺陷，为本规划编制或后期执行提供经验借鉴或者可能的实践预警。

四、城市规划编制规则

（一）城市规划基本类型

我国城市规划一般分为总体规划和详细规划两种。大中城市根据需要，可以依法在总体规划的基础上组织编制分区规划。城市详细规划分为控制性详细规划和修建性详细规划。

（二）城市规划编制办法

1. 基本规定

新中国成立以来，我国城市规划编制办法经历了多次修订。2005 年，住房城乡建设部（原建设部）颁布《城市规划编制办法》，自 2006 年 4 月 1 日起实施。该办法规定“坚持政府组织、专家领衔、部门合作、公众参与、科学决策的原则”。

国务院建设主管部门组织编制的全国城镇体系规划和各省、自治区、直辖市人民政府组织编制省域城镇体系规划，应当作为城市总体规划编制的依据。各城市人民政府负责组织编制城市总体规划和城市分区规划。具体工作由各城市人民政府建设主管部门（城乡规划主管部门）承担。各城市人民政府应当依据城市总体规划，结合国民经济和社会发展规划以及土地利用总体规划，组织编制近期建设规划。

控制性详细规划由各城市人民政府建设主管部门（城乡规划主管部门）依据已批准的城市总体规划或者城市分区规划组织编制。修建性详细规划可由有关单位依据控制性详细规划及建设主管部门（规划主管部门）提出的规划条件，委托城市规划编制单位编制。

2. 编制程序

城市总体规划按照以下程序组织编制：

（1）组织前期研究，提出进行编制工作的报告，经同意后组织编制。其中，组织编制直辖市、省会城市、国务院指定市的城市总体规划的，向国务院建设主管部门提出报告；组织编制其他市的城市总体规划的，向省、自治区建设主管部门提出报告。

（2）组织编制城市总体规划纲要，按规定提请审查。其中，组织编制直辖市、省会城市、国务院指定市的城市总体规划的，报请国务院建设主管部门组织审查；组织编制其他市的城市总体规划的，报请省、自治区建设主管部门组织审查。

（3）依据国务院建设主管部门或者省、自治区建设主管部门提出的审查意见，组织编制城市总体规划成果，按法定程序报请审查和批准。

在城市总体规划编制过程中，对于涉及资源与环境保护、区域统筹与城乡统筹、城市发展目标与空间布局、城市历史文化遗产保护等重大专题，应当在人民政府组织下，由相关领域的专家领衔研究。

城市总体规划编制，应在各城市人民政府组织下，充分吸取政府有关部门和军事机关的意见。

对于政府有关部门和军事机关提出意见的采纳结果，应当作为城市总体规划报送审批材料的专题组成部分。

组织编制城市详细规划，应当充分听取政府有关部门的意见，保证有关专业规划的空间落实。

在城市总体规划报送审批前，各城市人民政府应当依法采取有效措施，充分征求社会公众的意见。

在城市详细规划的编制中，应当采取公示、征询等方式，充分听取规划涉及的单位、公众的意见。对有关意见采纳结果应公示。

城市总体规划调整，按规定向规划审批机关提出调整报告，经认定后依照法律规定组织调整。

城市详细规划调整，应取得规划批准机关的同意。规划调整方案，应当向社会公开，听取有关单位和公众的意见，并将有关意见的采纳结果公示。

3. 城市规划编制要求

城市总体规划包括市域城镇体系规划和中心城区规划。

编制城市总体规划，应组织编制总体规划纲要，确定总体规划中的重大问题，作为编制规划成果的依据。妥善处理城乡关系，引导城镇化发展，体现布局合理、资源节约、环境友好的原则，保护自然与文化资源、体现城市特色，考虑城市安全和国防建设需要。

对涉及城市发展长期保障的资源利用和环境保护、区域协调发展、风景名胜资源管理、自然与文化遗产保护、公共安全和公众利益等方面的内容，应当确定为必须严格执行的强制性内容。

编制城市总体规划，以全国城镇体系规划、省域城镇体系规划以及上层法定规划为依据，从区域经济与社会发展的角度研究城市定位和发展战略，按照人口与产业、就业岗位的协调发展要求，控制人口规模、提高人口素质，按照有效配置公共资源、改善人居环境的要求，充分发挥中心城市的区域辐射和带动作用，合理确定城乡空间布局，促进区域经济与社会全面、协调和可持续发展。

编制城市近期建设规划，应依据已依法批准的城市总体规划，明确近期实施城市总体规划的重点和发展时序，确定城市近期发展方向、规模、空间布局、重要基础设施和公共服务设施选址安排，提出自然遗产与历史文化遗产的保护、城市生态环境建设与治理的措施。

编制城市分区规划，应依据已经依法批准的城市总体规划，对城市土地利用、人口分布和公共服务设施、基础设施的配置做出进一步的安排，对控制性详细规划的编制提出指导性要求。

编制城市控制性详细规划，应依据已经依法批准的城市总体规划或分区规划，考虑相关专项规划的要求，对具体地块的土地利用和建设提出控制指标，作为建设主管部门（城乡规划主管部门）做出建设项目规划许可的依据。

编制城市修建性详细规划，应依据已经依法批准的控制性详细规划，对所在地块的建设提出具体的安排和设计。

历史文化名城的城市总体规划，应包括历史文化名城保护规划。历史文化街区应编制专门的保护性详细规划。

城市规划成果的表达应当清晰、规范，成果文件、图件与附件中说明、专题研究、分析图纸等表达应有区分。

城市规划成果文件应以书面和电子文件两种方式表达。

城市规划编制单位应严格依据法律、法规的规定编制城市规划，提交的规划成果应符合本办法和国家有关标准。

（三）城市规划编制内容

1. 城市总体规划

城市总体规划期限一般为 20 年，可以对城市远景发展的空间布局提出设想。确定城市总体规划具体期限，应符合国家有关政策的要求。

城市总体规划纲要成果包括纲要文本、说明、相应的图纸和研究报告。

城市总体规划成果包括规划文本、图纸及附件（说明、研究报告和基础资料等）。在规划文本中应明确表述规划的强制性内容。

城市总体规划应明确综合交通、环境保护、商业网点、医疗卫生、绿地系统、河湖水系、历史文化名城保护、地下空间、基础设施、综合防灾等专项规划的原则。

编制各类专项规划，应依据城市总体规划等进行编制。

城市总体规划纲要应包括下列内容：

（1）市域城镇体系规划纲要，内容包括：提出市域城乡统筹发展战略；确定生态环境、土地和水资源、能源、自然和历史文化遗产保护等方面的综合目标和保护要求，提出空间管制原则；预测市域总人口及城镇化水平，确定各城镇人口规模、职能分工、空间布局方案和建设标准；原则确定市域交通发展策略。

（2）提出城市规划区范围。

（3）分析城市职能、提出城市性质和发展目标。

（4）提出禁建区、限建区、适建区范围。

（5）预测城市人口规模。

（6）研究中心城区空间增长边界，提出建设用地规模和建设用地范围。

（7）提出交通发展战略及主要对外交通设施布局原则。

（8）提出重大基础设施和公共服务设施的发展目标。

（9）提出建立综合防灾体系的原则和建设方针。

2. 市域城镇体系规划

市域城镇体系规划应包括下列内容：

（1）提出市域城乡统筹的发展战略。其中位于人口、经济、建设高度集聚的城镇密集地区的中心城市，应当根据需要，提出与相邻行政区域在空间发展布局、重大基础设施和公共服务设施建设、生态环境保护、城乡统筹发展等方面进行协调的建议。

（2）确定生态环境、土地和水资源、能源、自然和历史文化遗产等方面的保护与利用的综合目标和要求，提出空间管制原则和措施。

（3）预测市域总人口及城镇化水平，确定各城镇人口规模、职能分工、空间布局和建设标准。

（4）提出重点城镇的发展定位、用地规模和建设用地控制范围。

（5）确定市域交通发展策略；原则确定市域交通、通信、能源、供水、排水、防洪、垃圾处理等重大基础设施，重要社会服务设施，危险品生产储存设施的布局。

（6）根据城市建设、发展和资源管理的需要划定城市规划区。城市规划区的范围应当位于城市的行政管辖范围内。

（7）提出实施规划的措施和有关建议。

3. 中心城区规划

中心城区规划应当包括下列内容：

（1）分析确定城市性质、职能和发展目标。

（2）预测城市人口规模。

（3）划定禁建区、限建区、适建区和已建区，并制定空间管制措施。

（4）确定村镇发展与控制的原则和措施；确定需要发展、限制发展和不再保留的村庄，提出村镇建设控制标准。

（5）安排建设用地、农业用地、生态用地和其他用地。

（6）研究中心城区空间增长边界，确定建设用地规模，划定建设用地范围。

（7）确定建设用地的空间布局，提出土地使用强度管制区划和相应的控制指标（建筑密度、建筑高度、容积率、人口容量等）。

（8）确定市级和区级中心的位置和规模，提出主要的公共服务设施布局。

（9）确定交通发展战略和城市公共交通的总体布局，落实公交优先政策，确定主要对外交通设施和主要道路交通设施布局。

（10）确定绿地系统的发展目标及总体布局，划定各种功能绿地的保护范围（绿线），划定河湖水面的保护范围（蓝线），确定岸线使用原则。

（11）确定历史文化保护及地方传统特色保护的内容和要求，划定历史文化街区、历史建筑保护范围（紫线），确定各级文物保护单位的范围；研究确定特色风貌保护重点区域及保护措施。

（12）研究住房需求，确定住房政策、建设标准和居住用地布局；重点确定经济适用房、普通商品住房等满足中低收入人群住房需求的居住用地布局及标准。

（13）确定电信、供水、排水、供电、燃气、供热、环卫发展目标及重大设施总体布局。

（14）确定生态环境保护与建设目标，提出污染控制与治理措施。

（15）确定综合防灾与公共安全保障体系，提出防洪、消防、人防、抗震、地质灾害防护等规划原则和建设方针。

（16）划定旧区范围，确定旧区有机更新的原则和方法，提出改善旧区生产、生活环境的标准和要求。

（17）提出地下空间开发和利用的原则和建设方针。

（18）确定空间发展时序，提出规划实施步骤、措施和政策建议。

4. 城市总体规划的强制性内容

城市总体规划的强制性内容包括：

（1）城市规划区范围。

（2）市域内应当控制开发的地域，包括基本农田保护区，风景名胜区，湿地、水源保护区等生态敏感区，地下矿产资源分布地区。

（3）城市建设用地，包括规划期限内城市建设用地的发展规模，土地使用强度管制区划和相应的控制指标（建设用地面积、容积率、人口容量等）；城市各类绿地的具体布局；城市地下空间开发布局。

（4）城市基础设施和公共服务设施，包括城市干道系统网络、城市轨道交通网络、交通枢纽布局；城市水源地及其保护区范围和其他重大市政基础设施；文化、教育、卫生、体育等方面主要公共服务设施布局。

（5）城市历史文化遗产保护，包括历史文化保护的具体控制指标和规定；历史文化街区、历史建筑、重要地下文物埋藏区的具体位置和界线。

（6）生态环境保护与建设目标，污染控制与治理措施。

（7）城市防灾工程，包括城市防洪标准、防洪堤走向；城市抗震与消防疏散通道；城市人防设施布局；地质灾害防护规定。

5. 城市近期建设规划

城市近期建设规划的期限原则上应与城市国民经济和社会发展规划的年限一致，并不得违背城市总体规划的强制性内容要求。

城市近期建设规划到期时，应依据城市总体规划组织编制新的城市近期建设规划。

城市近期建设规划的内容应包括：

（1）确定人口和建设用地规模，确定建设用地范围和布局。

（2）确定交通发展策略，确定主要对外交通设施和主要道路交通设施布局。

（3）确定各项基础设施、公共服务和公益设施的建设规模和选址。

（4）确定近期居住用地安排和布局。

（5）确定历史文化名城、历史文化街区、风景名胜区等的保护措施，城市河湖水系、绿化、环境等保护、整治和建设措施。

（6）确定控制和引导城市近期发展的原则和措施。

城市近期建设规划的成果包括规划文本、图纸，以及相应说明的附件。在规划文本中应当明确表达规划的强制性内容。

6. 城市分区规划

编制城市分区规划，应综合考虑城市总体规划确定的城市布局、片区特征、河流道路等自然和人工界线，结合城市行政区划，划定分区的范围界线。

城市分区规划应包括下列内容：

（1）确定分区的空间布局、功能分区、土地使用性质和居住人口分布。

（2）确定绿地系统、河湖水面、供电高压线走廊、对外交通设施用地界线和风景名胜区、文物古迹、历史文化街区的保护范围，提出空间形态的保护要求。

（3）确定市、区、居住区级公共服务设施的分布、用地范围和控制原则。

（4）确定主要市政公用设施的位置、控制范围和工程埋管的线路位置、管径，进行管线综合。

（5）确定城市干道的红线位置、断面、控制点坐标和标高，确定支路的走向、宽度，确定主要交叉口、广场、公交场站、交通枢纽等交通设施的位置和规模，确定轨道交通线路走向及控制范围，确定主要停车场规模与布局。

城市分区规划的成果包括规划文本、图件、相应说明的附件。

7. 控制性详细规划

控制性详细规划应包括下列内容：

（1）确定规划范围内不同性质用地的界线，确定各类用地内适建、不适建或者有条件地允许建设的建筑类型。

（2）确定各地块建筑高度、建筑密度、容积率、绿地率等控制指标；确定公共设施配套要求、交通出入口方位、停车泊位、建筑后退红线距离等要求。

（3）提出各地块的建筑体量、体型、色彩等城市设计指导原则。

（4）根据交通需求分析，确定地块出入口位置、停车泊位、公共交通场站用地范围和站点位置、步行交通以及其他交通设施。规定各级道路的红线、断面、交叉口形式及渠化措施、控制点坐标和标高。

（5）根据规划建设容量，确定市政工程管线位置、管径和工程设施的用地界线，进行管线综合。确定地下空间开发和利用的具体要求。

（6）制定相应的土地使用与建筑管理规定。

控制性详细规划确定的各地块的主要用途、建筑密度、建筑高度、容积率、绿地率、基础设施和公共服务设施配套规定应作为强制性内容。

控制性详细规划成果应包括规划文本、图件和附件。图件由图纸和图则两部分组成，规划说明、基础资料和研究报告收入附件。

8. 修复性详细规划

修建性详细规划应包括下列内容：

（1）建设条件分析及综合技术经济论证。

（2）建筑、道路和绿地等的空间布局和景观规划设计、布置总平面图。

（3）对住宅、医院、学校和托幼园等建筑进行日照分析。

（4）根据交通影响分析，提出交通组织方案和设计。

（5）市政工程管线规划设计和管线综合。

（6）竖向规划设计。

（7）估算工程量、拆迁量和总造价，分析投资效益。

修建性详细规划成果应包括规划说明书、图纸。

9. 环境评价规划报告

根据《中华人民共和国环境影响评价法》第十七条和《建设项目环境保护管理条例》第八条的规定，建设项目的环境影响报告书包括下列必备内容：

（1）建设项目概况；

（2）建设项目周围环境现状；

（3）建设项目对环境可能造成影响的分析、预测和评估；

（4）建设项目环境保护措施及其技术、经济论证；

（5）建设项目对环境影响的经济损益分析；

（6）对建设项目实施环境监测的建议；

（7）环境影响评价的结论。

涉及水土保持的建设项目，必须有经水行政主管部门审查同意的水土保持方案。环境影响报告表和环境影响登记表的内容和格式，由国务院环境保护行政主管部门制定。

根据《中华人民共和国环境影响评价法》第八条、第十条的规定，国务院有关部门、设区的市级以上地方人民政府及其有关部门，对其组织编制的工业、农业、畜牧业、林业、能源、水利、交通、城市建设、旅游、自然资源开发的有关专项规划，在该专项规划草案上报审批前，组织进行环境影响评价，并向审批该专项规划的机关提出环境影响报告书。专项规划的环境影响评价报告书包含以下内容：

（1）实施该规划对环境可能造成影响的分析、预测和评估；

（2）预防或者减轻不良环境影响的对策和措施；

（3）环境影响评价的结论。

随着我国政府职能的转变，国家各部委逐步放权，社会各界环保意识增强，以及国家实施环保法，环境评价和环境保护有关制度、评价程序和条款，可能出现部分修订与优化，届时将依据修订的法规制度进行环境评价。

五、“十五五”财政规划前期研究及规划编制

（一）“十五五” 财政制度变革趋势

财政是国家治理的基础和重要支柱，财政制度依赖于国家制度，现代财政制度建设取决于现代国家治理实践的需要。我国现代财政制度建设的基本趋势分析如下：

一是坚持党对现代财政制度建设的全面领导，这是我国现代财政制度的政治方向和根本原则。我国始终从党和国家战略大局出发，发展和完善现代财政制度体系。只有始终坚持党对我国现代财政制度建设的全面领导，才能确保财政始终服从和服务于社会主义现代化国家建设的正确方向。

二是坚持持续推进现代财政制度建设。现代财政制度必须坚持中国共产党的领导、社会主义民主政治和法治体系、基本经济制度等制度框架。

三是健全和完善促进中央和地方两个积极性的财政体制机制。构建以权责配置和有效激励为核心的财政体制机制，有效发挥财政集中资源和平衡分配的功能，服务于社会主义现代化建设的实践需要。

四是健全和完善社会主义现代化财政功能。加快建设现代财政制度，必须用好财政这个国家管理经济和进行资源配置的基本工具，必须服从和服务于党和国家的战略决策和工作大局，必须充分发挥财政体制机制改革对市场经济改革的突破性、先导性作用，完善财政资金调节与直达机制，进一步发挥财政资金激发市场活力的作用。

（二）“十五五” 财政规划前期研究

我国“十五五”时期财政规划前期研究，重点聚焦于国际政治经济与财政政策变化、我国财政开支规模、各省市财政收入结构以及税收变化；同时，着重研究财政政策与预算财政管理，研究我国财政收入结构与货币关系，系统分析财政、金融等政策相互影响、变化模型以及财政政策的调整对地方税收、实体经济等的影响；分析我国国库管理、财政信息化以及财政决策机制变革等重点领域。另外，重点研究“十五五”时期政府债务、专项债、国家补贴政策以及对西部地区、东北振兴、“双碳”战略的财政补贴政策等。

（三）“十五五” 财政规划编制思路

“十五五”财政规划内容分为“规划背景、财政规划目标、政策调控重点、财政改革、财政管理、财政服务、财政与经济民生事业融合、财政开放、财政保障”等重点方面。

“十五五”财政规划的主要任务，包括但不限于：

一是牢固树立新发展理念，坚定不移推进经济高质量发展，加大积极财政政策实施力度，综合运用大数据等先进技术，加强对经济走势和财政收入形势的预研预判，及时出台有针对性的财政政策与刺激措施，力争财政收入规模和质量双提升，着力构建地方现代财政制度。

二是建立健全一般公共预算、政府性基金预算、国有资本经营预算、社会保险基金预算“四本预算”政策资金协调联动机制，破除“信息孤岛”，确保政策快速、精准、分级落实。强化财政政策储备。建立健全财政政策储备库，科学论证财政投资、政府债券、税费调整等政策适用范围、标准和时限。加强财政收入分析预测，做好中期财政规划编制，做好年度、中期宏观经济形势分析预判，提高财政政策与宏观经济政策的匹配度。

三是坚决落实国家和上级单位财政政策与决策部署，集中财力办大事、保重点。完善能增能减、有保有压的分配机制，改变预算资金分配固化格局。抓住“一带一路”建设重大机遇，深化研究支持政策，积极扩大有效投资。支持深化供给侧结构性改革，促进城乡协调发展，加强污染防治和生态建设，进一步保障和改善民生。树牢“过紧日子”思想，严控一般性支出，腾出资金加大重点领域保障力度。

四是推进政府预算管理。完善跨年度预算平衡机制，硬化预算约束，构建管理规范、风险可控的政府举债融资机制。将绩效理念和方法深度融入预算编制、执行和监督全过程，强化绩效评价结果应用。全面落实财政核心业务一体化管理，完善预算管理制度办法，健全预算支出标准体系。规范部门预算管理。强化部门预算约束，将部门全部收支纳入预算管理。推动支出标准体系建设，从严控制各类代编预算规模。健全项目全周期管理，加强项目库与预算绩效、预算执行、资产管理等信息系统对接。健全预算激励约束机制，建立绩效管理、预算支出进度、项目结转结余等与预算安排挂钩机制。完善预算调剂管理制度，简化预算调剂流程。

五是强化政府债务管理。深化政府专项债券管理机制改革，科学分配新增政府债务限额，健全政府债券还本付息预算审核机制，落实政府隐性债务问责机制，逐年完成隐性债务化解任务，牢牢守住不发生系统性、区域性债务风险的底线。

六是强化财政预算评审。将预算评审实质性嵌入部门预算管理流程，科学评审、保障预算定量精准合理。改进省级财政评审机制，把评审重点转移到预算评审上来。探索实施评审标准化管理。根据项目类别、规模、评审信息数据等积累，不断总结提炼、研究形成相关领域项目评审标准，探索实施标准化管理，提高预算评审的准确度和公信力。

六、案例研究

（一）北京市五年规划体系

北京市积极构建五年规划体系，包括但不限于总体规划、专项规划、经济规划、城市建设规划、区域规划等。

北京市可能的五年规划体系如下：

一、总体规划

北京市国民经济和社会发展第十五个五年规划纲要

二、市级（综合专项规划）

(1) 北京市“十五五”时期文化产业发展规划

(2) 北京市“十五五”时期科技发展规划

(3) 北京市“十五五”时期绿色低碳发展规划

(4) 北京市“十五五”时期世界城市建设规划

(5) 北京市“十五五”时期中关村国家自主创新示范区规划

(6) 北京市“十五五”时期现代产业规划

(7) 北京市“十五五”时期国际商贸中心规划

(8) 北京市“十五五”时期中小企业发展规划

(9) 北京市“十五五”时期社会公共服务发展规划

(10) 北京市“十五五”时期社会保障发展规划

(11) 北京市“十五五”时期基础设施发展规划

(12) 北京市“十五五”时期数字经济发展规划

(13) 北京市“十五五”时期水资源保护和利用发展规划

(14) 北京市“十五五”时期土地资源保护与开发利用规划

(15) 北京市“十五五”时期清洁能源规划

(16) 北京市“十五五”时期应对气候变化及节能减碳规划

(17) 北京市“十五五”时期乡村振兴专项规划

(18) 北京市“十五五”时期城乡经济社会一体化发展规划

(19) 北京市“十五五”时期体制改革规划

三、市级：一般专项规划、经济发展规划

(1) 北京市“十五五”时期生产性服务业发展规划

(2) 北京市“十五五”时期金融业发展规划

(3) 北京市“十五五”时期文化创意产业规划

(4) 北京市“十五五”时期旅游业发展规划
(5) 北京市“十五五”时期会展业发展规划
(6) 北京市“十五五”时期物流业发展规划
(7) 北京市“十五五”时期商业服务业发展规划
(8) 北京市“十五五”时期房地产业发展规划
(9) 北京市“十五五”时期建筑业发展规划
(10) 北京市“十五五”时期工业发展规划
(11) 北京市“十五五”时期高技术产业发展规划
(12) 北京市“十五五”时期高质量发展规划
(13) 北京市“十五五”时期对外开放发展规划
(14) 北京市“十五五”时期公共财政发展规划
(15) 北京市“十五五”时期大健康产业规划
(16) 北京市“十五五”时期社会建设规划
(17) 北京市“十五五”时期人口发展规划
(18) 北京市“十五五”时期人才发展规划
(19) 北京市“十五五”时期就业促进规划
(20) 北京市“十五五”时期文化发展规划
(21) 北京市“十五五”时期教育发展规划
(22) 北京市“十五五”时期卫生事业规划
(23) 北京市“十五五”时期体育产业规划
(24) 北京市“十五五”时期知识产权事业规划
(25) 北京市“十五五”时期政法事业发展规划
(26) 北京市“十五五”时期民政事业发展规划
(27) 北京市“十五五”时期老龄事业发展规划
(28) 北京市“十五五”时期妇女事业发展规划
(29) 北京市“十五五”时期儿童事业发展规划
(30) 北京市“十五五”时期残疾人事业发展规划
(31) 北京市“十五五”时期文物博物馆事业发展规划
(32) 北京市“十五五”时期档案事业发展规划
(33) 北京市“十五五”时期消防事业发展建设规划
(34) 北京市“十五五”时期气象事业发展规划
(35) 北京市“十五五”时期统计发展规划
(36) 北京市“十五五”时期历史文化名城保护规划
……

四、城市建设管理规划

(1) 北京市“十五五”时期固定资产投资和重大项目规划

(2) 北京市“十五五”时期住房保障规划
(3) 北京市“十五五”时期交通发展建设规划
(4) 北京市“十五五”时期环境保护和建设规划
(5) 北京市“十五五”时期城市生态环境建设规划
(6) 北京市“十五五”时期城乡环境建设规划
(7) 北京市“十五五”时期固体废物综合利用规划
(8) 北京市“十五五”时期供水排水规划
(9) 北京市“十五五”时期电力发展规划
(10) 北京市“十五五”时期燃气发展规划
(11) 北京市“十五五”时期供热发展规划
(12) 北京市“十五五”时期新能源发展规划
(13) 北京市“十五五”时期应急体系发展规划
(14) 北京市“十五五”时期防震减灾规划
(15) 北京市“十五五”时期国民经济动员规划
(16) 北京市“十五五”时期安全生产规划
(17) 北京市“十五五”时期市场监管体系建设规划
……

五、重点区域规划

(1) 北京市“十五五”时期生态发展带发展规划
(2) 北京市“十五五”时期未来科学城发展规划
(3) 北京市“十五五”时期区域合作发展规划
……

注：北京市政府根据国家政策和本市经济与社会发展需要，可灵活设计经济与社会规划体系，履行法定程序和分工实施。此处仅为示例。

（二）大连金普新区规划

受中国宏观经济研究院及大连市政府编制新区规划委托与邀请，国合院研究人员参与编制“大连金普新区（国家级新区）发展规划”，主要采取了“五步法”。

一是开展发展环境和规划背景研究。编制组制订了调研计划，组成了研究团队，由大连市政府安排，进行了政府、金州、普兰湾新区、保税区等实地调研和重大项目考察，召开了各种座谈会，访谈了重点企业，初步了解了金普新区的产业结构和产业环境以及发展基础等。同时，编制组分析了国务院、国家批准建立大连金普新区的产业背景，以及大连金普新区面临的外部环境，深刻领会大连金普新区建设的战略价值和区位优势等。

二是开展产业发展现状与能力研究。编制组重点分析金普新区的优势、劣势、机遇、挑战，并就大连市的产业特征以及金普新区的产业地位等进行了分析，初步认定产业发展中存在的问题、新区建设中的主要困难以及可能的发展机遇等。

三是进行规划目标和产业选择等研究。编制组结合大连市产业优势和金普新区的国家战略定位，立足产业基础和发展方向，确立了金普新区的规划目标、产业体系、战略步骤等，为金普新区的资源配置、工作任务和招商引资等工作指明了方向。

四是确定重点产业和重大工程。编制组重点研究和系统确定了重点产业布局和功能定位，以及空间布局和产业链构建，为研究对象的经济发展、基础设施建设、交通条件改善、环境保护、金融服务等提供明确的重点行动方向。

五是确定规划保障机制。为体现特定规划的核心目标，编制组围绕主导产业和重点项目建设，建议修订或出台相关政策与土地利用办法、组织运行模式、开发区或产业园入园标准、生态环保、交通水利、能源供给、金融与人才培养等服务体系。

基于上面的规划编制步骤，编制组科学编制相关规划，形成规划报告文本，按照审批程序，提交有关部门论证、审核、颁布与执行。

（三）“十五五” 规划前期研究与国合院实践探索

规划前期研究是党中央、国务院、国家发展改革委及其他部委积极推动并全面部署的重大工作任务，是基于上一个五年规划实施到一定阶段而开展的基于问题导向、目标导向以及需求导向的规划研究与课题解剖，其目的是针对过去几年规划实施的外部环境、政策变化、产业基础以及问题难点而开展的系列针对性研究与措施建议。从国家层面来看，2023 年，国家发展改革委组织召开了全国范围的“十五五”规划前期研究专题会议，全面启动了国家层面的“十五五”规划研究与课题分析。国家发展改革委各司局、其他部委开始了规划前期研究的立项与组织工作。通过“十五五”规划前期研究，能够为我国和各地区深度分析当前经济社会“热点”，系统掌握经济与社会发展中的经验与教训，科学提出未来五年规划目标、重点任务、发展路径、重大工程、资源布局以及生态文明、文化教育等各方面的措施建议，为 2025 年开始编制“十五五”规划提供方法论、路线图与研究重点等。国合华夏城市规划研究院为全面做好对全国各地区“十五五”规划前期研究，早在 2023 年 12 月 24 日就组织了“十五五”规划前期研究专题论坛，对有关经济“热点”、发展“痛点”、推进路径以及重大任务等进行了预判，总结回顾了已有规划案例与实践经验，组织撰写“十五五”规划前期研究总体思路，为帮助国家部委各部门、各地政府、产业园区和实体经济做好规划前期研究以及五年规划编制等提供了专业支撑与业务准备。

第四章

“十五五”规划背景

一、编制依据

（一）研究要素

编制依据是“十五五”规划等各类政府规划、产业园规划、控制性详细规划、专项规划的编制依据和政策来源。

从“十五五”规划背景来看，主要依据有国内外政治、经济环境与产业特征、国家政策与法律法规、地区政策和产业环境、政府经济与社会统计数据、基础报表资料、行业统计数据、重点企业和重大工程经济指标（数据），各类政府规划与文件、上级和本级政府各类已有规划、主体功能区规划、土地利用规划，以及市场供需方和其他利益相关方的各类调研、国家部委、政府机构和专家学者的实地访谈、二手资料与有关数据等。

（二）理论依据

各种规划编制的理论依据有：制度经济学、城市规划学理论、市场经济理论、产业集群理论、供给侧结构理论、产业定位理论、高质量发展理论等。

制度指人际交往中的规则及社会组织的结构和机制。制度经济学是把制度作为研究对象的一门经济学分支。它研究制度对于经济行为和经济发展的影响，以及经济发展如何影响制度的演变。

制度学派分为旧制度经济学和新制度经济学，新制度经济学认为制度就是规则。

城市经济学是一门研究城市范围内的各种经济现象的学科。一般而言，研究城市经济的路径主要有：一是侧重微观经济理论的研究，二是侧重宏观层面的研究。其理论流派主要为“主流城市经济学”与“保守主义城市经济学”。

围绕市场经济存在两种理论传统：

一种是强调市场机制绝对合理的传统。它是由斯密、萨伊到马歇尔、哈耶克代表的经济自由主义或新古典经济学的传统，认为资本主义市场经济是内在完美的，是具备自我均衡机制的完善体系，市场机制本质上没有缺陷，市场本身的均衡调整机制足以保证经济长期均衡运行，可以导致资源的最佳配置。周期性危机是非必然的，是可以避免的。

另一种是认为市场机制有缺陷的传统。它是以马克思和凯恩斯为代表的经济学传统。马克思认为，近代资本主义的历史是由小市场经济走向大市场经济，即由民族市场走向世界市场经济的进程。这就是“全球化”。马克思认为这个进程不可阻挡，在世界市场经济统治全世界的时候，周期性的世界经济危机最终会产生破坏世界市场的力量，从而撕毁这一体制。他把这种全面危及世界统一市场的危机，称作“普遍危机”或“总危机”。马克思认为，市场体制中的危机机制是不可救药的。

凯恩斯则相信，通过政府对经济进行宏观干预的方法，可以补救市场机制的缺陷。

高质量发展理论是我国当前重要的经济发展模式与理论探索，是国家和地方制定五年经济与社会发展规划的决策依据与行动指南。

各级政府规划的编制依据与研究背景，基于各种制度对于经济发展的外部制约和强制性，与宏观经济、微观经济的关联性，市场经济的内在规律等，开展有关制度研究、环境分析和产业布局等。

二、编制内容

（一）基本概念

背景分析是各级政府经济规划和产业园专项规划研究与编制的基础和起点，也是国民经济和社会发展五年规划纲要编制和有关规划报告文稿的重要组成部分。

（二）主要内容

背景分析一般划分为总体背景、行业背景、政策背景和竞争背景等。其中：

宏观环境分析，即总体背景分析，主要包括前言（序言）、政治、经济、社会、文化、技术等分析。

微观环境分析包括行业背景、政策背景和竞争背景等分析。

竞争背景分析主要包括本单位、竞争者、消费者、供应商、中间商及其他利益相关方等。

“没有调查就没有发言权。”在编制规划前，需要组织一系列宏观环境、产业形势等调研与访谈。政府规划调研与分析的基础资料，主要包括政策法规、产业环境、研究对象现状、区域经济数据、各种发展规划以及自然资源资料等。

编制地方政府与产业规划时，除了搜集、整理和分析地方政府年度统计数据、产业指标、上一期规划报告等规划文件、信息资料之外，还会选择当地规模以上企业进行基本情况的调研、重点园区考察等，以便全面掌握当地主导产业现状和未来发展速度等。

在规划调研阶段，一般选择有代表性的地区、产业园或者规模以上企业进行调研，重点摸清主导产业发展现状、主要“堵点”、未来发展趋势等。以服务业规划调研为例，规划调查表格如表 4-1 所示。

表 4-1 规模以上服务业主要经济数据调研

主要指标	年份							
	2025	2026	2027	2028	2029	2030	2035	2050
规模以上企业数量/个								
员工数量/人								
产业类别								
主营业务								
用电量/千瓦时								
年产值/万元								
年业务收入/万元								
产值销售率/%								
年业务收入增长率/%								
净利润/万元								
税金/万元								
合计								

注：本表所列指标可根据规划需要增加或调整。

服务业分类：（1）农、林、牧、渔服务业；（2）开采辅助活动；（3）金属制品、机械和设备修理业；（4）批发和零售业；（5）交通运输、仓储和邮政业；（6）住宿和餐饮业；（7）信息传输、软件和信息技术服务业；（8）金融业；（9）房地产业；（10）租赁和商务服务业；（11）科学研究和技术服务业；（12）水利、环境和公共设施管理业；（13）居民服务、修理和其他服务业；（14）教育；（15）文化、体育和娱乐业；（16）公共管理、社会保障和社会组织；（17）国际组织。

三、分析模型

（一）历史分析法

1. 模型解读

国家或地方五年规划、总体规划、专项规划等一般使用历史分析法，用于比较规划编制前的经济数据和产业变化，总结成绩，分析缺陷，发现经济增长的一般规律，为下一个五年发展规划，或者本行业、本地区、产业园中长期规划目标、重点业务等增长速度和定量指标的设定等提供科学的分析依据和测算支撑。

2. 模型应用

历史分析法通常使用于规划调研分析和规划报告的背景分析或发展环境的文稿部分，作为对于以往经济和社会发展情况的总结与回顾。如编制地市"十五五"规划，可以对比该市"十四五"时期主要指标及产业布局、重点工程等，为"十五五"时期经济发展和产业定位提供测算依据。

从政府规划编制实践来看，有些政府规划纲要对上一个五年规划进行总结，比较结果可能不列入"十五五"规划报告，只是将其作为本地区未来五年经济发展的判断参考和重要依据。

（二）层次分析法

1. 模型解读

在五年规划和专项规划等的背景分析中，可使用层次分析法，对不同经济指标按照先总指标再分指标的模式予以阐述，使报告更加关注未来五年关键指标与主要任务。如关于经济指标，可以从一、二、三产业指标体系进行设计，进一步分解和细分行业指标，如"工业产业"可分解为装备制造、绿色食品、纺织服装、新材料等。

2. 模型应用

国家与地方五年规划编制一般使用层次分析法，对本地区财政收入、全社会固定资产投资完成额等进行细分，对各类产业分层次阐述，使报告审阅者和使用者清晰掌握主要指标和经济数据等。如五年规划的产业布局可以分为：农业产业、工业制造、现代服务业等类别，各类产业可以分为传统产业、新兴产业和未来产业等。

（三）PEST 模型

1. 模型解读

PEST 分析法是分析各种规划外部环境的基本工具，主要通过政治的（politics）、经济的（economic）、社会的（society）和技术的（technology）影响因素分析，从总体上把握各种宏观环境，评价这些主要影响因素对规划目标和未来规划定位的重大影响。

（1）P 即 politics，政治要素，指对组织经营活动影响较大的政治力量和有关的法律、法规等。当一个国家或地区的政治制度与体制、各级政府对组织经营环境和产业政策发生变化时，规划目标和方向需要及时调整。法律环境包括国际、本国政府等出台的有约束力的法律法规，如贸易保护主义、税法、环境保护法等。政治、法律环境和经济环境密不可分。产业规划需要研究全球或各级政府与本规划涉及的产业、活动等有关的政策和趋势，了解国际贸易规则、知识产权法等，确保经济活动的合法性、有效性。需要研究的影响因素包括产业、企业和政府的关系；环境保护；外贸与外交；产业政策；专利法；财政政策；货币政策；政府换届；政府预算；产业法规等。

（2）E 即 economic，经济要素，指国家的经济制度、经济结构、产业布局、资源状况、经济发展水平及未来走势等。需要分析的经济环境关键要素包括：GDP 增速、利率变化、通货膨胀率、失业率、居民可支配收入、汇率、能源供给成本、市场机制、市场需求、市场自由化等。经济环境决定和影响特定规划定位，全球经济政策影响各国经济的依赖性以及进出口贸易、海外投资等。

（3）S 即 society，社会要素，指组织所在社会中成员的民族特征、文化传统、价值观念、宗教信仰、教育水平、风俗习惯等。需分析的社会环境要素包括：人口规模、年龄、种族、收入、消费水平、计划生育、受教育程度、户籍政策、文化核心价值观等。其中，文化由许多亚文化组成，由共同语言、共同价值观念体系、共同生活经验或生活环境的群体构成，不同的社会态度、爱好和文化，影响了不同市场需求和消费行为。不同国家、民族有不同的文化，也影响了经济规划的制定和产业选择等。自然环境指规划涉及地区市场的地理、气候、资源、生态等。它们对规划的制定有一定程度的影响。规划需要考虑的社会文化因素包括：特殊利益集团；对政府的信任程度；对退休的态度；社会责任感；对经商的态度；对售后服务的态度；生活方式；公众道德观念；对环境污染的态度；收入差距；购买习惯；对休闲的态度等。

（4）T 即 technology，技术要素，需分析的要素包括：引起革命性变化的发明，与企业生产有关的新技术、新工艺、新材料的出现和发展趋势及应用前景，如元宇宙、量子技术等。

2. 模型应用

通过运用 PEST 等规划模型，国家和各级政府在编制国民经济和社会发展第十五个五年规划纲要时，可以对全球、全国或者各地政治、经济、社会文化、技术等进行综合分析，编制各自的发展规划。

（四）SWOT 模型

1. 模型解读

SWOT 代表优势（strength）、劣势（weakness）、机会（opportunity）和威胁（threats）。SWOT 分析是将内外部条件综合和概括，分析国家、地方政府、产业园或经济组织优势、劣势、机会和威胁的一种研究方法。

环境发展趋势分为：环境威胁和环境机会。环境威胁指环境中不利的发展趋势形成的挑战，如果不采取果断的措施，这种不利趋势将导致竞争能力降低。环境机会指在特定领域，主体拥有竞争优势。SWOT 模型主要分析杠杆效应（优势+机会）、脆弱性、问题性等。

2. 模型应用

SWOT 分析模型是在编制政府规划、产业园规划等时经常使用的分析工具。对于特定地方政府或产业园而言，可以分析主要优势、存在的劣势、产业机会、可能的威胁或挑战等维度，得出未来产业定位和可能的产业选择、重点任务等。如国合院在编写《潍坊节能环保产业园中长期发展规划》时，使用SWOT分析工具，对潍坊市节能环保项目和重点产业的外部环境进行了系统研究，得出初步结论：“潍坊市建设节能环保产业园的主要优势：各级政府高度重视、产业基础较好、节能减排的需求大、有较好的节能环保领域专业人才、技术和基础条件等。劣势包括：核心关键技术少、研发投入相对不足、跨企业合作机制不健全、高能耗与高污染企业使用节能环保技术或专用设备的意愿不强、特大型规模节能环保企业数量少等。规划编写组对该产业园发展机遇和挑战进行了系统分析，为潍坊市政府提出了节能环保产业园中长期规划目标和发展方向。”

关于政府规划、专项规划、控制性详细规划等，在编制规划“发展背景”方面的分析模型很多。不同规划类型、不同背景和学科的规划编写团队可能使用不同的分析模型与研究工具，如果使用得当，都可以达到较好的规划编制效果。具体案例不再赘述。

（五）“345”规划模型

1. 模型解读

“345”规划模型是国合华夏城市规划研究院创新提出的系统分析和统筹考虑的规划编制工具，该模型通过聚焦“十五五”规划需要解决的核心问题、规划目标、经济需求和人民群众对美好生活的更高标准等，进行3个导向的科学测算与研究。同时，在“十五五”规划报告的目录设计、规划观点、文稿修订等方面突出系统性、前瞻性、层次性、规范性和操作性，通过“345”模型运用，精准确定规划主线，科学把握“十五五”规划尺度，实现规划目标、问题解决方案以及核心需求的前瞻、统筹、分层和可操作。

2. 模型应用

“345”规划模型是可以在编制“十五五”规划和专项规划工作中使用的创新性分析工具。对于国家或城市经济规划，可以分析规划的主线、规划的衡量标准、规划的统筹性等。如国合院编制《新疆维吾尔自治区财政“十四五”改革与发展规划》《聊城市全域水城总体战略》《汉中市“十四五”规划战略研究》《襄城县乡村振兴战略规划》《柳州市“十四五”规划》等规划课题时，对相关地区的经济基础、产业结构、资源条件、发展重点、任务清单等问题、目标、难点、需求等进行了研究，形成了诊断报告，并据此进行“十四五”规划报告目录、核心观点等确定，较好地体现了规划报告的高度、亮度、深度和宽度，并进行文稿的自我评估和质量监测，尽可能实现规划报告语言规范、观点前瞻、各章节相互衔接、产业与报告内容相对分清层次、重大项目和实施路径可操作有考核。

四、编制规范

（一）基本规范

关于如何撰写政府规划与专项规划“背景分析”的报告文稿，各类规划方案和不同部门、地方政府可能有不同的偏好或理解。一般遵循如下的基本规范：

1. 阐述相关政治、法律、经济政策与产业环境

各类规划背景分析涉及特定规划的编写背景，编制单位或委托单位的产业和政策背景，以及国家、上级和本地政府及海（境）外产业与环境背景等，这些都应在规划报告的发展环境或背景研究中进行分析和描述。

2. 阐述社会文化与技术趋势

各类规划背景分析一般需要研究相关地区、产业或市场的社会文化、消费习惯、生活习惯、购买行为、对环保的态度以及就业和教育等，这是多数规划报告背景分析或发展环境需要阐述的内容。

3. 阐述历史数据和主要行业的发展趋势

各级政府和专项规划等规划方案一般涉及政治、经济、土地、社会文化、消费能力等，一般期限在 3 年以上，这就需要对被研究对象及其上级单位或更大区域的相关历史数据和已有情况进行分析，便于总结以往经验，剖析发展中的问题和瓶颈，为下一阶段规划定位与经济预测等提供基础。同时，通过历史数据阐述重点研究的领域或主要方向，使各类规划编制和规划审阅者、政府决策者更好地对历史和未来进行比较，从一个侧面印证规划定位和规划目标等的可行性、前瞻性或科学性。

4. 文笔要精炼，数据准确简要，有权威的数据支撑

规划报告篇幅受限，不同规划文本可能的呈现方式有所不同，但是在规划报告的“背景分析”部分，文字要高度概括，篇幅要精炼系统，通过核心指标或数据说明观点、现状、成绩或者问题及缺陷等。

5. 背景分析与政策环境、规划目标和重点任务紧密呼应

背景分析主要进行规划依据、产业环境等系列研究，描述特定规划的实施环境、主要特征和需要解决的重点问题，它是规划愿景、指导思想、规划目标和重点任务等的基本依据和重要引领。

（二）编制要领

1. 体现政策性

背景分析要紧跟全球、国家或地区的政策导向、产业趋势，系统分析问题和重点

领域。

2. 体现系统性

规划背景研究与描述要从多个维度，从经验和缺陷等方面分析规划环境与重点，避免片面和主观。

3. 体现前瞻性

规划背景与环境分析应因地制宜，立足现状又不局限于现状，要从未来发展的视角进行规划背景研究并分析存在的不足或制约瓶颈，以便指导未来的经济与管理工作。

4. 体现专业性

各类规划必须贯彻执行国家和地方政策法规，立足国民经济与社会实际，系统提炼以往经验和案例，前瞻性系统地构建未来地方政府经济与社会等中长期发展目标、重点领域、重大项目、主要工作以及实施路径等，体现专业性、规范性、政策导向和行业规律等，绝不能与国家政策和法律法规相抵触。

五、案例研究

（一）潍坊乡村振兴战略规划 PEST 模型

2018 年，国合院接受潍坊市政府委托，编制完成了《潍坊市乡村振兴战略规划及三年行动计划》。该规划报告在编制过程中使用了 PEST 分析模型，研究归纳了潍坊市乡村振兴政策文件和激励办法（P），基期经济现状、财政收入和产业基础（E），分析了行业、企业、居民、社会需求和消费习惯等（S），总结了潍坊市发展智慧农业、大数据技术、人工智能和大棚技术等（T）的市场需求和技术突破，为未来五年在乡村振兴战略中的产业定位、技术路径、重大项目、项目招商和资源要素配置等提供了规划编制的重要依据。

（二）聊城市全域水城战略编制 SWOT 模型

国合院编制《聊城市全域水城总体战略》使用了 SWOT 模型，系统研究分析了聊城市开展全域水城建设的基本现状，通过分析优势、劣势、机会和威胁，进一步确定了聊城市在水城建设方面未来五年的规划目标和方向。

项目组系统研究了聊城市经济基础、现有水系和供水用水情况，从聊城市与周边城市的综合对比找到了其建设全域水城的优势、劣势、机会和威胁（挑战）。规划文稿示例如下：

发展机遇：

（1）“两山”理论的机遇。贯彻落实习近平总书记“绿水青山就是就是金山银山”理论，以全域水城建设为契机，打造绿色低碳循环经济，改善水生态环境，有助于提升我市水资源综合利用能力，缓解我市发展的水环境压力，打造环境友好型产业，建设水生态文明城市。

（2）“一带一路”建设的机遇。“一带一路”建设的全面推进，为引进全球涉水技术和资金、培育国际化人才、开展国际贸易、组织水利博览会和涉水国际高端论坛提供了新动力、搭建了新平台。

（3）京津冀协同发展的机遇。充分发挥京津冀协同发展战略的产业转移和承载城市作用，通过连接北京等地大运河的恢复性修建和向北、向南延伸，串联各战略发展区域中心，多方获取水资源、人才、资金和市场机会，积极对接并导入京、津等城市外迁产业，构建多城市一体化发展的大格局。

（4）乡村振兴战略的机遇。乡村振兴战略的颁布实施，为水系网络构建和水产融合、水生态环境改善提供了政策依据和实施路径。通过开展乡村振兴示范行动，实施生态宜居农村新型社区、现代农业产业园区、水乡田园旅游景区“三区联建”，为建设全域连通的水系网络、优化水生态、水产城融合提供了重大机遇。

（5）新旧动能转换的机遇。聚焦山东省建设国家级新旧动能转换综合试验区建设，立足区域优势，做优做强重点产业，培育建设医养健康、休闲旅游、新能源、新材料等新动能，通过技术升级、降低水耗，实现传统产业升级，发展节水型产业，创新经济发展新业态，培育经济发展新动能。

第五章

“十五五”规划基础

一、编制依据

（一）研究要素

“十五五”规划报告关于“发展基础”的研究与描述主要包括当地政府、产业园等产业布局、政府税收、企业状况、公共服务配套、生态环保进展、资源能源等，主要分析地方政府和产业园的政策文件、自然资源、核心能力、产业基础及竞争力。

资源包括有形资源和无形资源，有形资源包括财务、组织、实物、技术等资源，无形资源包括人力、创新、声誉等资源。规划管理目标是培养可持续性竞争优势，积极开发有价值的、稀有的、难以模仿的、不可替代的能力，尽快形成核心竞争力。

从规划战略编制来看，本部分主要是解决“为什么”的战略性重大命题，通过系统分析问题、需求、目标“3 个导向”，找到“十五五”规划战略制定的参考依据。

（二）理论基础

分析我国政府规划发展背景的理论基础，主要包括生态城市理论、全球化理论、产业集群理论、产业梯度转移理论等。

“十五五”时期，我国经济将保持中低速增长，美国遏制中国战略阻碍了我国国际商贸发展，绿色低碳高质量发展、乡村振兴、“双碳”战略、海洋强国战略、“一带一路”倡议等向纵深推进，各地产业结构优化进入新阶段，城市与产业融合、人产城一体化成为新模式。

“十五五”时期，数字经济、人工智能、元宇宙、量子技术等将影响产业选择和空间布局。如何把握机遇，应对挑战，顺势而为，发现商机，确立新模式、新机制，成为“十五五”规划编制的“难点”和“痛点”。同时，积极培育新质生产力，打造国家级示范点，推动科技创新、传统产业转型、新产业与未来产业培育，以及劳动者能力提高、要素配置等也是规划研究的重点领域。

二、编制内容

（一）基本概念

“发展基础”是各级政府“十五五”规划和产业园规划等编制的主要依据，也是国民经济和社会发展五年规划目标设计和重大工程实施的环境条件，以及各类规划报告文稿的重要组成部分。

（二）主要内容

发展基础一般划分为政策基础、经济基础、产业基础、资源基础、交通基础、人才基础、教育基础、创新基础等。

“十五五”规划编制在分析“发展基础”时，可采用标杆分析法，对特定国家、特定城市、特定企业等进行标杆分析，研究被分析单位的管理经验或经济发展中的主要教训等，为本单位规划的制定提供有益的借鉴。也可以采用“345”模型、产业梯度转移理论等，进行问题分析、区域优势研究等，确定规划要解决的核心问题和达到的主要目标。

“发展基础”的规范研究和文本撰写是规划编制的重要工作，需要规划编写人员花费大量的精力和时间进行科学调研与综合分析。

“发展基础”需要从政治法规、经济环境、社会文化、消费市场与人口等角度分析。

以人口影响分析为例。人口是经济建设的参与者和生产者，它们对区域发展的影响表现在：

一是人口数量对区域发展的影响。区域劳动人口的数量影响区域自然资源开发利用的规模、生产规模的大小。在人口稀少的地区，生产规模的扩大受到人口数量不足的限制。而在人口过多的地区，由于资源的限制，可能出现人力资源过剩，大量失业，不利于区域经济发展。

二是人口素质对经济发展的影响。区域人口的素质影响区域经济的发展水平和区域产业结构。人口素质包括人口体质、文化技术、道德修养等。在那些劳动力较多、有一定的教育文化素质的地方，可以发展劳动密集型和技术密集型的产业。在那些人口受教育程度和文化水平高的地方，如深圳，可以发展技术含量高的电子信息等产业。

三是人口迁移对地方经济的影响。人口迁移与分布影响区域生产的格局，影响地方投资意愿。我国经济重心由东部转向中、西部，大量的劳动人口迁移将对经济发展产生较大的影响，如制造企业的农民工短缺等，导致用工较难和工资成本增加，进而影响地区性投资和低端产业的生产活动。

三、分析模型

（一）纵（横）向对比法

1. 模型解读

该方法主要是对上一个五年规划时期、跨年度经济数据和主要业绩，以及不同国家、不同地区经济数据和发展速度等做纵向、横向比较，初步揭示某种研究观点或者展现特定研究对象的经济特征、市场表现等。政府规划的资源分析框架，如图 5-1 所示。

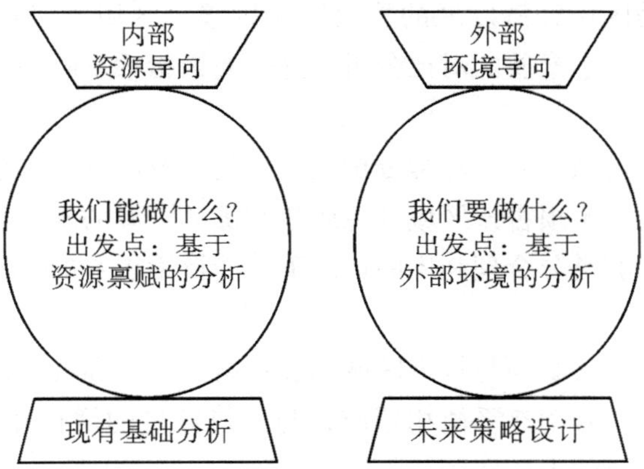

图 5-1 资源环境的历史对比分析

2. 模型应用

地方“十五五”规划通过纵向、横向指标和发展现状分析，重点从经济规模、节能减碳、税收状况、产业定位、生态治理、产业集聚、公共服务、科技创新、城乡融合、改革开放等领域进行研究，描述地方经济和社会生活发展的主要优势与产业基础。

比如，对区域性经济发展的影响要素“人口增长”进行分析，可以采取横向、纵向比较法。

按照人口自然增长特点分类，主要有：

（1）年轻型。随着社会经济的发展，人口死亡率逐步下降，但出生率还保持在原始型水平上，出生率显著地高于死亡率，自然增长率提高，人口总量迅速增多，年龄构成趋于年轻化。

（2）成年型。死亡率下降，大致稳定在较低的水平上，出生率明显降低，人口进入低速增长阶段，年龄构成向老年化演变。

（3）衰老型。随着人口的老龄化加速，死亡率由低水平回升，出生率继续下降，跌到死亡率以下，自然增长率为负，人口数量逐渐减少。

对不同的人口增长情况，采用历史比较法，分析特定地区当前、历史时期以及未来区域人口自然增长的趋势，主要指标：出生率、生育率、死亡率和自然增长率。分析人口的自然增长即人口再生产，是分析一般区域人口增长的主要方式，有助于判断一个地区未来的劳动力供应和产业工人市场供求变化等趋势。

人口惯性指在人口再生产过程中，人口群体保持原有增长或减少趋势的特性。

经济、政治、宗教、文化、战争和灾荒等，影响一个地区人口的净迁入。区域人口的净迁入，通常用机械增长率表示。

城市人口机械增长率=（本年城市迁入人口数-本年城市迁出人口数）÷年平均城市总人口数×1 000（‰）

城市人口机械增长率为负，说明区域人口为净迁出，为正则说明为净迁入。

区域人口素质是区域经济发展的重要影响因素。区域人口素质分析包括身体素质、文化技术素质和思想素质的对比分析。这一要素指标影响地区的经济结构和产业未来变化。

环境人口容量是区域规划的环境分析较关注的重要因素。一个地区在一定时期内的环境人口容量，指以不损害该区域环境质量和破坏资源的永续利用为前提，该地区的资源环境条件在能够充分合理利用的情况下，能持续供养的对应于一定生活水平的最高人口数。

一般来说，人口发展必须与特定区域物质资料的生产和资源供给水平相适应，与生态系统的载荷能力及其动态平衡相适应，与人口数量的增长和质量的提高相适应，这是区域经济发展需要的人口环境。

（二）系统工程

1. 模型解读

系统工程是从整体出发合理开发、设计、实施和运用系统科学的工程技术。根据总体协调的需要，综合适用自然科学和社会科学中有关的思想、理论和方法，利用大数据、人工智能等信息技术，对系统的结构、要素、信息和反馈等进行分析，达到最优规划、最优设计、最优管理和最优控制的目的。

管理系统工程是以地方政府或企业管理系统为研究对象的组织管理技术，是以系统科学、运筹学、大数据应用技术为主体的综合交叉性课程。其基本思想是坚持整体观念，统筹兼顾，运用优化分析方法，提高管理系统的整体功能。

在互联网、云计算和大数据时代，政府规划、专项规划尽量使用系统工程的战略思维，运用数学模型和运筹学、大数据等分析，是政府规划研究与编制的重要方向。

2. 模型应用

在政府规划工作中，该模型主要被用来研究特定区域人口、经济协调发展规划、区域资源最优利用、区域经济结构等。同时，该模型也被用于分析和解决结构性和非结构性规划研究的重大问题。

城市与区域规划的编制工作构成特定规划管理决策系统，包括人员、组织、经验、知识、价值观体系、工作程序、技术支持系统等。城市与区域规划编制工作不是个别规划师的设计活动，是多维结构的系统工程。

城市和区域规划分层次，上层次对下层次起到控制与引领作用，下层次对上层次有反馈与修正作用。总体规划、分区规划、详细规划之间相互影响、相互衔接。编制某个地区的体系规划，必须以总体规划为基础，总体规划也要以体系规划为指导。如编制地市五年规划，需要以上级五年规划纲要为指导，同时结合本地区经济与社会实际予以编制。

系统工程模型强调各类规划的问题发现与问题解决路径。通过规划需求导向的研究，发现经济发展的问题，对各类问题进行结构化分类，用不同的规划和研究方法解决不同性质的问题。如城市总体规划涉及人口计算公式、区域布局、发展条件、发展策略、定性定位等。这些问题是非结构化的，适宜进行定性分析，主要依靠规划师的知识和实践经验。关于城市化水平、人口与用地规模、空间布局、耕地置换、经济增长等，要执行国家标准、规范和可供选择的定量计算公式，属于结构化问题。一般来讲，定性分析解决城市发展规划问题，定量分析解决城市建设规划问题。定量分析由定性分析指导，定性结论需要定量分析支撑。

采用系统工程模型，研究政策制度变迁对区域规划的影响，通过改变特定区域的制度安排的激励机制，改变制度安排的效率，可以影响区域经济发展的速度与质量。同时，制度变迁可以降低交易费用、减少交易风险，优化交易行为，推进区域的产出增长率。制度变迁能够改变贸易和专业化范围，促进经济活动的途径、方式发生改变，影响区域经济发展的广度与深度。制度改革与变迁，有助于扩大经济的自由程度。实施制度创新的主体，可以是个人、团体，或地方政府根据系统工程模型，分析消费者市场。消费能力和收入状况等影响一个地区的产业规划和经济布局，地区人口数量及其增长影响区域市场的规模、劳动力资源的供给及扩大再生产的投资供给。人口素质影响区域收入水平和区域消费结构，进而影响区域生产结构和产业投资。人口的迁移及分布影响消费市场的分布与变化。人口年龄构成对人口本身的再生产产生影响，同时对区域社会与经济发展产生影响。在人口老龄化程度高的地区，劳动密集型的制造业将可能出现产业工人缺乏方面的压力和挑战。

按照系统工程模型，劳动适龄人口与被抚养人口的比例关系，以及不同生长发育阶段的人口对社会环境有不同的影响和具体要求。社会的物质消费结构、文化教育设施、医疗卫生和社会保障事业、住宅和交通，都与人口年龄构成有关。

从民族空间布局来看，各民族的空间布局和人口数量，以及其在文化、宗教、习俗等方面的差异，影响着区域发展规划和民族政策。

技术创新也是政府规划编制重点关注的影响要素。技术进步改变了自然资源的经济意义，有利于减少区域发展对非地产资源的依赖程度。同时，技术进步推动了经济结构多样化，为区域劳动就业开辟了新空间。

注意：不同规划方案使用的分析模型可能不同，有些分析工具和模型在正式规划文稿中无法直观展示，这些规划文稿只是描述研究成果，如“345”模型、区位理论、比较优势理论、五力模型理论、运筹学、模拟技术、协同学、突变论等规划实践。这里不多阐述。

（三）战略地图

1. 模型解读

战略地图是总结提炼了大量规划编制案例与规律而逐步形成的规划编制思维模型。该模型从内外部环境等方面分析，确立组织愿景与使命，描述了组织要成为什么。通过标杆案例研究以及资源禀赋的调研等，制定规划目标，确立组织未来要达到的位置。在此基础上，研究制定各地政府或企业等总体规划（战略）、业务规划（战略）、职能规划（战略），并对规划实施机制进行设计。

2. 模型应用

《某市“十五五”规划》报告框架建议分为：发展回顾、产业基础、发展目标、主要任务、产业集聚、生态建设、科技创新、文化旅游、改革开放、公共服务、规划保障等，并以重大项目、重点工程等予以支撑。

在“十五五”规划编制过程中，对“发展基础”的系列研究，可以使用战略地图，从宏观形势、国家战略、区域规划、资源优势、产业基础等入手，重点分析主导产业、市场总量、产业结构、行业趋势等多个层次，可以突出规划要解决的问题、需求和规划目标等，系统进行分层与阐述，进而得出基本结论，为规划目标、主要任务、重大工程等提供决策依据，并为乡村振兴、文化旅游、智能制造和高端服务等“十五五”专项规划的目标定位和“重点领域”提供参考。

（四）标杆分析法

1. 模型解读

标杆分析法主要是选择政府、城市、行业或产业标杆，进行系统分析，提炼其发展经验和做法，研究其产业发展的可能缺陷，为规划的编制和执行提供借鉴。

2. 模型应用

在规划编制过程中，使用标杆分析法，进行宏观环境、经济基础、产业研究和问题分析，总结案例经验，分析问题教训，提出实践借鉴。如国合院编制柳州市“十四五”规划纲要时，对柳州市宏观环境、发展基础、经济规模、产业基础、主导产业、生态建设、乡村振兴、新型城镇化、医疗保险、文化事业等发展现状进行综合分析，提炼产业结构、问题“堵点”等，归纳其实践借鉴，提出未来发展思路。

四、编制规范

（一）基本规范

如何撰写“十五五”规划的“发展基础”文稿，各类规划和不同部门、地方政府可能有不同的风格。一般遵循如下的规范：

1. 阐述产业资源与运营基础，寻找未来产业定位

“十五五”规划“发展基础”的文稿，着重分析政策依据、产业资源、企业基础、技术应用、交通条件、人才与就业、资源条件，以及政府、产业园和重点产业等运行情况、基本优势或行业特征等，为寻找产业定位提供支撑。如国合院编制的《潍坊市医养健康产业发展规划》从政策、需求和供应等角度，进行了综合分析，确立了“医药产业发展迅速、医药健康总体水平较高”等结论。

2. 阐述已有业绩或表现，预测未来的变化趋势

各类规划的“发展基础”一般需要研究特定政府、特定地区、特定产业上一阶段的经济指标和运营管理能力，以及人才、资金、技术、购买力等现有水平，据此预测未来几年经济规律、方向或趋势等。如国合院编制新疆维吾尔自治区财政“十四五”改革与发展规划时，我们回顾了已有成绩，总结了重点领域的典型做法与工作成效，对未来财政改革与发展做出了初步预测。再如国合院编制东营市“十四五”规划时，我们聚焦东营市石油、黄河入海口、盐碱地等优势条件，进行了业绩提炼与预测未来趋势，提出了相应建议与措施。

3. 阐述生态环保与对外合作，预测开放与包容能力

规划研究“发展基础”的重要方向，基于全球“双碳”发展的背景，聚焦研究目标城市、地区的节能减排、“双碳”推进、绿色生活、生态环保等，是否满足国家政策和产业趋势，是否需要目标调整等，同时，提出可操作的未来发展路径与重大项目。

4. 表现风格稳重简练，多为文字描述，辅以图表和指标数据

由于不同规划报告的风格和格式不一样，“产业基础”的规划思路和报告风格差异较大，如国家层面的国民经济和社会发展五年规划纲要一般是文字型和数字型描述，也有时候采用一些指标数据和特定专栏。省市级五年规划纲要一般是文字型描述与专栏相结合，有些也加一些图表和线性趋势分析等。县区级五年规划应贯彻上级规划精神，体现更多的项目、任务、专栏等，增加落地性、操作性与政策一致性。

5. 产业基础与规划定位、重点项目和发展路径等相互关联

产业基础是地方经济发展和社会活动的基础，也是政府和产业园的产业布局、招

商引资的依据，并与特定规划定位相互依托，有好的产业基础或者未来潜力的产业才能被确定为规划方向，因此，它与规划文本的规划目标、发展策略、招商引资和重点工作等密不可分。在编制规划时，主要以文字型描述体现这一相互关系，并尽可能揭示其中的内在规律或定位原则。

（二）编制要领

1. 体现政策法规的适应性

“产业基础”的分析研究是规划报告的重要工作，需要与国内外产业政策、法律法规、贸易规则等保持一致，能够体现或充分考虑未来可能的政策法律风险，通过政策法规的适应性研究，分析和把握经济规律和市场机遇。如：某市“十四五”规划分析了经济发展环境与产业基础，提出了积极推动经济全球化，大力培育金融科技、优先发展东南亚进出口贸易等总体思路，强调更加注重高端引领、创新驱动、绿色发展，走技术含量高、经济效益好、资源消耗低、环境污染少、人力资源优势得到充分发挥的科学发展道路，为确立下一个五年规划目标提供了决策方向。

2. 体现规划实施主体的内在禀赋

产业基础很大程度上依赖于已有规划背景的研究与描述，要从多个维度分析规划环境与产业重点，避免片面和主观结论。如东营市“十四五”规划分析了东营市资源禀赋与地理优势并提出：“东营作为黄河入海口城市、黄河三角洲中心城市，迎来了前所未有的重大历史机遇。”

3. 研究地区发展的要素和经济结构

“发展基础”的规划研究，不是简单的理论分析与产业研究，也不局限于已有产业、现有企业、交通条件或少数项目等表层分析，而是立足可以开发或招商引资的重点产业、重点项目研究，关注国家即将出台或者已有政策、国家战略、地区战略，从国家和区域战略的高度，系统分析国家政策法规可能带来的产业、市场机遇和项目变化，进行产业分析。如在编制“十五五”规划时，要立足地方产业和资源条件，深度分析国家战略、区域优势、标杆差距等，确立可能的新产业、新态势、新模式和产业升级路径。

编制“十五五”规划，需要深度研究发展基础与未来潜力，基于系统工程等思维模型，对各地新产业、新业态、新布局、新技术等进行研究，确定并提出超常规发展的新思路、新战略、新路径。

五、案例研究

（一）柳州市“十四五” 规划的纵向分析模型应用

国合院编制的《柳州市“十四五”规划》对当地经济与社会发展基础进行了综合分析，对基期数据进行比较，结合国内外环境，初步测算并确立了规划期经济增速与主要目标。

（二）潍坊市产业规划的系统工程模型应用

国合院编制的《潍坊市节能环保产业园中长期发展规划》，对潍坊市节能环保产业现状进行了调研，分析了农业、工业和服务业三大产业比重、规模以上节能环保企业数据以及地区产值等。有关情况分析如图 5-2 所示。

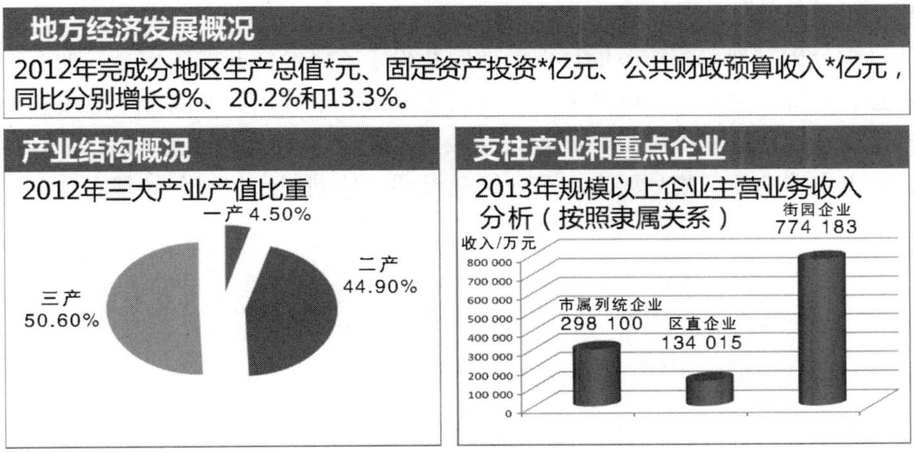

图 5-2 潍坊市节能环保产业园的地方经济概况

研究潍坊节能环保产业园的交通条件时，国合院项目组重点研究了潍坊市公路、铁路、飞机等交通工具和基础设施建设规划，初步认为潍坊市形成了“一圈、两翼、三带”交通网。“一圈”的战略空间布局，为处于“一圈”的节能环保产业园快速发展带来了机遇。该产业园交通条件分析，如图 5-3 所示。

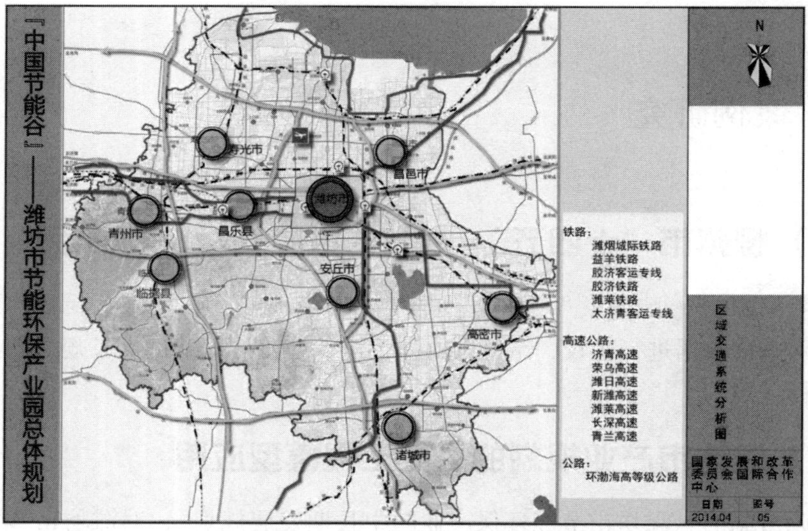

图 5-3 潍坊节能环保产业园区域交通条件分析

规划编制团队运用系统工程理论，研究分析了该产业园的周边环境，以及各产业园土地利用总体规划。

项目组分析发现，潍坊节能环保产业园获得了省级经济开发区称号，拥有了鲁东物流中心、齐鲁台湾城、低碳产业园、于河工业园、乐埠山产业园等产业集聚地和现代物流基础，周边水库等旅游和配套设施较好。产业多数处于土地利用总体规划中，符合潍坊市主体功能区规划要求，产业园建设的土地利用和其他条件基本具备。

第六章

“十五五”规划目标

一、编制依据

（一）研究要素

“规划目标”是编制各类规划的最重要的工作内容，也是规划报告的核心。规划目标的确定要统筹考虑编制单位的上一时期发展速度、经济环境、周边城市发展速度、税收增速、“三产”基础、国家和上级政策要求等，进行纵横向比较与科学测算。

“十五五”规划确定的“规划目标”主要依赖顶层政策与上级规划总体目标、规划编制背景、发展基础和资源禀赋，同时，考虑国际形势、国家政策、地区产业布局和市场机遇等。

（二）理论基础

我国各类规划报告的“规划目标”设定，可以依据的理论基础，包括但不限于：

1. 区域发展梯度理论

我国不同地区和城市的经济发展不平衡，各地经济收入和产业空间布局呈现梯度分布的状态。有梯度就可能存在空间的转移，高梯度地区一般新技术应用较早，优先发展并逐步向我国中部地区、西部地区或北部地区推移。随着各地经济转型，梯度推移加快，区域间差距逐步缩小，最终实现全国范围内经济分布的相对均衡。

在区域经济梯度推移过程中，极化效应、扩展效应和回程效应共同制约着地区生产分布的集中和分散，起主导作用的是极化效应。一般来说，我国高梯度区域如东部沿海江苏、浙江、广东等地区一般实行创新型经济发展战略。中梯度区域如安徽、江西等产业转移承接地区可以实行改造型发展战略。低梯度区域如西藏、新疆、青海、云南、贵州、内蒙古、黑龙江等区域可以实行渐进型发展战略。

2. 区域发展辐射理论

区域发展辐射理论主要研究经济发达地区对经济欠发达地区所具有的产业带动与外溢效应。我国经济发展水平和现代化程度相对较高的东部地区（辐射源）与经济发展水平和现代化程度相对较低的中西部、东北三省等地区进行资本、人才、技术、市场信息等的辐射带动、有序流动和发展理念、实践理论、生活习惯等有效传播，提高了资源配置的效率，提高了经济发展的质量。

3. 区域发展增长极理论

在经济增长过程中，我国各地区、不同产业的增长速度不同。一般来说，增长较快的是主导产业和创新产业，这些产业、企业一般在特定区域集聚，优先发展，它们辐射带动周边的省（市、县）等经济区域，形成“增长极”。

“增长极”有技术的创新和扩散、资本集中和输出、规模经济效益、产生集聚经济效果等主要作用，引进产业和拉动周围地区要素和经济活动集聚，向周围地区输出要素和经济活动并推动周围地区的经济发展，对周边地区产生溢出效应。

4. 区域发展比较理论

政府规划遵循区域差异理论，产业区位布局未必是成本最低或利润最高的区位，而通常是综合优势显著的区位。我国各地政府规划应该遵循地域分工理论，本地区以具有比较优势的产品参与贸易，确立重点发展的产业和产业链。

经济规划应遵循区域结构比较理论和区域规划理论，基本模型包括：①区域模型：中心—外围模式（CP Model）；②城市模型：城市层级体系的演化；③国际模型：产业集聚与国际贸易等。

二、编制内容

（一）基本概念

规划目标是各级政府规划和产业园专项规划编制的重要内容，也是国民经济和社会发展五年规划纲要的研究重心。规划目标一般包括经济类、生态类、基础设施类、社会民生类等。

（二）主要内容

“规划目标”在不同类型规划中的内容与结构不同，一般包括指导思想、愿景、使命、规划定位、中长期目标、年度目标、管理目标等。

规划目标是战略地图的第二层级，主要解决一个城市或组织的发展指标和应达到的位置，一般分为中长期目标，如 10 年；战略目标，如 5 年规划目标、年度指标等。具体如图 6-1 所示。

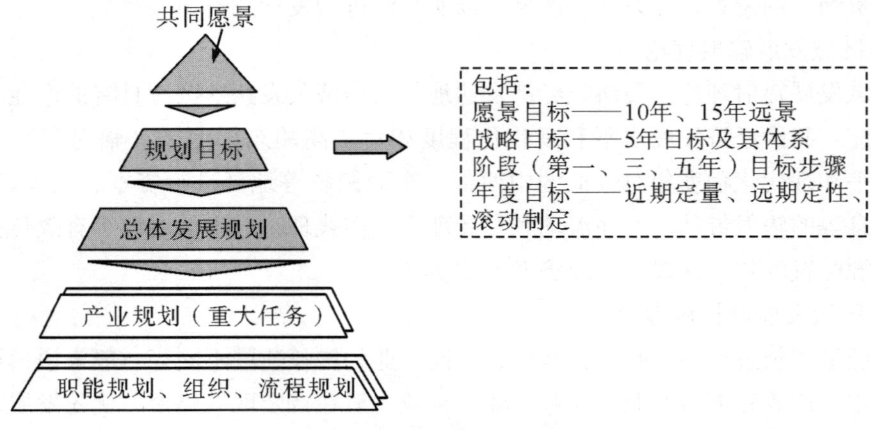

图 6-1 战略地图的“战略目标”

1. 共同愿景

使命是关于组织存在的目的或对社会发展应做出的贡献的陈述，是组织长期保持不变的核心理念，是将组织凝聚在一起的无形的凝固剂，是激励组织不断发展的动力源。

愿景是组织对于未来勾画的长远目标，是组织在一定时期内对于未来长期目标的设定和憧憬，是可变的。

在愿景的调查研究和逐步确立过程当中充满了激情、感情、智慧、理性、行动和判断。它要求有发散型思维，具备收敛型思维，是一个反省甚至是妥协的过程。在愿景的确立过程中，主要研究者和参与者可能抛开理性，超越过去和现在，尽情展望和假设未来。通过研究和碰撞的过程建立共同愿景，并对之不断修改和补充、更新。

构建组织价值观的基本要素包括时代的特征、经济性和社会责任感等。

共同愿景必须符合政府行政的规范要求，共同愿景是容易被别人感知、容易识别、被广泛认可和感觉感知的政府精神或理想。

构建共同愿景，需要识别并分析组织内外部的利益相关方，特别是对组织影响力最大的利益相关方。

制定组织愿景需要自我超越，突破已有成就、目标、愿望等，确立组织新的目标、愿望。

根据组织和组织内部所有参与者形成的文化，探讨与构建共同愿景；将共同愿景有效传达，使组织成员知晓与理解共同愿景。

建立共同愿景的基本途径包括：培养共同语言，开展团队学习，进行各层次交谈，以及实现自我超越等。

愿景具有的基本特点：

一是推动性：愿景能够推动组织面对挑战，超越现实，不懈创新。二是激励性：愿景描述清晰表达组织领导者的观点并激励员工。三是方向性：愿景能够指引内部和外部组织的努力方向。四是协同性：愿景能使同一组织内部的各个部分向一致的方向努力。

2. 规划目标

政府规划的核心目标是研究、确立和选择到达预期位置的最佳路径。具体如图 6-2所示。

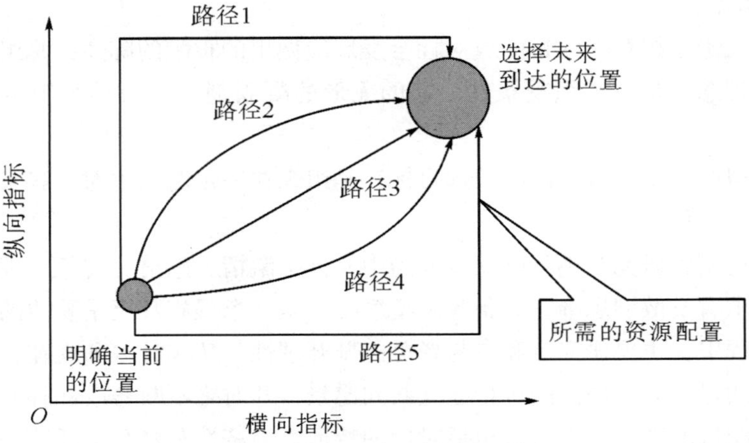

图 6-2 政府规划的核心目标

政府规划的经济指标根据不同规划类型而有差异。其中：

政府五年规划纲要的规划目标一般包括经济规模、经济结构、发展速度、城乡居民收入、公共服务、改革开放等主要指标。

专项规划的指标聚焦于特定领域，如新能源规划指标，包括能源消费总量、能源自给率、非石化能源占比、天然气占比、煤炭产能等。

产业园规划目标主要聚焦在重点产业方面，以国合院编写的《潍坊节能环保产业园中长期发展规划》为例，该规划目标包括近期目标和远期目标，其中：

近期目标：“实现预期的节能环保控制目标。到×年，全市万元地区生产总值能耗低于×吨标准煤（按 2005 年价格计算），全市化学需氧量和氨氮排放总量（含工业、生活、农业）分别控制在×万吨、×万吨以内，二氧化硫和氮氧化物排放总量分别控制在×万吨、×万吨以内。节能环保产业园区各项控制指标均优于平均控制水平。争取获得省级或国家级产业示范基地授牌。”

我们在编制该规划时，研究制定产业园的中长期规划目标：“到 2025 年，潍坊节能环保产业园企业确保年实现营业收入突破×亿元，力争年实现营业收入×亿元，利税×亿元以上，实缴税金×亿元以上……力争达到×亿元。节能环保产业成为潍坊市支柱产业。单位产值能耗持续降低，生态环境显著改善。”

“规划目标”的规范研究和文本撰写是规划编制的核心工作，需要科学调研，精心编写，反复揣摩，多次沟通和组织专家评审，进行文字加工与提炼。

三、分析模型

（一）纵（横）向对比法

1. 模型解读

纵向比较和横向比较法，主要是通过跨年度经济数据和主要业绩，以及不同国家、不同地区经济数据和发展速度等纵向、横向比较，初步揭示某种研究观点或者展现研究对象的经济特征、市场表现等，进而确定规划目标和重点任务。

2. 模型应用

一般来说，编制国家和地方五年经济社会发展规划的战略目标，一般要通过横向比较，对照上个五年规划目标实现情况，跟踪分析全球趋势、国家政策、产业环境等要素，立足当前发展实际，预测并确立本次五年规划时期指导思想和规划目标等重要观点。

（二）系统工程模型

1. 模型解读

系统工程是从整体出发，合理开发、设计、实施和运用系统科学的工程技术。根据总体协调的需要，综合运用自然科学和社会科学的有关思想、理论和方法，利用大数据、互联网和人工智能等工具，对系统的结构、要素、信息和反馈等进行分析，达到最优规划、最优设计、最优管理和最优控制的目的。

管理系统工程是以政府或企业管理系统为研究对象的一门组织管理技术，是以系统科学、运筹学、计算机应用技术为主体的综合交叉性课程。其基本思想是坚持整体观念，统筹兼顾，运用有关优化分析方法，实现管理系统整体功能的提高。

“十五五”规划目标测算和制定，需要运用系统工程等模型，综合考虑各方面的要素和资源能力，尊重产业发展规律，进行数据测算和指标确定。

2. 模型应用

在编制政府规划时，该规划模型注重系统思考和目标协同，结合资源禀赋、行业竞争力、平均发展趋势等，进行规划目标测算，避免出现脱离实际的假设目标。

规划目标的实现依赖政府外部环境、产业政策、发展规律、组织基础和核心资源等，充分考虑要素之间的衔接，注意操作性、前瞻性的有机结合。

系统工程模型强调各类规划中的问题发现与问题解决路径。通过规划需求研究发现问题，对问题进行结构化分类，用不同的研究方法解决不同性质的问题。对于非结构化的问题，采取定性分析方法，依靠规划师的知识和实践经验。对于发展速度等结构化问题，采用计算模型和公式等测算。定量分析由定性分析指导，定性结论需要定量分析支撑。

（三）平衡记分卡模型

1. 模型解读

平衡计分卡是把组织使命和战略转化为全方位的运作目标和绩效指标，作为执行战略和监控的工具，它也是一种管理方法和有效的沟通工具。通过平衡计分卡将宏观的、抽象的战略转化为运作方案或工作计划，达到执行战略、监控战略，最终协助组织实现发展战略的目的。平衡计分卡以战略为出发点，将组织战略落实到具体行动，最终实现财务或经济回报。具体见图 6-3。

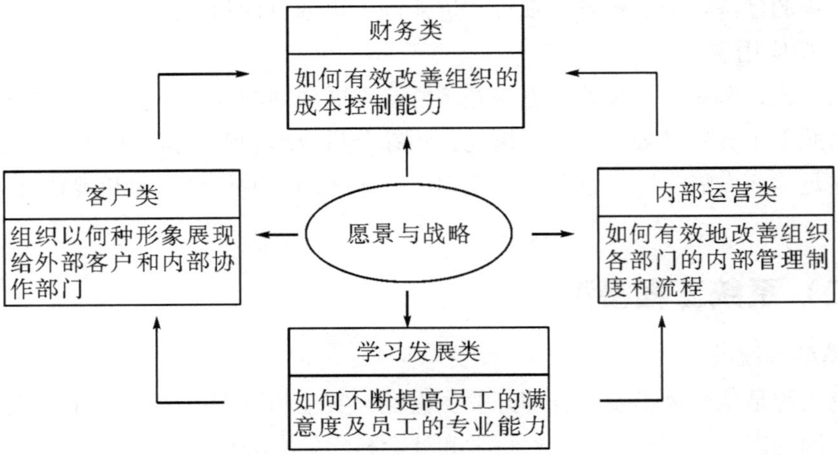

图 6-3 基于组织规划目标的平衡记分卡模型

2. 模型应用

制定政府规划目标可以使用平衡记分卡法。如对北京市高端制造业五年规划目标的设定，既要考虑产值、税收等经济指标（财务类），还应该考虑市民满意度、环保改善等指标（客户类）、政府服务水平提高、基础设施改善等指标（内部运营类），以及政府培训、学历教育、学习与培训等指标（学习发展类）。

通过四个维度的指标设计，确定规划目标，做好各类指标的平衡，避免单纯追求经济指标而忽视社会责任、组织成长和日常管理等风险。

（四）增长极模型

1. 模型解读

增长极指假如将发生支配效应的经济空间看成力场，位于力场中的推进性单元可以被描述为增长极。增长极是围绕推进性的主导工业部门而组织的有活力的高度联合的一组产业，它不仅能迅速增长，而且能通过乘数效应推动其他部门的增长。

增长极理论的基本点：一是地理空间表现为一定规模的城市；二是存在推进性的

主导工业部门和不断扩大的工业综合体；三是有扩散和回流效应。

增长极体系的三个层面：先导产业增长；产业综合体与增长；增长极的增长与国民经济的增长。

2. 模型应用

增长极理论主要指通过解释地区的发展过程，说明在增长中的都市中心引起周围地区经济增长的各种假说。此假说认为，在地理空间上经济增长不是均匀地发生的，而是以不同强度呈点状分布，通过各种渠道影响区域经济。

以广东南沙新区发展规划为例，该规划提出了“区域联动发展路径”：通过打造重点产业和增长点，沿着交通线路或经济集聚区，辐射带动周边区域，形成经济发展的增长极。

四、编制规范

（一）基本规范

对于撰写政府规划的“规划目标”章节，各类规划和地方政府可能有不同的理解和要求。总体来讲，一般遵循如下规范：

1. 确定规划愿景和指导思想

通过规划愿景和指导思想的界定，为规划实施主体的产业领域和行动指明方向，有助于经济指标和管理目标的实现。如国合院编制《潍坊节能环保产业园中长期发展规划》时，将愿景定位为“打造立足潍坊，辐射带动全省、全国乃至全球生态经济的‘中国节能谷’”。通过愿景定位，给节能环保产业园建设提出了宏伟蓝图，坚定了规划实施主体、利益相关方和外部投资者的信心，确立了未来的行动纲领和工作目标。

2. 制定规划长远目标并分解阶段性目标

各级政府和产业园规划报告具有鲜明的时代特征，体现了各级政府、企业、社会公众关注的指标。首先确立编制原则、规划目标和规划定位。其次进行目标分解和衔接。如《潍坊节能环保产业园中长期发展规划》明确了规划编制原则：突出重点领域原则、节能环保优先原则、节约集约用地原则、总部和楼宇工业原则、利用与保持融合原则。

3. 对规划目标的前景进行预测与描述

各类规划一般要描述规划期内发展前景、主要目标、主要经济指标和管理指标可能达到的未来状态，给上级主管、利益相关方较为清晰的量化或定性说明。同时，给有关投资机构、投资企业和将要进入的合作者信心和行动方向。

4. 规划愿景和管理目标在专项规划中阐述较多

由于各类规划的格式和编制重点不一样，规划目标的基本内容和呈现格式可能也不一样。有些规划需要明确组织的愿景使命、经济指标、管理指标、科技创新指标等，有些规划可能只涉及经济指标等，这就需要根据规划要求和管理习惯进行确定。

（二）编制要领

1. 根据产业或指标重要性进行阐述

规划目标一般从最为重要的指标开始研究，重点阐述主要经济指标和社会管理方向，可以给各类规划评审、决策和规划使用者清晰的指标体系和导向，便于规划期内优势资源的有序匹配和各项工作的优先次序安排。如国家五年规划纲要一般要反映GDP、产业结构、社会教育、公共服务、科技创新、国防建设等发展指标。

2. 指标和规划目标不宜过于保守或过于冒进

总体规划、经济规划指标和规划目标要简要，不应过于繁琐，避免采用与规划主题弱相关或无关指标。如地区经济规划一般包括“三产”结构、工业产值、服务业产值等主要指标，一般不会阐述具体企业收入指标或业务特征。同时，规划目标要优先进行，经过努力可以实现，不应该超出经济发展规律或者过于悲观消极。

3. 不同类别的规划指标有着时代的烙印

规划指标、指标类别和需要解决的核心问题紧密相关。不同地区的同类规划，指标体系也可能不同，同一地区、同类规划在不同的发展时期，指标体系也可能存在差异。国家五年规划目标随着时代的变化不断优化调整，可能聚焦在经济总量、绿色低碳、发展质量、产业结构、国际国内双循环、社会生活、居民收入、科技创新等领域，这与国家经济发展水平、治国理念等紧密相关。

五、案例研究

（一）青州市“十四五” 规划的纵向比较模型应用

国合院受托编制青州市“十四五”规划纲要，将“十四五”规划指标与“十三五”时期指标进行横向比较，可以设置地区产值、一般预算财政收入、产业结构、居民收入、城乡融合、居民寿命、发明专利等二级指标，并根据外部环境、国家战略、区域增速、产业基础等进行统筹预测，确定青州市“十四五”规划的经济社会发展指标，包括但不限于经济总量、高质量发展、城乡融合、社会保障、改革创新等多个维度。

（二）潍坊市节能环保产业园中长期规划的系统工程模型应用

在《潍坊节能环保产业园中长期发展规划》的“规划目标”研究中，项目组采用了系统工程模型。在测算规划目标时，考虑了全国和山东省 GDP 增速、潍坊市产业基础、上一个五年 GDP 增速、产业发展规律等，分析了当地政府的经济增速和“双招双引”能力，测算了规划期生产总值、经济增速、财政收入、科技投资和开放指数等。同时，该产业园规划的空间布局统筹考虑了生态造林、土地指标、开发进度、产业链现状、产业集聚等。

基于上述模型与规划思路，项目组确立了潍坊节能环保产业园的使命，明确了规划目标和空间布局是“1358”，即：“一个目标：建设‘中国节能谷’；三大服务平台：节能环保科技研发平台、节能环保国际交流平台、节能环保综合服务平台；五个功能区：节能环保制造区、节能服务企业集聚区、节能环保企业孵化区、生产性物流服务区、办公生活服务区；八个制造业基地：高端节能设备制造基地、大型泊车产业基地、住宅工业化基地、环保设备制造基地、高端节能管件产业基地、清洁能源和新能源汽车基地、智能化农业装备产业基地、智能化节能系统产业基地。”

（三）佛山市现代产业体系规划的增长极模型应用

按照增长极理论，佛山市产业发展规划的编制确定了“强化广佛同城效应，促进产业优势互补、联动发展，共同构建结构优化、布局合理、协调发展的现代产业体系，打造广佛创新圈和华南科技创新中心，提升广佛都市圈产业综合竞争力，成为引领珠江三角洲乃至华南地区产业结构优化升级的强大引擎、广东重要的经济增长极”的目标。

第七章

“十五五”规划重点产业

一、编制依据

（一）研究要素

一个国家或地区能否遵循重点产业转移规律选择重点产业和进行产业布局，很大程度上取决于这个国家或地区是否对产业结构转移规律和重点产业对经济发展的引导作用有着深刻认识和广泛的实践。

“十五五”规划报告的“重点产业”研究和定位，主要运用比较优势和产业转移规律模型等实现。编制本部分的规划文稿时，需要研究发展基础、资源禀赋、发展潜力等。

我国的重点产业正在从轻纺工业、重化工业为主，转向传统产业转型升级和大力拓展新兴产业。

发达国家重点产业从重化工业向高加工度工业为主导转化，高度工业化国家向知识密集型产业重点转移。以现代服务业、旅游业、金融业等为主体的第三产业和以现代信息技术为主导，以现代交通运输方式为基础的第四产业，构成了现代产业的重点转移方向。这是世界产业重点转移的一般规律。

（二）理论基础

对于重点产业选择，美国经济学家罗斯托认为有四个依次更替的趋势，即：起飞前提阶段的主导部门是食品、饮料等工业；起飞阶段的主导部门是轻纺工业；成熟推进阶段的主导部门是重工业和其他制造业；高消费和追求生活质量阶段的主导部门是汽车工业、耐用消费品工业和城市服务业。各阶段主导部门更替依靠前一组主导部门诱导和刺激，并被新的主导部门逐步替代。在工业化初期，以劳动密集型产业为主；在工业化中期，以资金密集型产业为主；在工业化后期，以知识技术密集型产业为主。在重点产业选择方面，需发挥政府在选择重点产业中“看得见的手”的作用。分析产业演进现状，制定适合供求变化的产业政策。

政府制定重点产业应该考虑的主要因素包括：需求结构变化、产业高级化趋势、国际产业结构演变的规律、区域经济优势，以及产业发展阶段。

重点产业需要突出区域强项和核心优势，综合分析产业关联度、区际贸易，运用象限结构分析模型，明确各重点产业之间的间接关系。结合产业关联前向、后向的连锁效应表明的附加值高低，选择适合本地区的重点产业。

对于战略性新兴产业，重点研究新兴产业的政策环境和投资策略。研究战略性新兴产业的发展环境，探索产业规划、政策措施、空间布局、产品组合等规律，优化新兴产业的要素配置，引导产业投资，加快新兴产业的发展。设立财政扶持资金，编制新兴产业发展预算，建立风险投资引导基金、科技融资担保、科技创新金融中心。设立由财政、银行、社会等多方参与的产业基金，组建企业合伙制的风险投资基金，加大战略性新兴产业的资源投入。

新兴产业发展规划应该积极引导市场需求，挖掘需求侧的拉动作用，推进新兴产业的技术研发、应用和商业模式创新。探索 EOD（生态环境导向的开发模式）等融资模式，加大新兴产业政府采购比重，通过扶持政策，创造市场需求，通过政府示范，促进新兴产业发展。

科学编制新兴产业空间规划，建立功能完善、垂直分工、科学布局的战略性新兴产业集群，促进工业功能区、开发区等向新兴产业区、向现代产业集群转型升级，构建技术密集、资本密集和高经济效益的高新技术产业基地和产业集群。

选择重点产业、战略性新兴产业，要注意基础产业与制造产业、加工产业的结合，推动传统产业与新兴产业融合，避免基础产业与制造业、加工产业、高技术产业的产业断裂，避免传统产业与新兴产业的人为割裂和资源重复投入，实现产业集聚、连锁效应和示范效应。

“十五五”规划编制的理论基础，包括但不限于：

（1）产业定位理论。通过产业定位，确定特定地方政府、高新区、产业园等具体形象和产业方向。

（2）产业集群理论。通过区域集聚形成有效的市场竞争，构建特定地区的专业化生产要素优化集聚洼地，使经济组织共享区域公共设施、市场环境和外部经济，降低信息交流和物流成本，形成区域集聚效应、规模效应、外部效应和区域竞争力。

（3）劳动地域分工理论。一个国家或地区按照某一优势的社会物质生产部门实行专业化生产，形成区域性优势和产业合作。

（4）比较优势理论。国际贸易的基础是生产技术的相对差别，以及由此产生的相对成本的差别。每个国家或地区应该集中生产并出口有比较优势的产品，进口存在比较劣势的产品。

（5）主导产业理论。主导产业具有与新技术相关联的新的生产函数；有超出国民经济总增长率的持续高速增长的部门增长率；主导产业对其他部门乃至国民经济有着回顾效应、旁侧效应、前瞻效应，需要集聚核心资源与能力进行重点产业集聚与提升。

（6）点轴开发理论。点轴开发模式是增长极理论的延伸。经济中心首先集中在少数条件较好的区位，成斑点状分布。这种经济中心即区域增长极，也是点轴开发模式的点。随着经济的发展，经济中心逐渐增加，点与点之间，根据生产要素交换的需要形成交通线路以及动力供应线、水源供应线等，相互连接起来，就是轴线。这种轴线首先为区域增长极服务，但轴线一经形成，对人口、产业也有吸引力，吸引人口、产业向轴线两侧集聚，并产生新的增长点。点轴贯通，形成点轴系统。通过点轴开发，实现区域经济的规模发展、集聚效应和辐射带动效应等。

二、编制内容

（一）基本概念

产业是由利益相互联系的、有不同分工的、由各个相关行业组成的业态总称。

行业是按生产同类产品或有相同工艺过程或提供同类劳动服务划分的经济活动类别，如饮食行业、服装行业、机械行业、金融行业等。

重点产业选择是对特定规划对象未来一定时期内优先发展的产业进行选择，使其逐步成为支柱性产业或有重大影响的产业。

战略性新兴产业是全球范围内由突破性技术创新催生的具备构成国家产业竞争优势的成长期产业。战略性新兴产业以重大技术突破和重大发展需求为基础，对经济社会全局和长远发展有重大引领带动作用，是知识技术密集、物质资源消耗少、成长潜力大、综合效益好的产业。

战略性新兴产业代表世界科技创新和产业发展新方向，是新兴科技和新兴产业的深度融合，有战略性、全局性、创新性、关联性、动态性、风险性等特点。

战略性产业包括主导产业、支柱产业、先导产业和基础产业。其中，主导产业指对国民经济有支撑作用，在国民经济中占有较大比重的产业。主导产业在某种程度上直接关系到一个国家、地区或城市产业发展的方向，能充分利用和发挥本国、本地区的资源优势，对其他产业或行业有推动、制约和引导作用。支柱产业是国家和地方财政最重要的收入来源，产值和利润水平较高，对其他产业的引导作用较低小，属于阶段性发展或维持的产业。先导产业指对今后国民经济发展有先导作用的产业，产品收入弹性高，全要素生产率上升幅度大，对其他产业部门带动效应大。基础产业也被称为瓶颈产业，指为其他部门提供条件和机会的产业。

积极研究未来产业发展趋势，因地制宜进行未来产业选择与区域布局，与实体经济扶持政策相结合，通过产业招商与技术引进等模式，培育一批未来产业，如未来能源、未来材料、量子技术等。

“十五五”规划编制的重点是产业和行业选择，为政府或其他组织的产业定位和工作任务的确定提供依据。具体如图 7-1 所示。

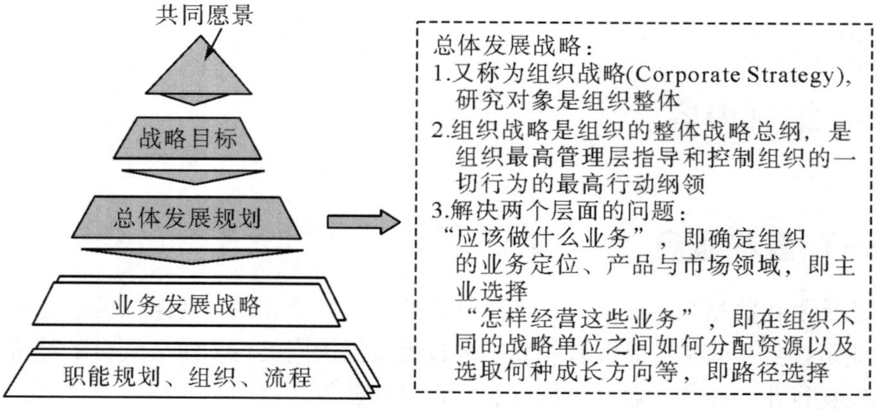

图 7-1　政府规划编制的组织总体战略

通过“十五五”规划研究，可以帮助各级政府确立重点产业和主导业务、业务组合，以及如何经营这些重点业务的指导。

（二）主要内容

1. 战略性新兴产业的选择

战略性新兴产业是国家大力推动的主要产业，是各地政府实现产业转型升级的重要路径，其科学定位与健康发展的前提是产业选择，这就必然存在选择标准或指标体系设计的研究工作。

战略性新兴产业的战略性，指相对于国家而言的战略性产业，不是基于区域层面。战略性新兴产业的全球性、创新性和成长性包含了选择标准的合理要素。

战略性新兴产业生命周期，包括新兴产业、创新性新兴产业、战略产业、常规产业和衰退产业五个发展阶段。战略性新兴产业是产业或战略产业在特定阶段的称呼，当特定产业进入成熟阶段，战略性新兴产业就演变为主导产业或传统产业。为此，有必要适时调整战略性新兴产业的选择标准，加强新兴产业演化规律的调研与定位分析。

2. 战略性新兴产业的发展模式

目前，战略性新兴产业的发展模式尚未成熟。多数战略性新兴产业的发展属于科技驱动、市场驱动共同作用的双轮驱动发展模式。

战略性新兴产业中的企业多是小微企业。这类企业具有规模小、资源少、有一定技术、管理不规范、融资难等特点。为降低企业的发展成本、共享发展资源、形成规模效应，集群发展模式可能是地方政府探索的重要的商业模式，地方政府通过建设高科技园区或科技企业孵化园，形成新兴产业的集群发展。如国合院在编制《丹东市“十四五”工业发展规划》时，立足当地工业优势，确定丹东市“高端装备制造业”的发展思路：“大力发展精密制造产业，发挥精密制造对智能制造、电子信息、海洋装备等产业的支撑作用。鼓励引进工业机器人和人工智能技术应用或示范项目，发挥智能装备产业对工业产业转型升级的推进作用，培育前瞻性产业或功能园区。聚焦碳达峰、碳中和目标，依托空气、水等净化装备、新能源装备配件、智能监测仪表产业基础，发展壮大节能环保产业、新能源装备，聚焦环保和新能源装备制造、固体废物综合利用、减碳技术产业化等重点领域，推动工业产业绿色循环低碳化发展。”

3. 战略性新兴产业的关键成功因素

我国战略性新兴产业的关键成功因素包括政府支持、自主创新、集群发展、价值链延伸、市场培育、国际竞争、风险控制、服务平台构建等。

在战略性新兴产业培育期，需要出台政府优惠政策，拨付扶持资金，改善发展环境。战略性新兴产业多数缺少产业链上下游和周边配套产业，通常是技术主导的，市场认知度低。为此，可以通过政府采购、市场营销、产业联盟等予以推动，逐步形成产业集聚和规模效应，提升产业综合竞争力。

4. 战略性新兴产业的选择原则

（1）科学发展原则。遵循科学发展观，综合考虑各种产业因素，选择知识技术密集、物质资源消耗少、成长潜力大、综合效益高，对地区经济与社会全局和长远发展有引领带动作用的产业。

（2）因地制宜原则。遵循经济与社会发展的客观现实，结合本地实际，坚持“有所为，有所不为”，培育发展适合未来需求的战略性新兴产业，充分发挥自身特点和比较优势。

（3）产业关联原则。坚持战略性新兴产业关联发展和融合发展原则，选择产业基础好、特色优势显著、技术条件成熟，能够带动关联产业及配套产业发展的战略性新兴产业。

（4）技术创新原则。坚持自主创新，提升战略性新兴产业创新能力，形成有自主知识产权的技术、专利和标准，重点发展有国际、国内市场竞争力的品牌产品，拓展产业竞争力。

5. 战略性新兴产业基本特征

（1）综合竞争力偏弱。根据波特“五力模型”，战略性新兴产业处于初创或成长期，潜在进入者较多。基于科技创新驱动特点，战略性新兴产业对各类有形资源的依赖较小，供应商讨价还价能力强，产品尚未被市场接受，存在培育期，有较多替代产品，竞争程度相对弱。

（2）新兴产业与传统产业融合。战略性新型产业一般属于信息技术、生物医药技术、新材料、高效节能、环保技术等新兴产业，同时，通过传统产业的工艺、形态、产品性能改造，实现传统产业向高附加值的新兴产业转型发展。如引入新能源技术，提高传统产业的产品附加值；引进新材料，提升钢铁等传统产业的产品质量。

（3）政府引导和市场机制结合。战略性新兴产业一般需要政策引导与产业推动，推动其高速度发展。因此，应该研究新兴产业的关联度，明晰产业链环节的衔接关系，不断优化新兴产业链。

（4）自主培育和全球资源结合。战略性新兴产业需要积极优化资源配置，面向国际、国内市场，大力培育和拓展发展空间。通过自主培育与资源整合，推动区域资源、生产、市场与科技优势等对接、整合，优化技术突破方向与技术路线图，挖掘、提升技术创新与应用驱动的功能，推动自主品牌、自主知识产权、自主营销网络的全球化布局，逐步形成重点产业、核心企业的协同创新能力。

6. 未来产业

未来产业包括但不限于人工智能、大数据、健康医疗、新能源、新材料、环保、教育、金融、养老服务和生物科技等行业。未来产业以其高成长性、战略性和先导性，代表了新一轮科技革命和产业变革的方向，是经济增长的最活跃力量，并有望发展成为先导性支柱产业，形成新质生产力。在“十五五”规划编制过程中，要深度研究未来产业，根据各地区产业基础与发展实际，积极谋划一批未来产业，研究未来产业发展路径与空间布局，探索未来产业发展的路线图、施工图与承载主体，并将其纳入重点招商引资工作范围，确保产业布局的前瞻性与系统性。

三、分析模型

（一）比较优势（业务优先级）模型

1. 模型解读

“十五五”规划或专项规划的重点行业、主导产业和重点业务选择，具有一定的规律和体系性，各类规划既要考虑投入产出效率、市场可能占有率、预期利润率、劳动生产提高率、资本资产增值率和发展能力，又要考虑非重点产业的前瞻、回顾和旁侧效应的影响。

在规划编制过程中，可以用行业（业务）优先级评估模型等，进行系统研究和分析。具体如图 7-2 所示。

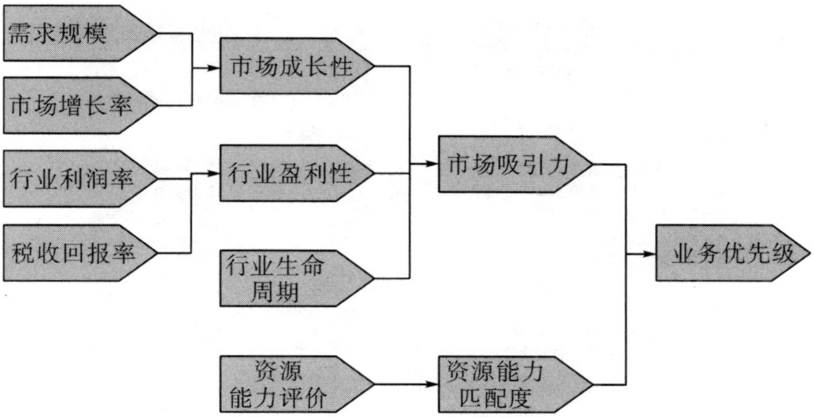

图 7-2 业务优先级评估模型

如图 7-2 所示，重点行业或重点业务的筛选标准，可以根据需求规模、市场增长率、行业利润率、税收回报率等指标考核，按照市场成长性、行业盈利性、行业生命周期、资源能力评价等维度进行评估。“十五五”规划既要考虑经济效益，更应兼顾生态效益、社会效益和综合效益等。

2. 模型应用

使用行业或业务优先级评估模型，对地方政府、产业园、开发区等重点产业、主要行业或龙头企业的重点业务进行选择，具体如图 7-3 所示。

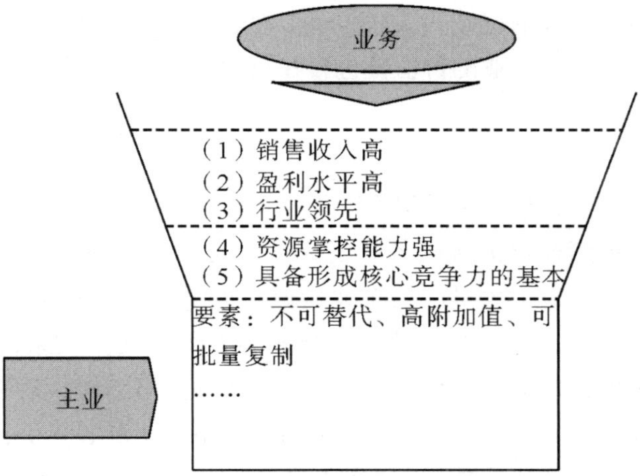

图 7-3 政府规划编制的主业选择模型

通过对国家、特定地区等业务收入、盈利水平、行业地位、资源控制力、核心竞争力等要素分析，初步确定国家、地区重点产业或主导业务，进行产业定位和重点工程的确立。

使用上述模型，对地方节能环保或低碳示范园区进行主业选择，确立主要产业与重点行业，具体示例如图 7-4 所示。

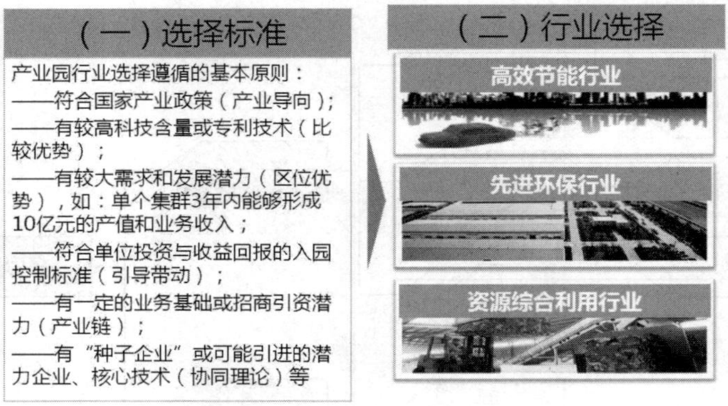

图 7-4　潍坊节能环保产业园重点行业选择

（二）产业价值链模型

1. 模型解读

（1）基本概念

价值链由哈佛商学院教授迈克尔·波特（Michael Porter）于 1985 年在其出版的《竞争优势》一书中提出：“每个企业都是在设计、生产、销售、发送和辅助其产品的过程中进行种种活动的集合体。所有这些活动都可以用价值链来表明。”产业链是产业经济学的概念，是各产业部门之间基于一定的技术经济关联，并依据特定的逻辑和时空布局关系客观形成的链条式关联关系形态。产业价值链代表了产业层面企业价值融合的价值系统，每个企业的价值链包含在更大的价值活动群中，从而实现产业链的价值创造。

（2）主要特征

产业价值链的主要特征，包括但不限于：

①整体性。构成产业价值链的各个组成部分是有机的整体，相互联动、相互制约、相互依存，每个环节由大量同类企业构成，上游产业（环节）和下游产业（环节）之间存在大量的信息、物质、资金、技术等方面的交换关系，是价值递增的过程。同时，产业价值链之间相互交织，呈现多层次的网络结构。某一产业之中的竞争既有单个企业之间的竞争，还有特定产业链与另一条产业链的竞争、特定产业集群与另一个集群之间的竞争，甚至是国家之间的竞争。

②增值性。特定产业链条后面的价值增值环节是在前面价值产品的基础上，面向新的客户与市场，生产新的价值产品。如果存在价值增值瓶颈，价值链上一部分投入的价值可能出现损失浪费，无法实现价值增值。

③循环性。价值增值的实现过程是不断循环的过程。如果特定产业价值链无法实现有效循环，这条产业价值链就可能走向“死亡”。

④层次性。从系统角度看，产业链有标准制定、技术开发、产品制造等不同的技

术层次，各技术层次之间的衔接要求严格。从产业环节角度看，不同产业环节之间有层次性和相互衔接的地方。

⑤差异性。产业价值链的各个环节存在增加值与盈利水平等差异。产业价值链的各个环节对要素条件、技术、人力、资本、规模等需求存在差异。

（3）模型内涵

产业链有集群效应和链式效应，能够降低企业成本，促进创新，塑造区域品牌，形成区域和企业集聚，促进专业分工和技术进步。

以制造业为例，产业价值链的基本模型如图 7-5 所示。

在图 7-5 中，产业价值链以业务工序和附加值两个维度予以表示，其中，产品试制研发、零部件生产等属于产业链上游，其利润空间较大；模块零部件的利润空间逐步降低；产品组装的利润空间最低；产业链下游的销售、售后服务等利润空间大，盈利性强。在产业价值链的选择中，地方政府或产业园可以围绕重点产业价值链，进行产业链“增链”“补链”“强链”等操作，逐步形成特定产业链的产品配套和资源集聚。同时，在不同产业链评估与选择过程中，尽可能选择高盈利、有比较优势的重点产业链上下游企业或重点产业，提高单个产业环节、单位产品的盈利能力，提高重点行业或重点企业的盈利水平。

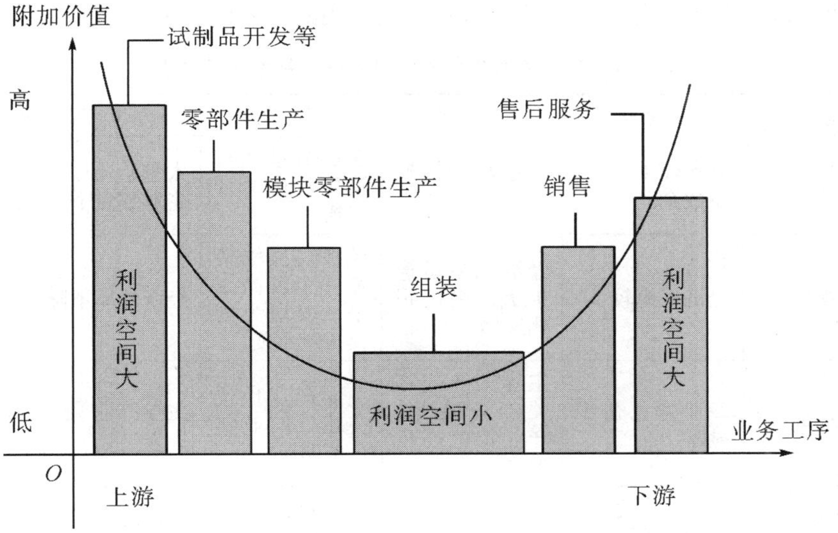

图 7-5　产业价值链模型

2. 模型应用

以国合院编制的《潍坊节能环保产业园中长期发展规划》为例，在系统研究与评估产业园现有产业链时，采用了产业价值链模型。以潍坊市立体停车产业为例，该产业园立体停车泊车产业链具备了产业基础，产业园相关产品年产值数十亿元。该产业链分为上、中、下游三部分，位于产业链上游的是技术研发、工程设计等环节，这些是产业链的高附加值端，是提升核心竞争力的关键环节。立体停车产业链中游是设备制造和安装等环节，产业园之内现有多数企业主导产业处于中游环节，是传统的竞争领域，位于产业价值链的低端，竞争激烈，盈利能力低。产业链下游是维修保养等环节，是体现特定企业服务专业化、高端化、维护和提升客户关系的关键，行业发展迅速。此外，该产业价值链还有与其他产业链发生上下游联系的辅助产业链，如新材料产业、节能环保装备制造产业，可以为立体停车主导产业链的有关企业提供更环保、更节能的材料或辅助设备。潍坊市节能立体停车产业价值链的产业链描述，具体如图 7-6 所示。

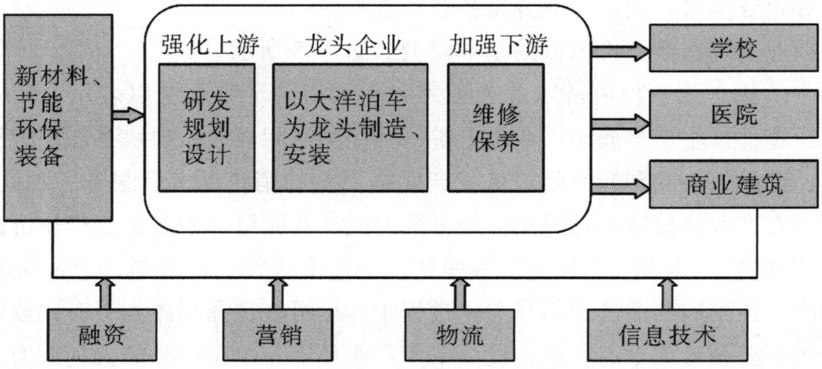

图 7-6 潍坊市节能立体停车产业价值链分析示例

产业集群基本特征分析是产业价值链模型应用的重要内容，具体如表 7-1 所示。

表 7-1 产业集群生命周期各阶段的基本特征分析

要素	萌芽期	成长期	成熟期	衰退期
企业数量与规模	总量较少，少数企业	企业数量快速增加	企业数量相对稳定，达最佳规模	大量企业迁出或倒闭，企业数量下降
经济规模	经济规模较小	经济规模迅速扩大，规模报酬递增	经济规模维持在一个较高水平，表现为规模报酬不变	经济规模下降
产业特色	产业特色初步显露	主导产业或相关产业集聚，产业特色逐步形成	主导产业地位突出，产业特色鲜明	主导产业衰退，产业特色丧失
产业链和产业配套	产业链不完整，产业配套没有形成	产业链延伸，配套产业发展迅速	产业链逐步完善，产业配套齐全	产业链断裂，产业配套被破坏
企业间合作与联系	缺乏分工与协作，企业间联系较少	逐渐形成分工与协作关系，企业间联系和交易增加	企业间联系密切，交易频繁，专业化分工与合作普遍	分工协作关系破裂，企业间联系少
集群创新网络	没有形成集群创新网络，创新能力差	集群创新网络逐渐形成，有一定创新能力	形成完善的集群创新网络，创新能力强	创新网络遭到破坏，创新能力下降

表7-1(续)

要素	萌芽期	成长期	成熟期	衰退期
地方融合性	尚未植根于地方经济与社会文化系统	开始与地方经济与社会文化系统融合，表现出植根性	与地方经济与社会文化系统深入融合，有良好的植根性	集群衰退，企业外迁，植根性不复存在
竞争优势与竞争力	集群竞争优势不明显，竞争力较差	表现出一定竞争优势，竞争力增强	有明显的竞争优势，竞争力强	竞争优势丧失，竞争力下降
综合评价				

（三）能力匹配矩阵

1. 模型解读

能力匹配矩阵模型指编制政府规划或企业战略时，通过对资源、能力的组织拥有程度、市场竞争重要性进行矩阵分析，对于规划执行与实施相关的核心能力进行判断，据此确定地方政府是否具有某种能力或软实力，进而确定未来构建的能力或发展方向。如果一个组织的能力拥有程度和市场竞争重要性都很强，即｛（组织拥有程度，市场竞争重要性），（高，高）｝，表明该特定能力是某个组织需要重点挖掘、维护和提升的，否则，该特定能力可能是某个组织需要调整或者放弃的。

2. 模型应用

能力匹配矩阵模型的应用广泛，可以用在政府或企业的能力分析与匹配度研究方面。有些指标可以调整或增减。如国合院研究开发区能力匹配时，选择市场推广、品牌、质量、销售、政府关系、资金、人力、技术等指标，通过调研问卷和专家访谈等方法，得出了如图 7-7 所示的分析结果。

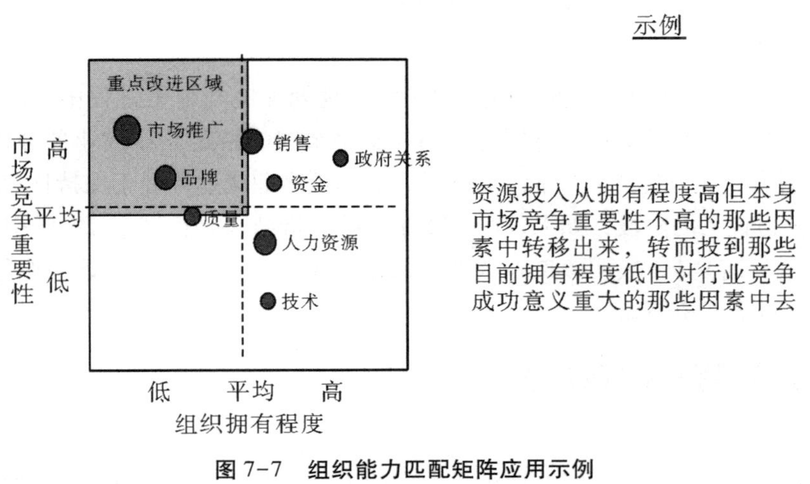

图 7-7 组织能力匹配矩阵应用示例

由图 7-7 可知，该组织的市场推广、品牌等要素的市场竞争重要性很高，但是该组织拥有程度较低，对于这些要素应投入精力和人力，大力提升；该组织的销售、政府关系、资金等指标要素很高，表明未来这些要素可能是组织的优势，应继续维护和提高；人力资源和技术等的市场竞争重要性不高，而组织拥有程度较高，可予以维持。通过能力匹配矩阵分析，将为组织的资源投入和工作重点提供决策的参考。

（四）GE 矩阵分析法

1. 模型解读

GE 矩阵法又称通用电器公司法、麦肯锡矩阵、九盒矩阵法、行业吸引力矩阵。在规划过程中，GE 矩阵常被用来根据组织或其业务单元市场的实力和市场吸引力对事业单位进行评估，也可通过表述组织的事业单位组合从而判断其强项和弱点。

在对产业吸引力和业务实力进行分析时，用 GE 矩阵进行战略规划分析，重点分析两个维度：市场吸引力、业务优势。具体如图 7-8 所示。

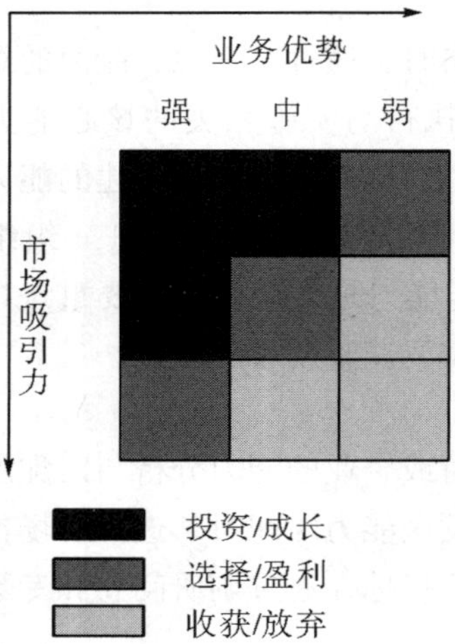

保持优势 ●快速稳健地投资发展 ●集中精力保持力量	投资建立 ●向市场领先者挑战 ●有选择地加强力量，加强薄弱环节	有选择发展 ●集中有限力量 ●努力克服缺点 ●如无明显增长就放弃
选择发展 ●在最有吸引力的部分重点投资 ●加强竞争力 ●提高生产力，加强获利能力	选择或设法保持现有收入 ●保护现有计划 ●在获利能力强、风险相对小的部门集中投资	有限发展或收缩 ●寻找风险小的发展办法，或者尽量减少投资，合理经营
固守或调整 ●设法保持现有收入 ●集中力量于有吸引力的部门 ●保存防御力量	设法保持现有收入 ●在大部分获利部门保持优势 ●给产品线长级 ●尽量降低投资	放弃 ●在赚钱机会最小时出售 ●降低固定成本同时避免投资

图 7-8　GE 矩阵模型分析示例

2. 模型应用

GE 矩阵分析常被用在地方政府、产业园等规划编制与评估过程中。对某一个组织的市场吸引力、业务优势进行研究。如果某个组织的特定产业或业务分析结果是：{（市场吸引力，业务优势），（高，高）}，表明该产业或业务处于保持优势、快速发展、集中精力投入的阶段；如果该产业或业务的分析结果是：{（市场吸引力，业务优势），（低，高）}，表明该产业或业务属于调整或固守策略，应该采取保持现状、保存抵御力量等竞争策略。

（五）波特的钻石模型

1. 模型解读

波特的钻石模型，又称钻石理论或国家竞争优势理论。波特的钻石模型是分析国际竞争优势的工具。

迈克尔·波特认为，国际竞争优势由以下六点构成：生产要素、需求状况、相关产业、企业策略结构或竞争对手、政府行为、机遇。这六个因素画在图上像一颗钻石，故被称为钻石模型。

波特钻石模型的中心思想：一国兴衰的根本在于是否赢得国际竞争优势，它强调一国的所有行业和产品参与国际竞争，并且要形成国家竞争优势。国家竞争优势的取得，关键在于四个基本要素和两个辅助要素的整合作用。其中，资源要素指一个国家的生产要素状况，包括人力资源、天然资源、知识资源、资本资源、基础设施；需求条件指对某个行业产品或服务的国内需求性质；辅助行业指国内是否存在具有国际竞争力的供应商和关联辅助行业；企业战略指一国内支配企业创建、组织和管理的条件，以及国内竞争的本质。波特将这四方面的特质组合成菱形（钻石形状），认为当某些行业或行业内部门的菱形条件处于最佳状态时，相关机构取得成功的可能性最大。波特菱形同时还是互相促进增强的系统，任何一个特质作用的发挥程度都取决于其他特质的状况。如，良好的需求条件并不能导致竞争优势，除非竞争的状态（压力）达到促使行业机构对其做出反应的程度。

在四大基本要素之外还存在两大辅助要素：机遇和政府，这是另外两个能够对国家菱形条件产生重要影响的变量。机会是无法控制的，需要高度重视政府政策的影响。

2. 模型应用

波特的基本观点：一个国家在某个行业取得国际成功的可能性程度是该国资源与才能要素、需求条件、关联和辅助性行业以及企业战略、结构和竞争四个方面综合作用的结果。他认为菱形中四个组成部分同时存在，才会有效促进竞争力提升。政府对四个组成部分中的任何一个方面都能产生积极或消极的影响。

运用该钻石模型，我国政府规划与产业布局应该研究生产要素、需求状况、相关产业、企业策略结构或竞争对手、政府行为、机遇六大要素，进而推动规划的科学定位、空间布局与目标实现。

（六）DEA 分析

1. 模型解读

数据网络分析方法是运筹学、管理科学与数理经济学交叉研究的新领域，是根据多项投入指标和多项产出指标，利用线性规划的方法，对具有可比性的同类型单位进行相对有效性评价的数量分析方法。在处理多指标投入和多指标产出方面，DEA 方法及其模型被广泛应用于不同行业及部门。

2. 模型应用

关于 DEA 模型的基本定理，主要有：①存在性定理：至少存在一个决策单元，它是 DEA 有效的。②有效性与量纲选取无关定理：决策单元的 DEA 有效性与输入和输出量纲的选取无关。③有效性与 DMU 同倍增长无关定理：决策单元的 DEA 有效性与决策单元对应的输入和输出同倍增长无关。

DEA 是线性规划模型，表示产出对投入的比率，通过对特定单位的效率和一组提供相同服务的类似单位的绩效的比较，试图使服务单位的效率最大化。在该过程中，获得 100%效率的单位被称为相对有效率单位，效率评分低于 100%的单位被称为无效率单位。

四、编制规范

（一）基本规范

1. 重点描述产业选择的领域和方向

“十五五”规划的“重点产业”研究与规划编制，在不同类型的规划编制过程中，分析模型与规划编制文稿可能有差异。但是，多数政府规划报告文稿包括了如何选择产业评估模型、主导产业研究、确定重点产业的选择思路、评估维度、产业领域、产业技术、产业特征、重点产业链等。同时，对重点产业的发展方向、产业目标、产业路径等进行路径设计，为政府规划论证、审核与执行人员提出了具体、可供决策的产业定位和业务方向。

2. 突出重点产业（空间）布局

“重点产业”的规划文稿研究与内容编制，需要结合全球导向、国家政策、研究对象的产业基础、产业发展现状、区位比较优势等，进行重点工程设计，满足规划目标与重点产业发展需求。同时，根据不同规划的报告格式，对可能的产业空间布局等进行直观描述或详细规划，更好地为政府规划执行、土地指标调整与修改等提供依据。如国合院在编制大连国家级金普新区发展规划时，调研了金州区、普兰湾、保税区等重点区域的产业布局和企业基础，对工业产业、农业和现代服务业进行了功能划分和区域定位，对先进制造业、信息通讯、现代教育、临港经济等进行了空间布局，明确了大连金普新区未来发展方向与产业分布，为大连市招商引资和产业优化提出了可行的政策建议。

3. 体现规划期内工作重点或竞争策略

“十五五”规划的“重点产业”研究，是“十五五”规划报告的重要内容，也是五年规划重点研究的核心。基于能力匹配矩阵、GE 矩阵、比较优势分析模型等分析，确立行业或产业组合，确立特定区域的产业发展重点。

通过特定产业的集聚、引导和有序发展，确立规划实施单位的工作方向，以及各级政府、部门和实体经济的工作重点与主要任务，便于合理分配资源、时间、精力与人力等，实现预期的投入产出比例，促进“十五五”规划目标实现。

（二）编制要领

1. “重点产业”编写体现资源优势和承载主体

“重点产业”的研究是“十五五”规划、专项规划等编制的核心内容，也是各类规划编制质量与专业水平的主要体现。

该部分规划文稿的撰写，是在进行外部环境和内部资源研究分析的基础上，针对核心资源和比较优势以及未来可能的重要资源或核心竞争力，进行系统、科学、前瞻的规划定位，帮助规划单位确定产业方向、发展重点、资源集聚、资金分配，以及可能的经济效益或社会效益。同时，为上级主管、有关规划审批部门等提供绩效管理、业绩考核和督导的标准。如国合院在编制《潍坊节能环保产业园中长期发展规划》时，经过系统论证，确立了产业园未来 10 年重点推动的主要工程，包括：百亿级泊车产业链工程、住宅工业化产业工程、智能化软件设计与产业化工程、高效节能装备技术改造工程、高端节能管件产业化工程、高端电子商务建设工程、环境保护及远程智能控制工程等，从而为节能环保产业园的产业布局、招商引资、资源匹配等确立了工作重点。

2. 产业体系设计体现逻辑关系与内在规律

“重点产业”的规划编制，在不同规划文件中可能的研究视角各有侧重，但是，不论什么风格的经济规划，都要体现一定的逻辑关系，即重点工程要立足资源条件，体现重点发展的产业或技术方向，能够发挥核心优势，能够推动规划对象实现战略意图。如国合院在编制《丹东市“十四五”工业发展规划》时，确立了“落实‘463’产业发展格局，以构建现代工业产业体系为目标，积极推动结构调整‘老字号’‘原字号’‘新字号’三篇大文章，推动汽车及汽车零部件、纺织服装等‘老字号’改造提升，深度开发农产品深加工、原材料等‘原字号’，培育壮大新材料、新能源、新一代信息技术、高端装备制造、海洋产业、满族医药等‘新字号’产业，促进产业融合与集聚、链式发展，打造工业经济的新势力、新空间”。

3. 重点产业选择体现供求关系与总量平衡

从产业分布来看，重点产业是支柱产业，一般符合产业梯度转移理论。落后地区可以根据现有经济条件，充分考虑供求矛盾与总量平衡，选择适合本地区发展阶段的优势工业与服务业。工业化程度高的地区应该选择高加工度、技术型和知识型产业作为重点产业。充分考虑技术发展方向、速度与效益、供求关系等因素予以确定。

从选择顺序来看，技术进步、社会供求等由低级向高级、由简单向复杂过渡；重点产业由劳动密集型向资金密集型、技术密集型过渡；重点产业的劳动对象由采掘工业向原材料工业、再向加工工业过渡；重点产业的科技成果由传统产业向传统产业与科学技术改造传统产业相结合过渡；重点产业的产出由低附加值向高附加值进而向更高附加值过渡与演变。

4. 战略性新兴产业选择的方法

战略性新兴产业是我国各地重点培育的骨干产业。选择“重点产业”的基本方法是：

（1）研究新兴产业的优势和基础支撑条件，包括关键技术、制造成本、资源禀赋、产业体系完整性、土地、人才、市场需求等。从区域角度来看，发展有区域比较优势、产业基础与发展潜力的产业，考虑产业的规模效应以及对相关产业的渗透和带动作用，重点分析新兴产业的竞争环境、技术路线、市场结构、产业链和价值链、产业转移、消费需求趋势，确保新兴产业的方向选择与区域经济发展水平和产业配套条件相适应，在最有基础、最有条件的领域率先突破。同时，通过招商引资，引进大型企业或重点项目，转化为区域的优势产业，形成全新的新兴产业。

（2）明确战略性新兴产业的主要领域和产业链体系。选择和发展战略性新兴产业，需要构建新兴产业之间的互补和衔接产业链。新兴产业的发展，需要通过产业链分工的形式，实现产业协作关系和扩大产业规模。在规划编制过程中，通过研究新兴产业链，制定差异性产业政策，培育发展技术含量高、占地耗能少、产业关联度高的项目，构建技术先进、主导明确、特色鲜明的新兴产业和分工体系，形成独特的优势效应和招商引资效应。

（3）研究产业发展阶段和需求结构变化。研究新兴产业的特质、趋势和规律，结合区域实际，选择适宜发展的新兴产业、集中优势资源重点发展、逐步形成国内外市场的竞争优势。

五、案例研究

（一）潍坊节能环保产业园中长期发展规划的产业价值链模型应用

“重点产业”的规划编制是各类规划研究的重点，该部分规划文稿的撰写，是规划体系构建的重要组成部分。

我们在编写“十五五”规划等“重点产业”规划文稿时，一般要使用研究模型，其中产业价值链研究是经常使用的规划模型。以国合院编制《潍坊节能环保产业园中长期发展规划》为例，我们分析潍坊市产业园的节能装备制造业，使用了产业价值链模型。我们调研发现，节能装备制造产业的主导产业链上游是技术研发，中游是设备制造环节，下游是品牌营销和运营维护环节。产业链上游的研发设计处于价值链高端，附加值高，企业研发能力相对不足，是重点补链和延伸的产业链环节；中游装备制造环节相对成熟，竞争者众多，产品附加值相对较低，应考虑发展特色装备制造，找准细分领域，提升竞争力；产业链下游的品牌营销和运营维护环节需提升，适当增链，这是当前增强与客户和制造商良好关系的重要纽带，对提升产品品牌效应，争取更多稳定的客户，具有重大的促进作用。

进一步研究装备制造业基础，该产业园以福特空调、绿特空调等骨干企业为依托的地源热泵、新型换热装备已经有了一定的产业规模。以国建高创、雷诺特动力设备等骨干企业为依托的大功率节电设备、智能热力计量表、高效汽轮机等节能产品在市场上拥有了一定品牌和客户群。汇科集团等具备了研发、生产、销售、安装、售后服务等业务开发与实施能力，对中小型锅炉、窑炉改造，提升能效等积累了相当多的技术和经验，致力于燃煤链条工业锅炉改造。这些企业和产业为下一步更好的优化产业价值链提供了基础条件。具体分析如图 7-9 所示。

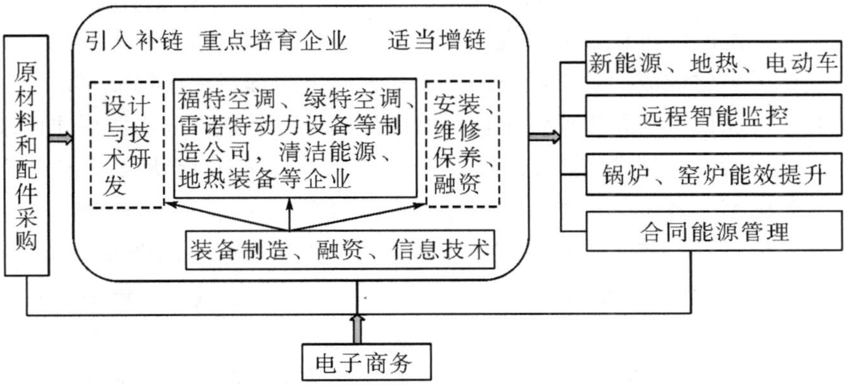

图 7-9 潍坊节能环保产业园节能制造业产业链分析

基于该产业园节能制造业产业链分析，结合国家产业政策、技术方向，以及国家发展改革委、工业和信息化部等产业指导目录，项目组研究确立了该产业园节能装备制造产业链的重点集聚领域是：地源热泵、新型换热装备；节能产品制造；锅炉和窑炉改造成套系统。

在充分考虑规划对象的外部环境、产业基础、资源优势和未来战略等因素的基础上，我们论证了该产业的重点技术方向：大功率节电设备、太阳能光伏发电、储能技术、智能热力计量表、高效汽轮机、多效热泵机组、锅炉和窑炉改造、新型换热装备、余热余压利用、能源智能化管理等节能技术装备。同时，明确了该产业的发展重点：大功率节电设备、智能热力计量表、高效汽轮机、多效热泵机组、储能技术、能源智能化管理等节能技术装备。

（二）东营经济技术开发区总体发展战略的比较优势模型应用

我们受托编制《东营经济技术开发区总体发展战略》，帮助东营经济技术开发区确立产业布局、功能定位和招商方向等。我们在对东营经济技术开发区进行调研座谈的基础上，充分考虑国家“一带一路”倡议、京津冀协同发展战略、山东省新旧动能转换工程及其周边城市产业布局与资源优势，使用比较优势模型，综合分析了东营经济技术开发区自身优势和核心资源，确立了打造“政治中心、经济中心、文化中心、创新中心和国际交流中心”五大功能的城市定位，根据产业基础、资源禀赋、生态环境承载能力和基础设施配套等，选择相对有优势和发展潜力的新材料、先进制造和新一代信息技术等重点产业，作为优先开发、产业招商和持续培育的产业集群，提出了中长期规划目标和行动路线。

（三）佛山市现代产业体系规划的能力匹配模型应用

项目组在分析佛山市产业体系、区位特征、业务优势和市场吸引力之后，认为：佛山市按照城市发展定位，“充分发挥各自特色和优势，实行差异化发展，形成五区产业特色鲜明、协调发展的新格局。禅城区可建设成为现代服务业、高端产业和文化产业的核心区，南海区可建设成为现代制造业基地、金融高新技术服务区和新型核心消费区，顺德区可建设成为总部经济园区、白色家电之都、现代物流基地、生态环保之城，高明区可建设成为新兴产业之城、岭南休闲旅游胜地，三水区可建设成为现代工业之区、生态时尚之城。”同时，确立了“依照产业发展现状及城市组团发展格局，结合落实国家、省主体功能区规划要求，按照产业发展与区域经济、生态环境协调发展思路，构建‘一核、二带、三区、多组团’的空间格局的产业布局”。

其中，“一核”包括禅城区、南海区的桂城以及东平新城，是佛山行政、商务以及城市产业综合性服务中心。“两带”是东部南北产业发展带和环西北西南生态经济发展带。“三区”是总部经济区、西北现代工业科教区和西南新兴产业商贸区。“多组团”是指以工业园区、服务业片区和集聚区等产业集中区为主的企业集聚地。其中，工业园区和重点产业包括高新技术区、禅城开发区、南海开发区、顺德工业园、高明沧江工业园和三水工业园的重点产业。具体如表 7-2 所示。

表 7-2 佛山市工业园区和重点产业

序号	园区	重点产业
1	佛山国家高新技术产业开发区	光机电一体化、电子信息、新材料、光电产业、汽车电子、精密制造、生物制药
2	广东佛山禅城经济开发区	光机电一体化、汽车配套、精密制造、新材料、金属加工、陶瓷装备、家用电器
3	广东佛山南海经济开发区	新型平板显示、软件、家用电器、新光源、生物医药、汽车配件、有色金属加工、风电装备
4	广东佛山南海工业园区	环保设备、新型环保材料、汽车配件、电子电器、新材料、精密机械
5	广东佛山顺德工业园区	汽车零部件、精细化工、电子通讯设备、家用电器、太阳能光伏、新型平板显示、专用机械
6	广东佛山高明沧江工业园区	新材料、环保产业、纺织服装、食品饮料、电子电器、金属材料加工、石油化工
7	广东佛山三水工业园区	电子电器、医疗器械、汽车零部件、饮料、太阳能光伏、机械制造、精细化工、纺织

第八章

“十五五”空间规划

一、编制依据

（一）研究要素

空间规划是根据主体功能区规划总体发展规划、经济规划目标和土地利用总体规划等规划定位与产业链集聚区域等基本研究和前期设计而编制的。

空间规划主要有城市空间规划、经济规划的空间布局规划、控制性详细规划的空间分布等不同的规划类别和具体内容。如中关村翠湖科技园紧邻位于海淀区北部的翠湖湿地公园。按照规划，中关村翠湖科技园是海淀北部地区规划的三个主要功能组团之一，是核心区未来十年发展的钻石级宝地。中关村翠湖科技园的范围为东临上庄西路，西邻六环路，南至京密引水渠，北至翠湖南路，覆盖了原环保园和创新园两个区域。该园区以“智慧翠湖、生态翠湖、人文翠湖”为整体规划建设理念。具体如图 8-1所示。

图 8-1 北京中关村翠湖科技园空间模拟示意图

（二）理论基础

空间规划与总体设计是“十五五”规划的重要内容。空间结构理论是一定区域范围内社会经济各组成部分及其组合类型的空间相互作用和空间位置关系，以及反映这种关系的空间集聚规模和集聚程度的学说。

无论是单一建筑设计、群体设计、城市设计、城市规划，还是区域发展规划，都离不开空间设计与空间布局。一般来说，空间分为一维空间、二维空间、三维空间和四维空间，空间的特性有限定性、通透性、参与性、动线性和序列性。

空间组合的内部结构有线性组合、中心式组合和网格式组合。空间组合的外部结构有收敛的空间、扩散的空间。

空间规划的理论依据，包括空间结构要素理论、空间结构尺度理论、空间结构演化理论、空间结构协调理论等。

空间规划主要研究社会经济各发展阶段的空间结构特征，合理集聚与最佳规模，区域经济增长与平衡发展间的倒“U”形关系，位置级差地租与以城市为中心的土地利用空间结构，城镇居民体系的空间形态，社会经济客体在空间中的相互作用，“点—轴”渐进式扩散与“点—轴系统”等。

二、编制内容

（一）基本概念

空间规划主要针对特定的总体规划、土地利用规划或城市空间规划目标，对特定的研究对象或特定区位、重点产业等进行合理的空间布局和功能定位，进而实现总体规划或专项规划重点集聚区的位置界定和详细的描述。

（二）主要内容

空间规划主要研究根据上位规划和本层级规划目标与重点产业，确立空间结构与位置分布，使其与主体功能规划、土地利用总体规划相衔接。如《全国主体功能区规划》明确规定：“优化（全国）空间结构。减少工矿建设空间和农村生活空间，适当扩大服务业、交通、城市居住、公共设施空间，扩大绿色生态空间。控制城市蔓延扩张、工业遍地开花和开发区过度分散。”

《全国主体功能区规划》将我国国土空间分为以下主体功能区：“按开发方式，分为优化开发区域、重点开发区域、限制开发区域和禁止开发区域；按开发内容，分为城市化地区、农产品主产区和重点生态功能区；按层级，分为国家和省级两个层面。”具体参见图 8-2。

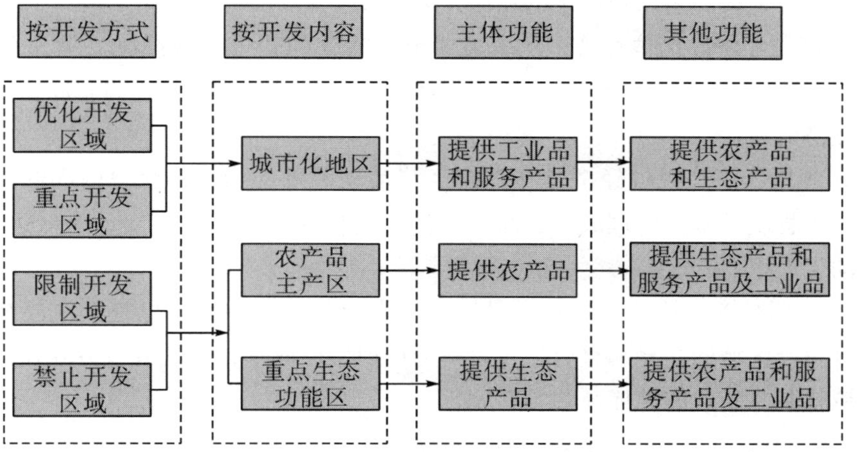

图 8-2 全国主体功能区分类及功能

三、分析模型

（一）增长极理论模型

1. 模型解读

增长极理论认为：一个国家或地区的平衡发展只是一种理想状态，在现实中是不可能的。经济增长通常从一个或数个增长中心（增长极）逐渐向其他部门或地区传导。因此，应该选择特定的地理空间作为增长极，以带动经济发展。

狭义经济增长极有三种类型：一是产业增长极，二是城市增长极，三是潜在的经济增长极。

广义经济增长极指促进经济增长的积极因素和生长点，包括制度创新点、对外开放度、消费热点等。

增长极理论的基本观点包括：

（1）其地理空间表现为一定规模的城市；

（2）存在推进性的主导工业部门和不断扩大的工业综合体；

（3）有扩散和回流效应。

增长极体系有三个层面：先导产业增长；产业综合体与增长；增长极的增长与国民经济的增长。

增长极理论认为，经济增长是由点到面、由局部到整体依次递进的有机联系的系统。其物质载体或表现形式包括各类别城镇、产业、部门、新工业园区、经济协作区等。

增长极对地区经济增长产生的作用，表现在：

（1）区位经济。区位经济是从事某项经济活动的若干企业或联系紧密的多项经济活动集中于同一区位而产生的。区位经济的实质是通过地理位置的靠近和集聚，获得综合经济效益。

（2）规模经济。规模经济是指随着经济活动范围的增大，获得内部的节约。可以提高分工程度、降低管理成本、减少分摊广告费和非生产性支出，降低边际成本，提高劳动生产率。

（3）外部经济。外部经济效果是增长极形成的重要原因，也是其重要结果。经济活动在特定区域的集聚和整合，可以降低厂商生产成本，降低某些劳务开支，增加特定区域或某些企业的整体收益。

增长极理论的优点：一是客观描述经济发展情况，二是促进企业创新和技术研发，三是有利于政府引导与产业集聚的实践操作。

增长极理论的主要缺陷：

（1）增长极的极化作用。增长极主导性产业和推动性工业能够引导劳动力、资金、技术等要素转移和集聚到核心地区，削弱了集聚区周边的发展机会，拉大了核心地区与周围地区的经济差距。

（2）扩散阶段前的极化阶段过于漫长。增长极通常会扩大地区之间的差异。在增长极作用的过程中，如果不加强干预，回流效应（极化效应）总是大于扩散效应。增长极的扩散效应、扩散阶段前的极化阶段需要较长的时间。在这个阶段，经济落后地区的地方政府、主要企业和当地居民可能要忍受贫困、财政紧张、政治波动等不确定因素的困扰。如果短期内实现不了显著的业绩，地方政府有可能丧失主动实施增长极政策与推动产业园建设的积极性和规划实施的热情。

（3）就业带动效应不明显。推动性产业多数是跟主导性产业紧密配合的新兴产业，技术含量高，一般以现代工业为目标，技术装备和管理方法先进，用工较少，就业带动效果不明显，并且专业人员有可能是来自外地的引进人才。

（4）投资难度加大。增长极多数依托产业园或新建设的城镇，多数企业不在建成区，交通条件差，生活服务设施不健全，投资者投资意愿不高。

（5）外力驱动发展。增长极理论是政府推动的区域发展政策，主要依靠外来资本、本地自然资源禀赋等，容易造成脆弱的地方经济结构。如何实现增长极与本地资源和经济的融合，实现与资本、技术的嫁接，需要认真研究和科学设计。

2. 模型应用

增长极理论被广泛应用于经济规划和空间布局研究中。如某市“十五五”发展规划提出“集聚一批高端创新资源。深化国际创新合作，积极吸引国外大型企业、国际知名实验室设立研发机构，发展区域性和国际研发总部”的产业发展模式，通过将资源整合到相对集中的特色产业园和国际研发总部，通过增长极的集聚、辐射与带动作用，实现本地区经济与社会的高质量发展。

（二）三维城市模型（3 DCM）

1. 模型解读

三维城市模型（3 DCM）是对城市发展三维的逼真描述，它有虚拟现实（VR）表现的真实感，同时有部分空间数据库管理、分析、应用等功能，可以与其他社会经济信息等互联互通。

2. 模型应用

国内外对 3 DCM 的研究集中在空间数据的获取、数据建模、数据管理、三维可视化表现和空间分析等领域。三维技术研究主要集中在城市规划管理方面，即如何利用三维平台系统或虚拟现实技术进行规划编制与管理。该模型的实践应用，一定程度上填补了示意性规划的缺陷，最大限度地实现了有关规划的可操作性。

（三）系统工程理论

1. 模型解读

系统工程是从总体出发，合理规划、开发、运行、管理及保障一个大规模复杂系统所需思想、理论、方法与技术的总称。系统工程理论主要是指遵循系统工程理论和方法，统筹谋划城市、园区、企业等宏观环境、总体思路，确立未来发展的规划目标、主要任务、重大工程与实现路径等，确保目标、资源、激励与路径等相协调。

2. 模型应用

我们编制五年规划与战略研究时，可以使用系统工程理论，充分考虑产业基础、政策依据、资源供给、任务落地以及产业招商等可能性，推动相关目标、路径、资源与机制的融合。如国合院在编制《“十四五”时期石家庄市加快城市经济发展路径研究》时提出：城市经济是以城市为载体和发展空间，工业、商业、服务业等非农经济部门协同发展，产业、资本、劳动力、技术、信息等生产要素高度集聚，经济结构持续优化，规模效应显著，对外辐射效应突出的区域经济。城市经济是区域经济发展的核心动力和增长极。我们据此确立了打造“依山拥河、三区六城”的城市生态宜居空间布局，加快建设山、水、林、田相得益彰的魅力宜居示范城市。“依山拥河”：以太行山和滹沱河为核心组织都市区水系景观网络，凸显山水田园城市的特色景观风貌。“三区”：依托老城区、北岸城区与东部产业区，打造石家庄未来城市功能聚集的核心空间。“六城”：藁城、栾城、窦妪、鹿泉、山前、空港六个独立卫星新城。

四、编制规范

（一）基本规范

1. 按照特定规划要求进行空间布局

各种空间规划和空间布局是在系统调研分析的基础上，采用专业的空间规划工具或模型，对特定产业、特定产业园区、单个建筑等的空间定位或者详细规划，确立特定功能分布和土地利用等要素，分解和落实经济发展规划和重大项目，实现预期的发展目标。据此根据不同规划规范和格式要求，进行空间规划和功能布局等。

2. 注重与总体规划等衔接

控制性详细规划是规划部门做出行政许可和实施有效管理的重要依据。控制性详细规划修改，通常因上位规划、专项规划、城市设计、修改规定或建设项目等时空情形发生重要变化，确需对已经过法定程序批准的控制性详细规划的强制性条文和强制性内容进行修改。

空间规划需要按照一定的编制规则和主体功能区规划要以及总体经济布局要求等予以编制，必须研究总体规划，包括总体土地利用规划、国家或地方政府中长期经济规划、特定产业园规划等。系统研究上述规划对于空间布局的要求和项目需要，结合管制性文件，进行土地开发的类型设计与具体空间、区位的设计等。如有必要，利用空间规划工具或专门的画图技术，进行特定空间规划的三维图形展示。

（二）编制要领

1. 空间规划要根据规划目标组织编制

空间规划需要实现特定的设计目标和编制效果，且能达到上位规划或者本规划的主要目标，这是编制空间规划应遵循的主要理念。

2. 空间规划要利用大数据和画图工具

空间规划需要依托现代规划编制工具和大数据、云应用等信息化平台，需要创新规划技术和编制标准，达到高效率、低成本、可视性强等效果。

3. 空间规划要与相关规划衔接

空间规划遵循上位发展规划，并与主体功能区规划、总体经济发展规划、土地利用规划等相衔接，遵循国家规划规定和编制流程等，有序组织编制，注重做好各类规划之间的紧密衔接。

五、案例研究

（一）全国主体功能区规划的增长极理论应用

《全国主体功能区规划》指出：“国家优化开发区域的功能定位是：提升国家竞争力的重要区域，带动全国经济社会发展的龙头，全国重要的创新区域，我国在更高层次上参与国际分工及有全球影响力的经济区，全国重要的人口和经济密集区。”该指导思想符合增长极理论的核心观点。

《全国主体功能区规划》基于不同区域的资源环境承载能力、现有开发强度和未来发展潜力，以适宜进行大规模高强度工业化城镇化开发为基准划分了优化开发区、重点开发区、限制开发区和机制开发区四类。具体规划条文如下：

优化开发区域是经济比较发达、人口比较密集、开发强度较高、资源环境问题更加突出，从而应该优化进行工业化城镇化开发的城市化地区。

重点开发区域是有一定经济基础、资源环境承载能力较强、发展潜力较大、集聚人口和经济的条件较好，从而应该重点进行工业化城镇化开发的城市化地区。优化开发和重点开发区域都属于城市化地区，开发内容总体上相同，开发强度和开发方式有所不同。

限制开发区域分为两类：一类是农产品主产区，即耕地较多、农业发展条件较好，尽管也适宜工业化城镇化开发，但从保障国家农产品安全以及中华民族永续发展的需要出发，必须把增强农业综合生产能力作为发展的首要任务，从而应该限制进行大规模高强度工业化城镇化开发的地区；一类是重点生态功能区，即生态系统脆弱或生态功能重要，资源环境承载能力较弱，不具备大规模高强度工业化城镇化开发的条件，必须把增强生态产品生产能力作为首要任务，从而应该限制进行大规模高强度工业化城镇化开发的地区。

禁止开发区域是依法设立的各级各类自然文化资源保护区域，以及其他禁止进行工业化城镇化开发、需要特殊保护的重点生态功能区。

（二）潍坊节能环保产业园中长期发展规划的空间布局

潍坊节能环保产业园是潍坊市重点打造的专业园区，是潍坊市节能环保产业、技术和重点企业集聚的主要经济区域，其中核心集聚区位于潍坊市。为高效、前瞻策划与开发潍坊节能环保产业园，2014—2015 年，潍坊市委托国家发展改革委国际合作中心研究团队以吴维海博士为组长，进行了当地经济与产业园的国家政策、产业基础等研究，组织编制了产业园发展规划。其中，对产业园的空间布局、特定产业、重点项目和龙头企业等，进行了初步设计与规划，推动了该产业园产业集聚和经济协调发展。

规划编制团队研究分析了潍坊市的资源条件，对当地太阳能、风能和地热能等生态资源的空间布局进行了描述。

规划编制团队结合山东省主体功能区规划、潍坊市五年规划、土地利用总体规划等总体要求和功能定位，立足当地资源与产业基础，对节能环保产业园的经济布局和主导产业进行了空间布局、功能设计和产业定位，明确了未来10年规划目标与发展路径，提出了“分期开发，辐射带动”的发展思路，即：以现有省级经济开发区、乐埠山生态园等为核心区，以产业园未开发土地为近三年主要的产业提升区；以产业园周边区域为未来拓展的重要区域；以潍坊市全辖为主要辐射区，以山东省和全国重点市场为次级辐射区，分层次、分阶段进行产业园的产业集聚、辐射带动、跨区融合、协同发展。

（三）丹东“十四五” 工业发展规划的空间布局

国合院编制的《丹东市“十四五”工业发展规划》，使用了增长极理论模型，确立了丹东市工业空间布局：“依托重点产业园区，打造产业转型升级、海洋经济、先进制造三大示范区，推进园区之间产业体系协同，行业技术共建共享，持续打造新旧动能转换实施载体。”

（四）控制性详细规划的3 DCM模型应用

利用3 DCM技术模型，进行前期调研，详细确定规划用地范围内的各类用地界线和适用范围，研究建筑高度、建筑密度、容积率等控制指标，规定各类用地内的适建、不适建、有条件可建的建筑类型、交通出入口方位、建筑后退红线距离等。

3 DCM技术在现状调查与资料收集阶段的应用，可减少现状调查的工作量和难度，以真实的三维地理坐标构建城市三维景观，融合数字摄影测量、地形和建筑物纹理等，减少实地调查的成本，可以非现场地分析不便进入的区域。

3 DCM技术研究和分析城市基础地理数据、土地分布、人口及经济等重点数据，建立各种规划专题图，提供现状与规划数据表，为分析用地总体现状和具体景观等提供基本的依据。

利用3 DCM的角度、距离、面积和体积的测量功能，精确计算用地面积、密度、建筑高度；叠加各类规划控制线，计算间距和退让距离等。通过视点分析、多视点（顶、左、右等）分屏图、透视图分析等，实现交互式的指标调整和效果表达，对满意的方案输出相关的表格（如各类平衡表等），提供给规划委托单位审核并组织实施。

利用3 DCM技术进行土地填挖方数量计算、地下管线查询统计与分析等专项规划编制指标的计算和效果体现。利用3 DCM技术，在建筑形式、色彩研究、建筑风格等方面，为控制性详细规划编制提供定性分析的辅助服务。采用3 DCM技术，展示规划方案建成效果。通过对不同方案的比选，有利于公众参与与直观理解。

利用3 DCM数据，选用面片结构进行空间数据的组织；研究和解决虚拟城市、海量空间三维数据的动态载入、显示效率等技术性问题。研究和解决存储场景空间数据、模型实体空间数据等能力，探索与构建空间实体对象与各类属性数据的关联及存储，实现数据空间统计、汇总和分析等功能。研究和规范空间数据采集、质量检查、建库、可视化、共享交换和符号库等技术标准和操作规范。

第九章

“十五五”规划重点工程

一、编制依据

（一）基本要素

“十五五”规划涉及的“重点工程”部分的规划报告文稿，主要包括重点工程、重点任务、重大项目、工程专栏等。不同规划的规范格式不一样，规划编制与研究中大多使用“重点任务”描述重点工程或重点工作方向。

重点任务就是对特定组织预计达成的目标设定限制。“重点任务”描述在有些规划报告文本中不会出现。

重点任务或重点工程处于规划地图的“业务发展战略”层级，主要是确定特定行业、大型事业部或主要业务单元的重点项目、重点工程、主要任务等。具体如图 9-1所示。

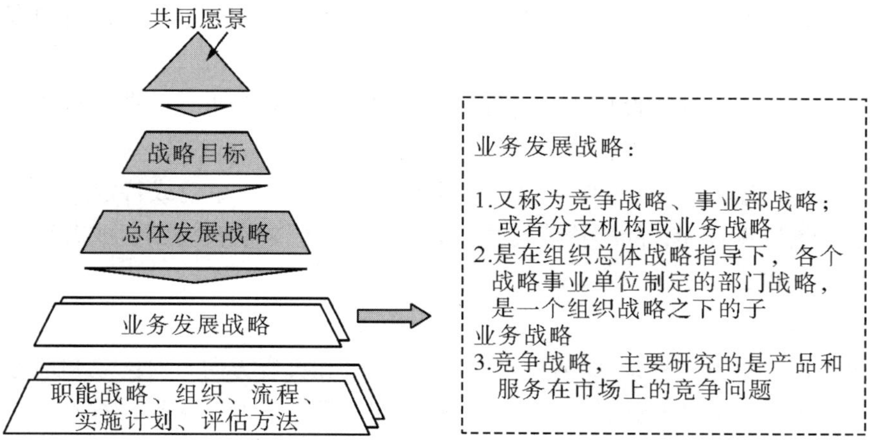

图 9-1 业务发展战略

根据图 9-1 所述，“业务发展战略”基本研究和确定了特定政府或一个组织如产业园管委会负责的重点行业中的重点工程、主要任务、竞争战略等。

编制本部分的规划文稿时，需要研究特定对象的开发环境、产业基础、优先发展排序、规划目标、基础配套要求，以及现有产业环境和企业发展的业务基础等。

（二）理论基础

1. 不平衡增长理论

我国资源相对稀缺，全面投资和发展所有部门不可能，地方政府或产业园只能把有限的资源有选择地投入某些行业，使有限资源最大限度地促进经济增长。

2. 主导部门理论

经济成长各阶段存在起主导作用的产业部门，主导部门通过回顾、前瞻、旁侧三重影响带动其他部门的发展。如潍坊市节能环保产业园区中长期开发建设规划确立了大洋泊车、节能制造业等主导产业，并以此带动产业链完善和产业配套等。

3. 立体层级理论

伴随着新技术、大数据等的创新，地方政府逐渐形成“新兴产业”理念，包括自然资源产业、环境产业、高技术产业等。这些产业是未来各地产业发展与集聚的重要产业。

二、编制内容

（一）基本概念

1. 基本要素

重点建设工程是国民经济和社会发展的重大基础设施和骨干工程，对国家和地方经济有启动、辐射和导向作用。

重点建设工程根据建设程序和工程实际情况，分别列为重点前期项目、重点预备项目、重点建设项目和重点扫尾项目等。

“十五五”规划或产业园发展规划的重点工程指对于本单位或特定区域经济发展较为重要，投资额较大，战略价值较高，有较大产业影响、投资回报或者社会效益的重点项目与工程。

2. 筛选原则

一般来说，重点工程是那些符合国家产业政策和投资方向，对国家和地方经济与社会发展有重要影响的基础设施和骨干工程；能够带动行业上水平，有益于产业结构调整的重大项目；科技含量高，技术难度大，给地方经济和企业带来明显收益的重大项目；与人民群众生活紧密关联，影响重大的大型项目；国家或地方政府有特殊要求的重点项目等。

研究政府重点任务的原则一般包括重要性原则、竞争性原则和可行性原则。重点任务的确立是地区、产业园等经济发展与社会进步的关键工作，可采用文献调查、实地调查、定性与定量相结合等方法，组织基础性研究，进行综合编制与任务确定。

（二）主要内容

“重点工程”是各类经济规划报告的核心内容，也是规划编制部门需要花费大量时间和精力研究的重要课题。根据不同的规划规范格式和具体要求，它可以“重点工程”“重点项目”“重点任务”“发展重点”等方式进行描述。

五年规划纲要的规划内容和重点工程一般涉及工业体系、乡村振兴、现代服务业、消费市场、城镇化、生态文明、科教人才、文化建设、改革开放、科技研发、国防建设等方面。各省（市、县）编制五年规划纲要和重点工程涉及国防的内容较少。如我们编制《德州市庆云县乡村振兴战略规划》确定了七大重点任务，包括但不限于：塑造产业振兴新样板、夯实人才振兴新平台、共建文化振兴新高地、构筑生态振兴新屏障、健全组织振兴新体系、共筑有效衔接新机制、共筑乡村振兴新田园、创建城乡融合新示范等。

三、分析模型

（一）组织大战略矩阵（GSM）

1. 模型解读

大战略矩阵模型由市场增长率和组织竞争地位两个坐标组成。在市场增长率和组织竞争地位不同的组合情况下，指导城市或组织进行战略选择的指导性模型，是由小汤普森（A. A. Thompson Jr.）和斯特里克兰（A. J. Strickland）根据波士顿矩阵修改而成的。

大战略矩阵（Grand Strategy Matrix，GSM）是常用的制定备选战略工具。其优点是将各种组织的战略地位放在大战略矩阵的四个战略象限中，加以分析和选择。一个组织的各部分也可按此分析和定位。

大战略矩阵基于两个评价数值：横轴代表竞争地位强弱，纵轴代表市场增长程度。处于同一象限的组织可以采取很多战略。图 9-2 列举了适用于不同象限的多种战略选择，其中各战略按照其相对吸引力的大小，分列到各象限中。

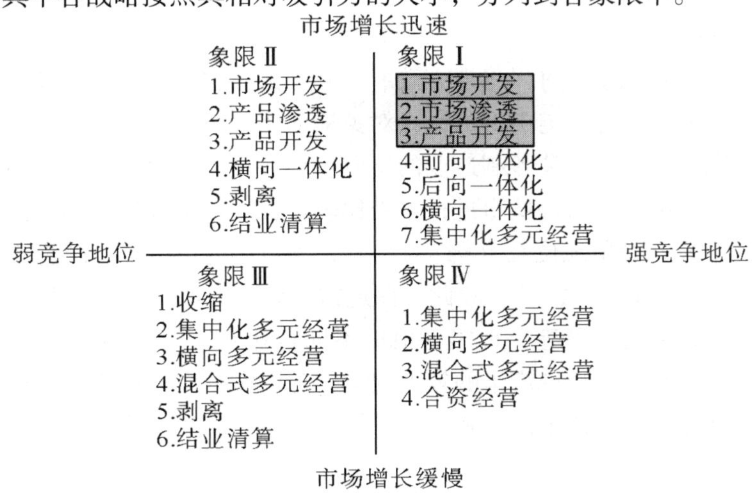

图 9-2 大战略矩阵模型

在大矩阵战略模型中，处在第一象限的特定组织或产业园等有很好的成长性，可以继续开拓当前产业和市场。当第一象限的经济组织有多余资金时，可以做前向一体化、后向一体化、横向一体化等产业链延伸；当第一象限的经济组织产品较为单一时，可以采取集中多元化战略。处在第二象限时，需要评估现有竞争模式，采取适合的战略选择，如产品渗透、剥离等。处于第三象限的经济组织，处于产业发展缓慢和竞争力不足的状态，对于亏损、无发展前景的产业，应适当予以清理和收割，将收回的资源等投入新的产业和业务。处在第四象限的产业增长慢，竞争地位较高，可在发展较好的产业或领域发展多元化经营。

在分析和确立规划定位时，可以考虑根据规划目标和资源差异性，分别采取稳定型战略、增长型战略、紧缩型战略、混合型战略等不同的竞争战略。具体如表 9-1 所示。

表 9-1　组织的不同竞争战略

战略类型	描述	使用条件
稳定型战略	稳定型战略指在内外环境的约束下，一个组织准备在战略规划期使组织的资源分配和经营状况保持在目前状态和水平的战略	增长缓慢的行业或产业
增长型战略	增长型战略指在内外环境的约束下，一个组织准备在战略规划期使组织的资源分配和经营状况实现快速增长的战略	集中型战略 多元化战略 一体化战略 进攻防守型战略
紧缩型战略	紧缩型战略指一个组织从目前的战略经营领域和基础水平收缩和撤退，且偏离起点战略较大的经营战略	经济危机期间
混合型战略	采用稳定、增长和紧缩战略中的两种以上的战略组合，这是严格意义上的混合型战略	智慧城市、现代服务业等

2. 模型应用

使用大战略矩阵模型，可以将地方政府、开发区等主要行业或主导产业的竞争地位、市场增长速度等指标，与类似的研究对象横向比较，进而确定特定行业或产业发展策略。如研究保定市高端装备制造业的产业规划和重点工程，可以使用大战略矩阵模型，与周边的唐山、廊坊等城市进行多维比较。我们初步分析发现，保定市装备制造业｛（市场增长，竞争地位），（强，弱）｝，而对比的唐山装备制造业｛（市场增长，竞争地位），（一般，强）｝，故此，保定市可以采取如策略是产品渗透、市场开发、横向一体化、剥离，等等。具体可根据不同行业和重点区域分别研究和予以确定。保定市汽车产业链有长城汽车的较大规模，可以实行汽车产业的集中多元化和横向多元化，可延伸到高端汽车部件和电控系统、新能源汽车电池等重点项目上。

（二）麦肯锡三层面模型

1. 模型解读

麦肯锡资深顾问梅尔达德·巴格海（Mehrdad Baghai）、斯蒂芬·科利（Stephen Coley）与戴维·怀特（David White）通过对40个处于高速增长的机构进行研究，在《增长炼金术：持续增长之秘诀》一书中提出，所有保持不断增长的组织的共同特点是保持三个层面业务的平衡发展：第一层面是拓展和守卫核心业务，第二层面是建立新兴业务，第三层面是创造有生命力的候选业务。

城市或组织积极拓展新业务，推动产业升级，实施产业、业务组合与分层开发，需要进行科学规划与产业招商。一旦出现减退势头就可以新替旧。这就是著名的三层面增长理论。

三层面增长理论认为，健康的经济组织增长要综合平衡管理三个层面的业务：第一层面是守卫和拓展核心业务，第二层面是建立即将涌现增长动力的业务，第三层面是创造有生命力的未来业务。具体如图9-3所示。

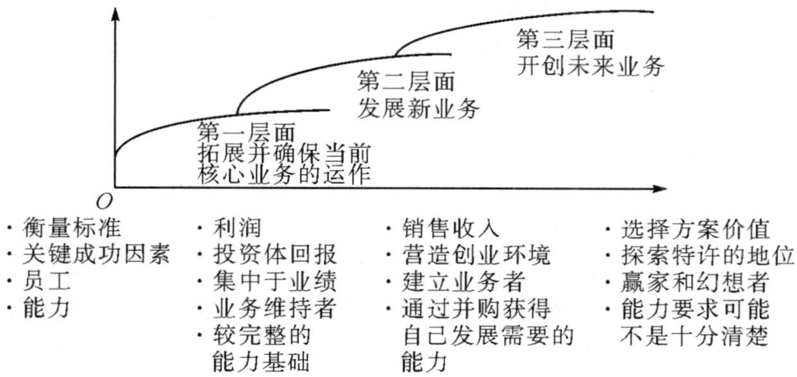

图9-3 麦肯锡三层面模型

2. 模型应用

使用麦肯锡三层面模型，可对地方政府、城市、产业园等重点产业和重点工程进行分层组合和有序开发，确保经济发展质量和效率。如国合院编制的《东营经济技术开发区总体发展战略》确立了东营经济技术开发区城市功能、产业布局、业务组合和三层次发展战略等，为该开发区产业优化、土地盘活、资源分配、产业聚集等提供了行动路线图。

四、编制规范

（一）基本规范

1. “重点工程”的规划编写应该语言简练

重点工程、主要任务、发展策略等是本部分的规划撰写重点。从“十五五”规划文稿风格来看，这部分内容应该语言简练朴实，杜绝夸张性、模糊性的语言描述。本部分规划报告文稿重点阐述主要工程内涵、时间、实施者、技术路径、投资额或预期效果等，展示的方法有多种，如专栏等，但是，规划描述语言应简洁、实用。

2. “重点工程”的规划内容应该突出重点产业

重点工程、主要任务、发展策略等将规划目标和产业布局具体化、详细化，因此，所确定的相关工程、重点任务需要对应规划的“重点产业”“重点行业”，并且要体现规划发展路径或实施项目、工作安排等，应该相互呼应。重点项目的确立要有理有据，而不是与规划目标和产业无关。

（二）编制要领

1. 重点工程应该有先进性和代表性

“十五五”规划编制“重点工程”“重点任务”时，要依据拟确定工程、任务的重要性、相关性、规模和影响力，以及实施单位的重要性、能力与资源等确定，尽可能描述重点工程的目标、技术、路径、实施单位、投资额、需要的资源和预期的效果，以及对于特定产业和领域的影响等。重点工程应该具有有代表性、一定的经济价值和社会效益等。

2. 重点工程编写过程中应反复论证和研讨

规划调研和编写一般要经过调研、撰写、论证、评审、修改等多个环节，有多个领域专家和主要决策者等参与，有政府主管和行业权威审核与反馈。要多次与被规划单位及相关部门沟通交流，论证工程名称和规划内容，探索规划实施的可能性和重点工程的合规性、先进性等。该工作贯穿规划前期调研、规划编制、观点沟通、规划评审、文稿修改、规划定稿等全过程，需要反复交流、多方面论证和组织修改，并与先进单位已有规划、编制经验和本单位已有规划等比较和衔接，确保规划质量和规划内容达到预期的要求。

五、案例研究

（一）《新疆生产建设兵团一师阿拉尔市新型工业化发展规划》的大战略矩阵模型应用

2023年，国合院受托评估并修订《新疆生产建设兵团一师阿拉尔市新型工业化发展规划》，对于重点产业与主要任务的修订与规划编制，符合大战略矩阵模型的一般规律，可以运用该分析模型。

新疆生产建设兵团一师阿拉尔市新型工业化发展规划设计的重点产业定位及调整，可以从竞争地位和增长速度两个维度进行分析与定位，如：纺织服装产业 {（竞争地位，增长速度），（中，强）}，可以据此采用市场开发、市场渗透、横向一体化、后向一体化等发展战略，并据此确立重点工程和主要任务。

（二）台湖镇“十三五”规划的麦肯锡三层面模型应用

2015—2016年，由吴维海博士牵头，国家发展改革委国际合作中心受托编制《北京市通州区台湖镇“十三五”规划》，该规划从全局和战略高度研究台湖镇重点工程、重大项目开发的意义，系统分析了起点相同、条件相近的周边地区产业布局、发展模式和竞争地位，通过对北京市通州区不同产业和重点工程的分层级设计，推动该地区经济发展。该规划运用了麦肯锡三层面模型。

通过分析区域、产业竞争地位和增长速度等要素，我们确立了台湖镇“十三五”规划定位，把重点工程作为战略转型的抓手，确立了“文艺原创小镇”的战略定位，实施了创新拓展文化创意产业，集聚发展先进制造业，培育发展文化旅游业，探索发展高端服务业等发展思路和产业层级。

第十章

精准产业招商系统规划

一、编制依据

（一）基本要素

1. 招商引资的内涵

招商引资指政府利用可支配的资源进行政策引导、舆论宣传，做好基础设施建设，创造最佳投资环境，吸引投资者到本地进行生产经营活动。

2. 招商引资的特征

一是政策性强；二是有一定的组织性与引导性；三是具有选择性与激励性；四是政府推动，市场化运作；五是需要较好的沟通与项目策划等能力。

（二）理论基础

招商引资业务的主要理论包括系统工程理论、比较优势理论、产业转移理论、产业价值链理论、资源稀缺性理论等。

二、编制内容

（一）基本概念

1. 基本要素

招商引资的要素包括市场、成本、人才、服务、政策等。

2. 主要策略

招商引资的策略包括政策招商、亲情招商、众筹招商、链条招商、渠道招商、网络招商等。

三、建设模型

（一）系统架构

（1）系统工程理论。系统工程理论是从总体出发，合理规划、开发、运行、管理及保障一个大规模复杂系统所需思想、理论、方法与技术的总称。

（2）比较优势理论。比较优势理论认为，国际贸易的基础是生产技术的相对差别而非绝对差别，以及由此产生的相对成本的差别。

一个地方招商引资成功的理论依据之一是不同地区产业招引的政策、交通、产业基础、配套条件、人才或技术等具有差别和竞争力。

（二）主要功能

一是高效率引进资金或重点项目，二是有秩序落实产业集聚规划，三是高水平引进人才或技术，四是政策引导与市场化运作结合，五是形成有别于其他地区的竞争优势。

四、案例研究

（一）国合产业招商大数据系统的精准招商图谱

目前，世界百年未有之变局加速演变，世界经济整体低迷，美国遏制中国战略愈演愈烈，全球产业链、供应链安全与稳定面临严峻挑战。国内，地方招商人员投入大、结构参差不齐，招商对象不精准、效率低，信息不对称、开支过大等现象为地方招商工作带来了沉重负担。

为破解地方招商面临的“痛点”“堵点”，国合华夏城市规划研究院联合多家部委单位、科研院所、中央企业、高校及网络信息技术领域专家共同开发的“全链全周期产业招商大数据平台”（简称“平台”）正式发布，该平台从多个维度全面展示产业链各环节企业发展情况与不同产业区域分布、人才结构、产业健康指数等信息数据，全面全景呈现地方招商部门及领导期望关注的焦点指标。

平台架构见图 10-1。

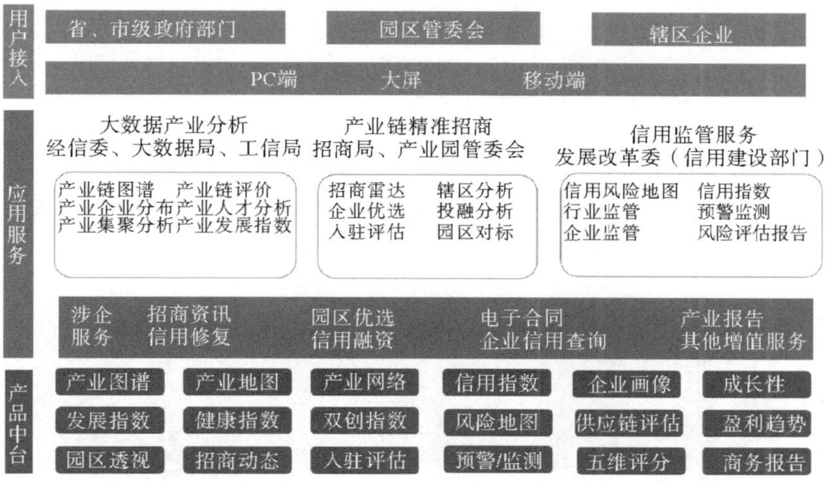

图 10-1　平台架构

构建产业人才全景画像，提供人才查找、高端人才分布、区域间人才对比等功能，为人才招引提供决策参考。

利用地理聚类展示产业链在全国范围的集群分布情况，帮助分析区域产业定位，了解产业空间布局。

通过对区域内产业经济运行情况进行监测，做到区域经济运行状况及时预警，为地方政府相关部门、产业园区等提供不同区域多维度指标分析及数据支撑。

针对政府、园区、企业等在产业规划、经济治理、产业招商等场景中的问题“痛点”，提供产业咨询、产业分析、精准招商等产品服务，建立对全国产业链分析、产业资源挖掘的信息平台，为客户摸清家底、前瞻性战略布局、精准招商提供客观的数据支撑和工具抓手。招商引资产品可以实行模块化设计，根据不同客户需求，按需组合，支持灵活部署和交付标准产品+定制产品，以标准产品为主（SaaS 交付）。

第十一章

智慧城市规划

一、编制依据

（一）基本要素

1. 智慧城市的内涵

智慧城市是运用物联网、云计算、大数据、空间地理信息集成等新一代信息集成技术，促进城市规划、建设、管理和服务智慧化的新理论和新模式。2010 年，IBM 正式提出了“智慧的城市”愿景，它在中国到广泛的应用和创新发展。

2. 智慧城市的特征

智慧城市（Smart City）是以发展更科学、管理更高效、生活更美好为目标，以信息技术和通信技术为支撑，通过透明、充分的信息获取，广泛、安全的信息传递和有效、科学的信息处理，提高城市运行效率，改善公共服务水平，形成低碳城市生态圈而构建的新形态城市。

智慧城市的主要特征包括但不限于：政策引领、全面物联、充分整合、激励创新、协同运作。

（二）理论基础

智慧城市建设理论主要包括系统工程理论、可持续发展理论、资源稀缺性理论等。

二、编制内容

（一）基本概念

1. 基本要素

有两种驱动力推动智慧城市的升级与创新：一是以物联网、云计算、移动互联网为代表的新一代信息技术，二是知识社会环境下逐步孕育的开放的城市创新生态。随着信息技术的不断发展，城市信息化应用水平不断提升，智慧城市建设应运而生。智慧城市建设的要素包括规划、政策、市场、成本、人才、服务、资金等。

2. 主要内容

智慧城市建设的模式包括一是政府直营，政府是所属公司直接运营管理者；二是官办民营，政府委托第三方建设运营；三是官民合办，政府和运营商共同出资，共同拥有，运营商负责运营；四是官管民营，即政府指导，运营商负责投资、建设、运营；五是民办民营，运营商独立负责项目的投资、建设、维护和运营；六是BOT模式，即政府牵头，通过市场化的方式吸引企业投资建设，并在一段时间内行使经营权，到期再由政府收回管理经营；七是联合建设运营，即多家企业联合进行智慧城市的投资、建设、维护和运营等。

三、建设模型

（一）系统架构

（1）系统工程理论。系统工程理论是从总体出发，合理规划、开发、运行、管理及保障一个大规模复杂系统所需思想、理论、方法与技术的总称。

（2）可持续发展理论。可持续发展理论指既满足当代人的需要，又不对后代人满足其需要的能力构成危害的发展，以公平性、持续性、共同性为三大基本原则。可持续发展理论的最终目的是达到共同、协调、公平、高效、多维的发展。

（二）主要功能

智慧城市采用的技术包括物联网技术、云计算技术、人工智能技术、元宇宙技术，等。

（三）建设路径

智慧城市是以智慧的理念规划城市、以智慧的方式建设城市、以智慧的手段管理城市、用智慧的方式发展城市，智慧城市的核心是城市发展模式的转型。具体包括政府服务模式转型、经济发展方式转型与居民生活方式转型。

建设原则：统筹规划，注重系统工程；推进工业化和信息化的深度融合；强调优化配置，构建两型社会；以人为本，科学化管理；整合和共享提升城市基础支撑的建设。

我国智慧城市建设内容主要包括：云计算数据中心、基础通信、终端、应用系统、物联网以及业务支撑平台等。

四、案例研究

（一）国合院“思路石”大数据服务系统

为解决国家战略实施的数字化、智能化等“难点”“堵点”，国合华夏城市规划研究院自2017年开始，加大智慧城市创新力度。该院运用PDCA理论，整合各类人才与资源，开发投产了“全国乡村振兴规划编制与全过程监督考评管理信息系统”（The Management Information System of Planning，Decision-Making，Supervision and Evaluation of Rural Vitalization Strategy，英文缩写“SRVS”，中文简称“思路石”），有效实现了地方党委、政府、企业等乡村振兴等规划编制、执行、监督、调整、优化以及项目实施、党建管理、资金筹措等完整的闭环循环。“思路石”系统的服务对象是地方党委、各级政府及其职能部门、行业组织、实体企业、智库机构等。不同用户可以根据需要，选择不同的功能模块和业务单元，有针对性地推广应用。该系统促进了地方党委、政府、企业、园区和村庄等科学、高效、智能化地进行政策解读、环境跟踪、规划编制、项目决策、智慧政务、智慧办公、在线管理、综合服务与智慧监督，在线办公，实现政府办公和为民服务的在线化、融合化、一体化、自动化、智能化，以及分层考评、授权管理等现代管理目标。

1. “思路石”系统的逻辑架构

“思路石”系统采用J2EE多层次分布的开放结构体系，整个系统在保证标准规范和信息安全的前提下，构筑了数据管理层、数据层、数据系统使用层级、数据应用系统，各层都以下层提供的服务为基础。SRVS系统采用单点登录的模式，经过系统身份认证和授权后方可进入系统。详见图11-1。

（1）数据管理层对数据层中数据的质量、安全、标准、生命周期进行管理，确保数据层稳定有效运行，保证数据的质量，维护数据的安全性和私密性，建立数据标准和进行数据生命周期管理，及时更新数据，确保数据的实时性。

（2）数据层是系统的大脑，保证数据的获取、分析与输出运用。它主要是将采集到的数据，即内部数据与外部公开数据进行整合，利用数据仓库层进行信息存储，通过特有的筛查技术对冗余数据进行去重处理，筛选出有用的热数据，再对数据重新提取、查询、交互与共享，从而进行科学分析，最后输出应用层。

（3）数据应用系统是系统的展示层面，将输出内容应用于PC端、移动端以及大屏端，对数据进行最终的加工处理以及汇集。

数据系统使用层级，分为部委省市级、地市级、县区级、乡镇街道级、村庄社区级、企业用户级六级客户，根据客户需求与权限，进行政务决策、项目监督、战略执行、业绩考评、生态监测、党建管理、线上会议办公、项目投资、业绩考核、镇村“两委”、就业扶贫、金融资本等实时监控，实现数据辅助决策。各级用户根据权限查看数据并进行项目决策、发布指令等。

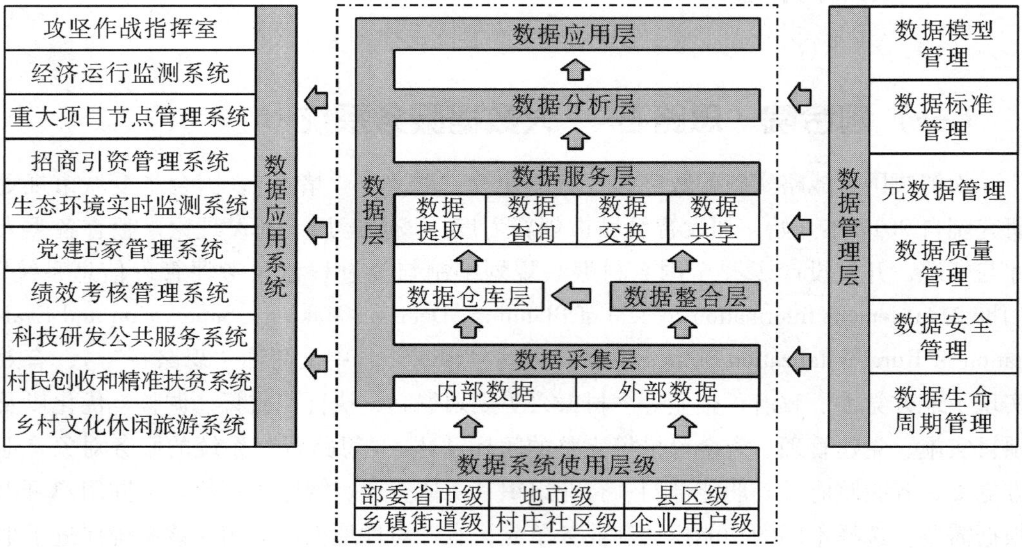

图 11-1 “思路石”系统（SRVS）

2. “思路石”系统的功能

国合院开发的“思路石”系统获得了国家专利局颁发的 14 个软件著作专利证书。该系统主要有十大核心功能：

（1）攻坚作战指挥室：经济数据分析调度应用指挥仓，使领导决策可视化。它主要展示人文、经济监测、一二三产、基础建设、重点项目等基本概况，助力领导干部在通观全局态势的同时，着重设计和凸显全局工作的绩效成果和关键价值指标，使各决策主题核心思想明确，核心价值突出，最大化提高领导干部的研判效率，让领导干部快速抓住发展态势并理解重点。

（2）经济运行监测系统：分解落实各级党委、政府和下级单位的战略指标，实现对经济指标的运行监测，可按省、市、县、乡镇不同地区层级或按照年、季度、月份进行经济指标查看，实现无纸化办公，提升政务效能。根据系统提供的数据分析，各级用户进行政务决策，提高办公效率。

（3）重大项目节点管理系统：推动落实重点工程和重大项目库，监测重点指标实施进度配置，任务完成差距，展示任务清单详情，定期分析和汇总战略决策执行情况，管理单位工作业绩实现情况。

（4）招商引资管理系统：辅助管理监测招商情况，展示招商项目总体概览，更新招商项目进程，实时监督项目进度，提高招商引资整体效率。

（5）生态环境实时监测系统：通过智能化系统分析，锚定生态环境各地区、各项目监督监测，实时监测生态治理项目进度与效果，发布各级领导的决策与工作部署等。

（6）党建E家管理系统：实现线上线下党员干部交流互动，标杆样板的学习推广，以及呈现村集体资产、村民创收、精准扶贫等信息和动态变化。

（7）绩效考核管理系统：落实对党委、政府任务执行情况监督考核，更新考核排名，使得目标考核动态化、实时化。

（8）科技研发公共服务系统：动态监测分析各地区、各单位的科技研发经费投资、重点项目、骨干企业、优势技术、重大工程，以及重点实验室、研发中心空间分布、经费预算、项目概况和重点技术，实时汇总、计算、监督，确保科技研发资金使用合理、资源共享，促进技术转让和人才流动。

（9）农民创收和巩固脱贫成果系统：为各地区增加农民收入，开展产业招商与巩固脱贫成果紧密结合，实时查看监测对象基本信息、收入来源等，生成周报、月报、季报、年报，供领导干部决策分析。

（10）文化体育休闲旅游系统：动态检测与科学调度文化旅游、体育与休闲等产业与项目进展，利用可视化实时监测技术，动态显示旅游区客源、人流量增减情况、收入等信息，统计农耕文化、休闲旅游、农业综合体、旅游景点、重点企业和餐饮等业务现状，便于在线监测，对文化体育及旅游资源合理分配规划，实现与各级应急指挥中心信息平台的信息共享、协同联动。

3. “思路石”系统的服务内容

“思路石”系统（SRVS）主要由十大管理决策模块构成。

一是攻坚作战指挥室。其技术实现方式：通过数据服务平台对数据进行数据源接入，自动化萃取数据、数据分析建模、数据存储、数据预计算、集群系统控制，用于建设管理和建设预警模块；将经过处理的数据储存于数据云管理器中，供管理平台随时调配使用。管理平台通过报表配置和组态配置两种方式进行布局管理，运用瓦片数据服务技术、要素数据服务技术、高程数据服务技术、数据转换校正服务技术将数据组态生成报表、图表、系统页面；运用三维渲染插件生成三维空间可视化场景；通过可视化渲染运行平台，经过信号源控制中心管理，将可视化数据输出到总检测控制中心，如大屏、分监控中心、电脑PC段、手机安卓端。其中系统对不同用户进行授权管理，开放不同程度的数据。详见图11-2。

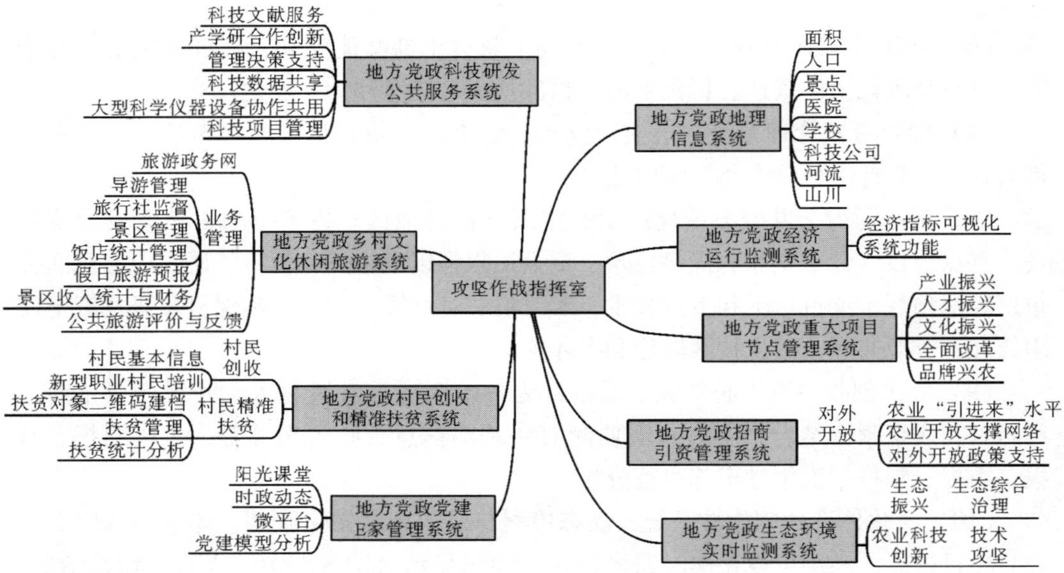

图 11-2 攻坚作战指挥室

二是经济运行监测系统。其技术实现方式：可视化基于计算处理层，分析包括简单的查询分析、流分析以及更复杂的分析（如机器学习、图计算等）。查询分析多基于表结构和关系函数，流分析基于数据、事件流以及简单的统计分析。复杂分析基于更复杂的数据结构与方法，如图、矩阵、迭代计算和线性代数。一般意义的可视化是对分析结果的展示，通过交互式可视化，使分析获得新的线索，形成迭代的分析和可视化。基于大规模数据的实时交互可视化分析及在这个过程中引入自动化的因素，输出到报表、组态、系统页面等，利用数据输出层进行经济数据指标可视化展示。详见图 11-3。

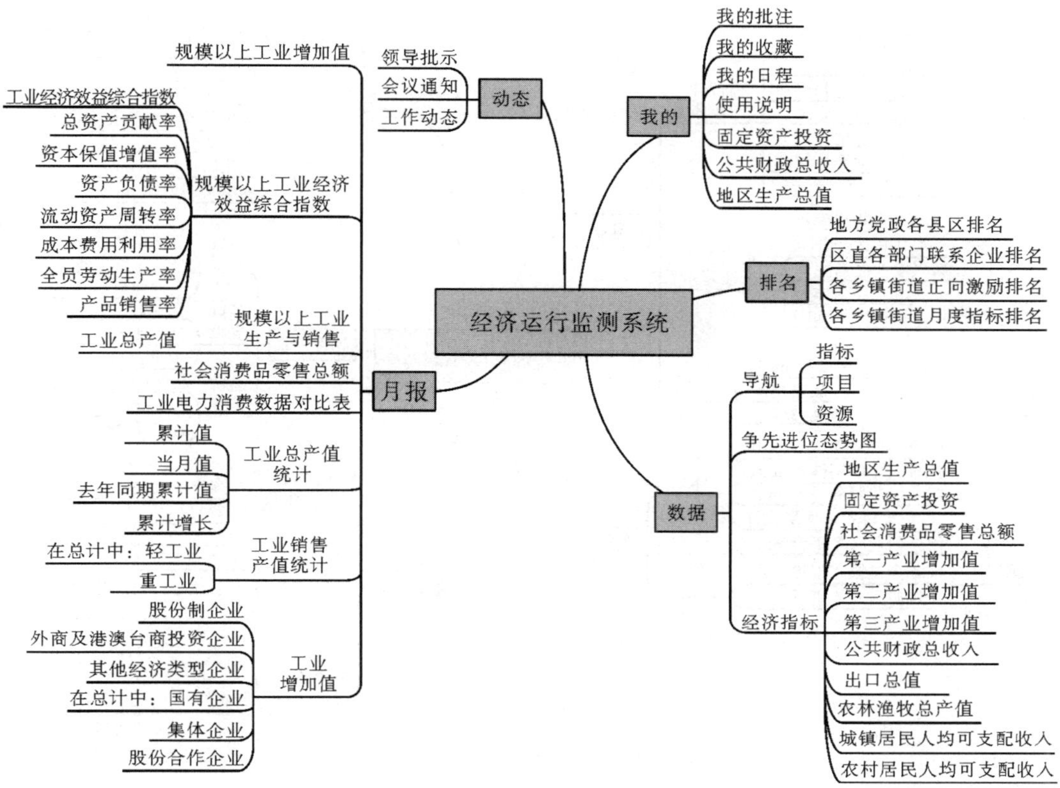

图 11-3　经济运行监测系统

三是重大项目节点管理系统。其技术实现方式：首先对重大项目工程有关产业、人才、文化、组织、生态的指标数据进行收集，储存于数据云中，通过数据服务平台，对数据进行整理、运用、分析，最后输出到总监控中心、分监控中心、移动手机端，供领导干部根据多维度可视化数据进行沟通、做出决策、加强监督。详见图 11-4。

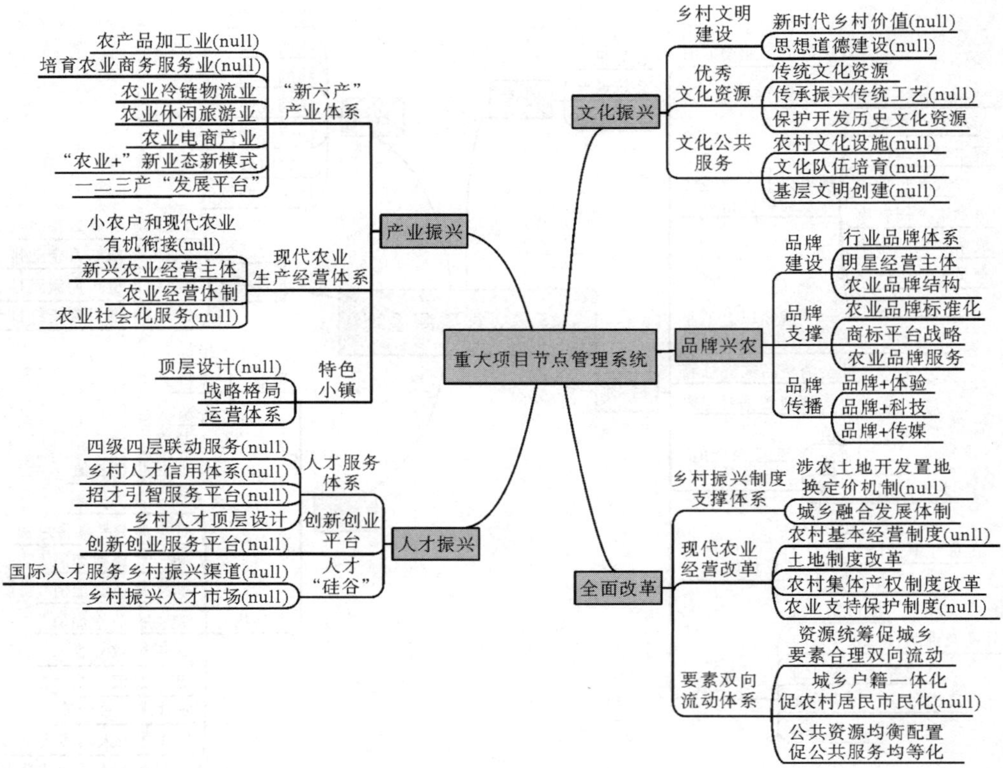

图 11-4 重大项目节点管理系统

四是招商引资管理系统。其技术实现方式：该系统建立在 J2EE 平台之上，使用 JAVA 语言开发完成，运用三框架整合技术，将系统在逻辑上划分为视图层、控制层与持久层，该框架程序在构成上可以分成客户端和服务端两部分。客户端部分用来在手机端中实现页面，服务器接受并处理前端发出的请求。两部分相互协调合作，通过框架整合调用不同功能模块，通过服务器前端客户页面并显示给用户。用户通过服务端，将业务模块与数据件进行交换，进而使招商引资更便捷。详见图 11-5。

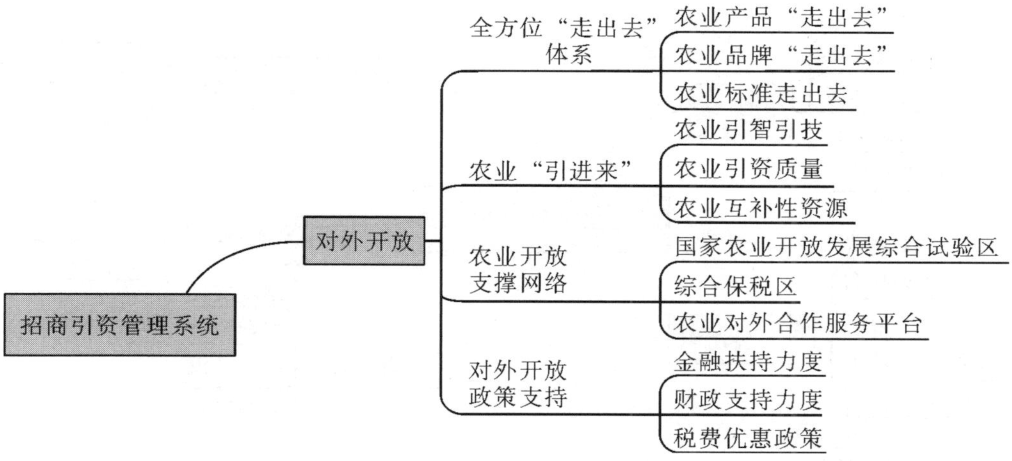

图 11-5　招商引资管理系统

五是生态环境实时监测系统。其技术实现方式：对生态环境实时监测系统进行远程控制，开发手机 App 对其进行实时监测。系统平台应用主要提供对数据的访问与相关操作。通过系统中心服务，建立数据交互系统，接收来自现场的自动监测数据，将数据保存至本地进行存储；建立数据处理系统，接收数据交互系统转发的自动监测数据，同时将数据保存至数据库中；建立对外服务接口，对第三方软件平台提供数据访问接口，可定制化开发。最后通过基站软件应用主要对仪器进行控制、测试、数据采集、上传；通过环境数据中心实现对环境数据资源的有效收集、存储、整合、管理、分析，推动信息资产的管理、共享和利用，提高数据综合分析应用和决策分析支撑能力。同时，构建环境 gis 应用展示平台，将所有辖区内环境状况展现于管理者面前，整合所有环境信息及资源，为后续的生态实时监测奠定基础。详见图 11-6。

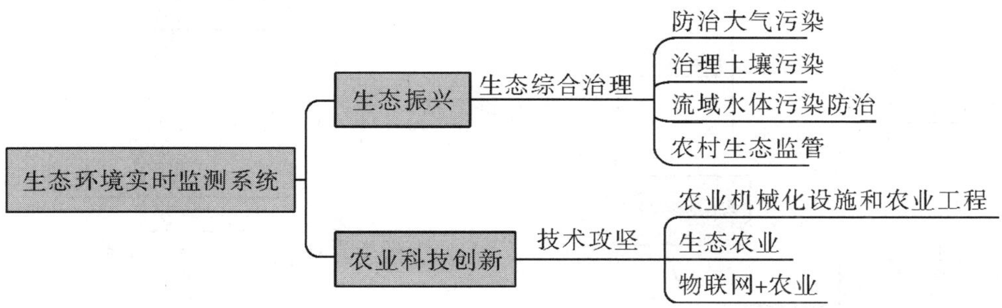

图 11-6　生态环境实时监测系统

六是党建 E 家管理系统。其技术实现方式：党建 E 家系统基于 MAS 系统，由应用平台、数据库平台、接口平台组成。应用平台通过 WEB 应用为用户提供窗口界面，展示系统并接受用户指令信息；数据库平台采用 ORACLE，负责系统数据的保存和调用；接口平台负责移动代理服务器的接口程序，实现移动信息化服务调用。详见图 11-7。

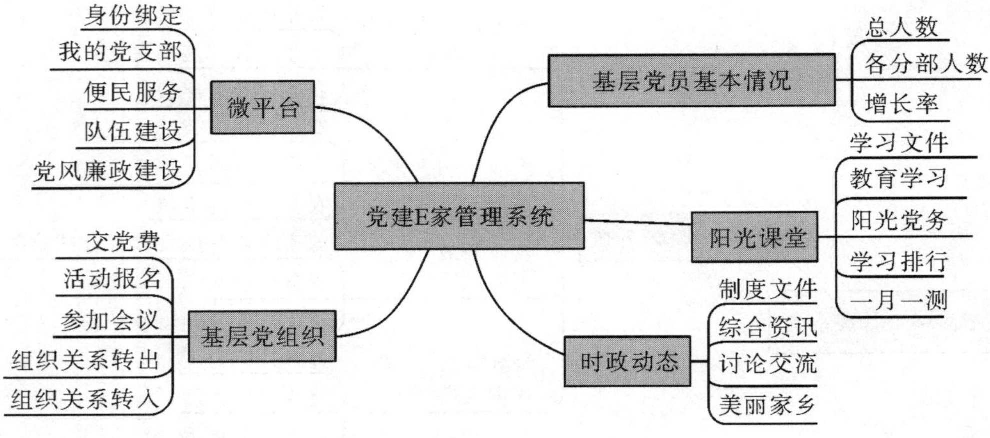

图 11-7 党建 E 家管理系统

七是绩效考核管理系统。其技术实现方式：系统开发基于 J2EE 平台，紧跟最新的 JAVA 技术的发展，采用众多成熟可靠先进的 J2EE 技术，在基于消息和服务的软总线技术上实现系统数据的集成和交互，保证系统的开放性和可扩展性。设置集中数据库服务器，数据库采用 ORACLE 10G 或 DB2，以及 J2EE 应用服务器组，所有的系统客户端直接使用手机，运行绩效考核系统管理程序，完成绩效考核指标设置、考核表导出、绩效考核数据导入、考核评分、考核汇总、考核导出、查询全流程操作。详见图 11-8。

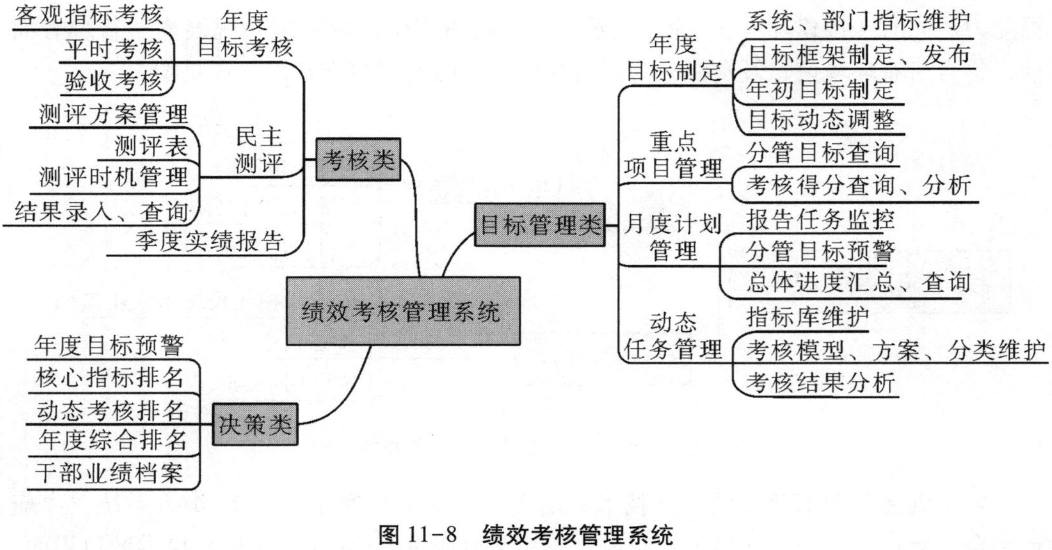

图 11-8 绩效考核管理系统

八是科技研发公共服务系统。其技术实现方式：运用面向服务的构建体系结构（SOA），即为解决在 internet 环境下业务集成的需要，通过连接能完成特定任务的独立功能实体实现的一种软件系统构架。SOA 是一个构建模型，将应用程序不同功能单元通过不同服务之间定义良好的接口和契约联系起来。接口采用中立方式进行定义，独立于实现服务的硬件平台、操作系统和编程语言，使构建在各种系统中的服务以一种统一和通用的方式进行交互。该系统可以最大限度柔性面对需求变化，不仅可满足当前需求，也增强了未来的抗风险能力。详见图 11-9。

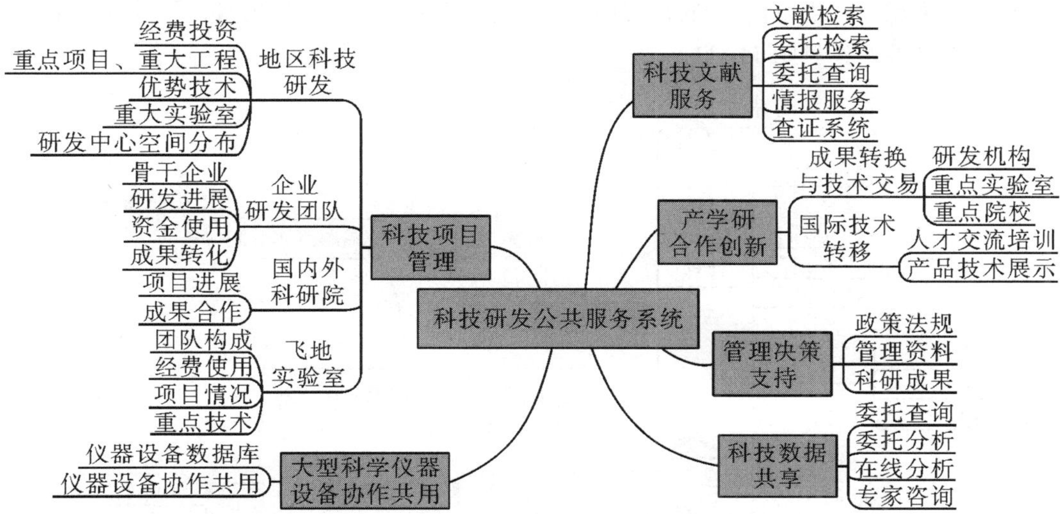

图 11-9　科技研发公共服务系统

九是村民就业创收和巩固脱贫成果系统。其技术实现手段：系统采用 MVC 模式，数据访问层使用 ORM 技术构建，将数据表映射成实体，并统一实现数据访问接口包括增、删、改、查等操作，并对非法字符统一过滤，避免 SQL 注入攻击。编程严格按照三层体系架构，业务层不允许直接访问数据库的代码；视图层采用 HTML5 和 jQuery，编写通用列表、表单和数据前段控件；控制层实现 URL 路由并实现相关业务操作。详见图 11-10。

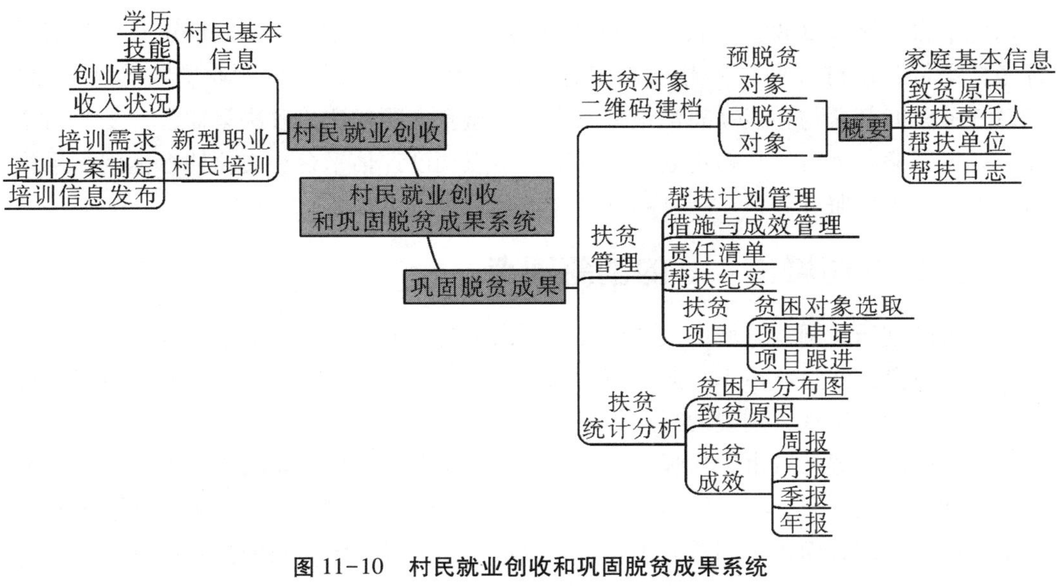

图 11-10　村民就业创收和巩固脱贫成果系统

十是文化体育休闲旅游系统。其技术实现方式：该系统基于 hadoopapache 技术，通过分布式结构，一方面，可以直接进行服务器扩展，支持服务的快速部署；另一方面，没有单点故障，通过集群技术实现高可用、高扩展性。统计分析采用一定的算法和模型通过 spark、hadoop 的 yarn、hive、pig 等读取、处理数据，结果保存在服务层数据库，为用户提供可信的数据。通过可视化以各种统计图展现出来，可以通过 PC、手机查看结果。详见图 11-11。

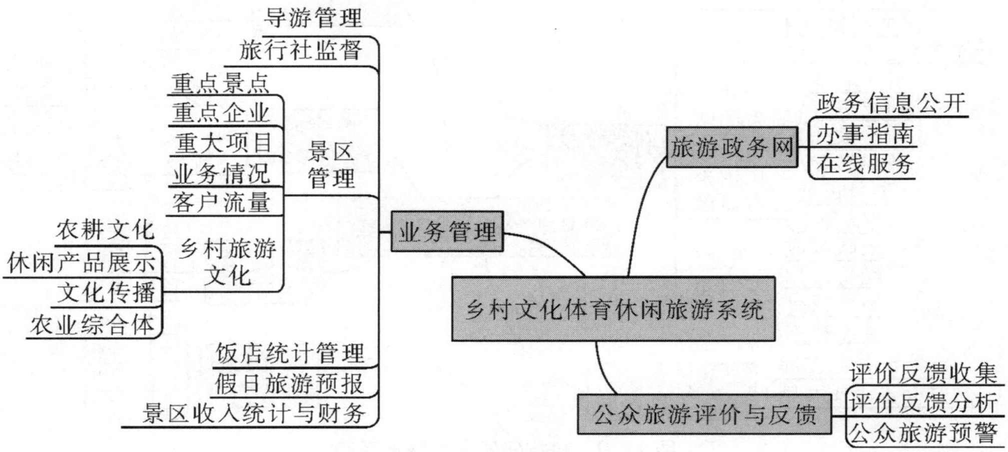

图 11-11　文化体育休闲旅游系统

“思路石”系统（SRVS）可以持续推进智慧城市和“数字中国”战略实施，是各级党政机关全面减少会议汇报，释放一线调研时间，提高决策效率，动态掌控基层业绩，科学评估和任用干部，杜绝业绩造假和用人失察，构建廉政勤政高效、公开、透明、亲民党委和政府的重大实践创新与探索。开发并应用该系统，将会构建智慧政务决策与项目监督协调平台、战略执行与业绩考评平台、党委和政府线上会议与办公自动化平台、园区（重点项目）投资与开发调度平台、各级党政任务分工与业绩对标考核平台、镇村“两委”建设与考评奖惩平台、产业开发与就业增收统计平台、党政任务实时部署与在线动态汇报智慧平台、城乡文明依法治理决策监督、工程与企业金融创新服务平台，战略规划、行动安排节点调度评估平台、文化体育休闲娱乐旅游型平台等重大服务体系。

（二）智慧城市 4.0 的创新观点

国合院基于我国智慧城市发展历程，提出了智慧城市 4.0 版的创新观点：

第一阶段：智慧城市 1.0 版，以 IBM 公司为主的大量电子设备公司推动行业物联与基础应用，表现为割裂的行业数据和信息孤岛。

第二阶段：智慧城市 2.0 版，以物联网技术支撑的万物万联的优化阶段，表现为中国移动、中国联通、华为等通信运营商和行业寡头的“圈地”运动，数据还不能共享，智慧城市表面化、利益分割和套取政策与土地等。该阶段的主要特点：建基层数据、缺少智慧内容，地方政府埋单和应用性很差。

第三阶段：智慧城市 3.0 版，以公共云和行业为特征的 BAT（百度、阿里、腾讯）、华为、三大通信运营商等智慧智能的推进阶段。行业运营商和互联网公司凭借资金和客户优势圈占城市和资金，把大数据与产品销售、智能应用等结合。该阶段的基本特征是：行业垄断、大小通吃、抢占客户资源、竞争资源化，主要是表层的客户信息泛化和房地产化。

第四阶段：智慧城市 4.0 版，以平台和客户信息泛化向内容设计、产业延伸和智慧政府、幸福生活、虚拟世界等转变，国家部委智库等逐步成为主角，顶层设计和智慧应用、城市大脑、产业大脑、智慧谋划等成为核心竞争力，三大通信运营商、华为、BAT 等集团原来的浅层套利模式不可持续，逐步不被地方政府接受，聚焦政府、企业和民生核心诉求和快速决策与管理的以智能、泛在、智库、内容为轴心的模式成为新趋势和必然。

（三）智慧城市与节能环保产业协同策略研究

一、背景分析

（一）研究背景

智慧城市是我国城市发展的必然趋势和最高目标。党的十八大提出工业化、新型城镇化、信息化、农业现代化“四化融合”的发展思路，将信息化建设（包括智慧城市）提高到了前所未有的国家战略高度。智慧城市作为我国信息化与工业化高度融合的载体，借助智慧技术，以更智慧的方法感知，观测、分析、整合城市运行核心系统的关键信息，改变政府、企业和人们相互交往的方式，对各种需求做出快速和智能的响应，提高城市管理的智慧水平，促进我国经济发展质量和效率提高。

智慧城市与节能环保密切相关。智慧城市包含了新一代信息技术的产业发展，也包括对现有工业、农业和服务业的信息化和智能化，对节能环保产业的智能化等，它与节能环保产业是高度交叉和相关的。节能环保建筑是节能环保产业的实践应用和重要组成部分，它的实施平台是智慧城市，智慧城市是信息化推动工业化、城镇化的时代体现和具体落实，是 21 世纪创新驱动、产业升级、结构重整、财富增长的新兴平台，是承载绿色发展、环境治理、生态文明，实现“中国梦”的基本路径，它与节能环保产业的发展目标高度一致。为此，有必要构建规范的概念模型与运行机制，推动两大产业的协同发展。

以节能环保为重点的绿色产业及相关产品将在今后全球经济、技术应用和国际贸易等领域展开激烈的竞争。中国要在新一轮的经济增长中占据有利地位，就必须不断提升节能环保产业的规模和质量。

（二）基本概念

智慧城市是根据科学合理的城市发展理念，运用新一代信息技术，在泛在互联网和信息全面感知的基础上，实现城市功能系统之间无缝连接与协同联动的智能自感知、自优化，从而对民生环保、公共安全、城市功能、商务活动等城市需求做出智能化响应，形成具备可持续内生动力的安全、便捷、高效绿色的城市形态。智慧城市包含了智慧环保、绿色发展等理念。智慧城市与节能环保产业相互依存、相互渗透。

关于智慧城市的概念，不同的人（机构、企业）有不同的解读。IBM 公司认为，智慧城市的实质是采用先进的信息技术，实现城市智慧式的管理和运行，进而为城市的居民创造更美好的生活，促进城市的和谐和可持续成长。

智慧城市与节能环保存在关联性，因此，需要研究节能环保的概念及其组成要素以及协同学的概念和主要内涵。

节能环保产业指为节约能源资源、发展循环经济、保护环境提供技术基础和装备保障的产业，主要包括节能产业、资源循环利用产业和环保装备产业，涉及节能环保技术与装备、节能产品和服务等。其业务领域包括节能技术和装备、高效节能产品、节能服务产业、先进环保技术和装备、环保产品与环保服务。国家“十二五”规划纲要就提出，节能环保产业重点发展高效节能、先进环保、资源循环利用关键技术装备、产品和服务。节能指应用技术现实可靠、经济可行合理、环境和社会都可以接受的方法，有效地利用能源，提高能源设备使用或工艺的能量利用效率。狭义的环保产业指在环境污染控制与减排、污染清理以及废物处理等方面提供产品和服务。广义的环保产业包括生产中的清洁技术、节能技术，以及产品的回收、安全处置与再利用等，是对产品全生命周期的全程绿色管理。

协同论主要研究远离平衡态的开放系统在与外界有物质或能量交换的情况下，如何通过自己的内部协同机制，自发地出现时间、空间和功能上的有序结构。协同论认为，千差万别的系统，尽管其属性不同，但在整个环境中，各个系统之间存在着相互影响而又相互合作的关系。

（三）起源与特征

国外智慧城市建设最早可追溯到 1992 年，新加坡政府首次提出了“智慧岛”计划。IBM 公司在 2008 年提出“智慧地球”的理念，将其作为应对金融危机“振兴经济”的重点领域。欧盟的“欧洲 2020 年战略”、日本的 U-Japan、韩国的 U-City、新加坡的“智慧国 2015 计划”都提出了本地化的智慧城市愿景及发展目标。

从系统工程角度来看，智慧城市的理念是把城市看成生态系统，城市中的市民、交通、能源、商业、通信、水资源构成功能各异的子系统。这些子系统形成普遍联系、彼此影响的整体。

IBM 公司在《智慧的城市在中国》中对智慧城市的特征做了界定，具体如图 11-12所示。

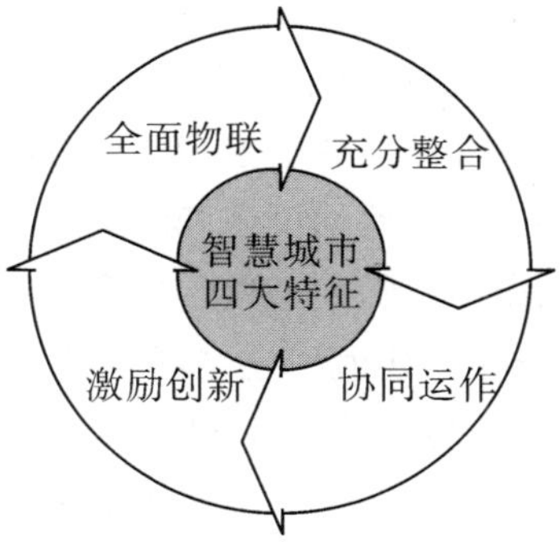

图 11-12　IBM 公司关于智慧城市的四大特征

（1）全面物联。智能传感设备将城市公共设施物联成网，对城市运行的核心系统实时感知、观测。

（2）充分整合。物联网与互联网系统完全连接和融合，将数据整合为城市核心系统的运行全图，提供智慧的基础设施。

（3）激励创新。鼓励政府、企业和个人在智慧基础设施之上进行科技和业务的创新应用，为城市提供源源不断的发展动力。

（4）协同运作。基于智慧的基础设施，城市里的各个关键系统和参与者进行和谐高效的协作，达成城市运行的最佳状态①。

（四）趋势分析

在全球化战略背景下，世界各国积极应对全球金融危机和气候变化挑战，把实施绿色新政、发展绿色经济作为刺激经济增长和产业转型的重要内容，通过推进节能环保产业、新能源产业等绿色产业发展，降低单位能耗和环境污染，实现绿色 GDP 和生态发展。我国中央政府提出的“集约、智能、绿色、低碳”等建设目标，与国家新型城镇化建设规划等目标、思路，构成了我国城市建设的国家目标导向。

为实现“十二五”规划纲要确定的单位 GDP 能耗降低、主要污染物排放总量减少等约束性指标，必须不断提升我国节能环保技术装备和服务水平，为大规模节能减排、大力发展循环经济提供坚实的产业支撑，这是我国转变发展方式、调整经济结构的必然选择。国务院、国家发展改革委、生态环境部、住房城乡建设部、工业和信息化部等各部委出台智慧城市或节能环保产业政策文件，包括：《国家新型城镇化规划（2014—2020 年）》《关于促进智慧城市健康发展的指导意见》《交通运输业智能交通发展战略（2012—2020 年）》等。住房城乡建设部在 2012 年公布了智慧城市试点 90 个城市，2013 年公布了 103 个试点城市。2014 年 8 月 22 日，住房城乡建设部、科技部联合发布《关于开展国家智慧城市 2014 年试点申报工作的通知》，启动 2014 年度国家智慧城市试点申报。我国已有超过 400 个城市宣布计划建立智慧城市，新型城镇化建设进入加速期。2014 年 11 月，在第十六届高新技术成果交易会的智慧城市发

① 陈秉钊. 和谐的城市，生活才美好［J］. 规划师，2010（8）：5-8.

展高峰论坛上，工业和信息化部软件服务业司时任司长李颖预计全球智慧城市市场规模 40 万亿美元，中国智慧城市市场规模估计人民币 4 万亿元。

节能环保产业是全球经济发展的重要引擎和产业方向，也是实现各国、各地区智慧城市建设的基础保障，受到全球主要经济体和欧美发达国家的高度重视，每年保持着较快增长。据统计，全球环保产业的市场规模从 1992 年的 2 500 亿美元增至 2013 年的 6 000 亿美元，年均增长率 8%，远远超过全球经济增长率，成为世界各国积极推动的“朝阳产业”。美国、日本、欧盟等国家和地区的环保产业已经成为全球环保市场的主要力量。2010 年我国节能环保产业总产值 2 万亿元，从业人数 2 800 万人。2013 年 8 月，国务院办公厅发布《国务院关于加快发展节能环保产业的意见》（国发〔2013〕30 号）提出：“节能环保产业产值年均增速在 15%以上，到 2015 年，总产值达到 4. 5 万亿元。成为国民经济新的支柱产业。”2014 年在第五届中国钢铁节能减排论坛上，国家发展改革委资源节约和环境保护司的同志表示，2011 年环保产业总产值约为 2. 3 万亿元，从业人数达 2 800 万人。“十二五”规划后三年（2013—2015 年），通过推广节能环保产品预计拉动消费需求 4 900 亿元，通过增强技术能力预计拉动投资需求 3. 66 万亿元。这给中国节能环保产业发展带来了新的机遇。

我国经济发展中普遍存在的高能耗、环境污染、管理粗放、信息化手段落后等问题，制约了我国产业转型与智慧城市建设，也与“国家富强、民族振兴、人民幸福”为核心的“中国梦”有冲突。因此，研究智慧城市与节能环保产业的协同发展，对于中国经济结构调整和城市可持续发展具有重大的战略意义。

二、协同现状

（一）关联性研究

智慧城市应用一般包括：智慧商业、智慧家庭、智慧文教、智慧政务、智慧安全、智慧市政、智慧医疗、智慧社区、智慧能源、智慧交通和智慧金融等，基本涵盖了公共服务、商业产业和居民生活三大领域。国内智慧城市建设多以政府主导，行业应用示范为主，智慧城市体系框架一般自下而上分为感知层、设施层、数据支撑层和应用层四个层次。

智慧城市与节能环保产业具有关联性。以上海市徐汇区为例，2012 年，徐汇区街道制定了低碳社区建设规划，选址南丹小区进行风光互补（太阳能车棚改造），通过信息化手段控制和监测，较好地解决了居民充电难、停车难等问题，实现了居民对节能环保技术的实践应用，二氧化碳排放每年减少约 1 500 千克，节约用电 3 000 千瓦时，通过互联网手段等监控，利用上海电费错峰收费政策，降低了用电费用。这是智慧城市与节能环保相互渗透、相互促进的典型案例。

智慧城市与节能环保在政策关联、技术应用、产业融合等方面有较高的相关性。智慧城市具有节能环保的特征，同时智慧楼宇和信息技术系统等都与先进的节能技术、环保产品的应用紧紧相连，彼此交叉。

智慧城市建设是新一代信息技术成长的重要的发展契机，将带动一大批有广泛市场前景、能源消耗低、产业带动大、综合效益好的产业发展，催生智慧医疗、智慧教育、智慧旅游、智慧交通、智慧环境、智慧物流、智慧安全等对城市经济与社会发展具有直接拉动作用的新兴产业，促进城市的经济增长。

智慧城市有助于提升城市运营管理水平，直接带动以新一代信息技术为核心的信息产业发展，间接推动城市传统支柱产业转型升级、战略性新兴产业（包括节能环保产业）发展。

各级政府、各地区已经意识到节能环保产业与重大项目的智能化、信息化和城市管理的智慧化程度紧密相关，相互促进。少数城市和决策者开始探索和采取一系列有效措施，不断推动节能环保产业和智慧城市逐步融合发展。

（二）协同模型

分析智慧城市与节能环保产业是否存在关联，需要从协同模型的研究入手。

1. 欧盟智慧城市评估模型

欧盟中等城市的智慧城市评估模型，包括智慧产业、智慧民众、智慧治理、智慧移动、智慧环境、智慧生活六个方面，其中，智慧环境包括自然环境魅力、污染、环境保护和可持续资源管理，这与我国的环保产业高度相关。智慧产业的生产率，智慧生活的文化设施、居住质量等也与节能产业相关。欧盟中等城市的智慧城市评估指标体系清晰地阐述了智慧城市与节能环保产业具有较高的协同关系。相关具体描述见图11-13所示的欧盟中等城市智慧城市评估指标模型。

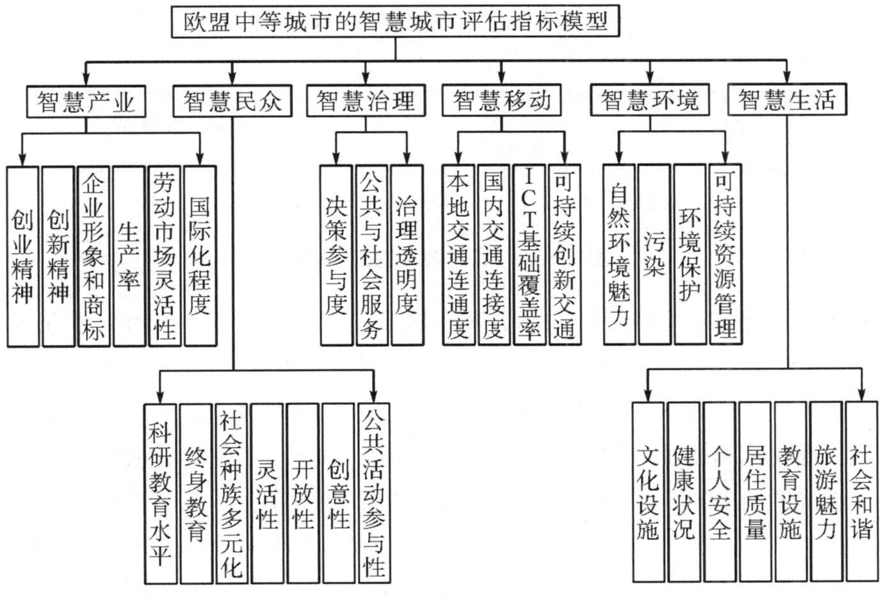

图 11-13　欧盟中等城市的智慧城市评估指标模型

2. 我国智慧城市模型

我国各级政府、国家部委和上海、北京、无锡等试点城市结合各自特征和城市管理实践，积极推动智慧城市指标模型构建与优化。为规范和推动智慧城市的健康发展，住房城乡建设部、科技部于 2014 年 8 月 22 日联合发布《关于开展国家智慧城市 2014 年试点申报工作的通知》，启动 2014 年度国家智慧城市试点申报。8 月 29 日，国家发展改革委、住房城乡建设部、科技部等八部委联合发布《关于促进智慧城市健康发展的指导意见》，这也是国家首次就智慧城市出台全局性指导意见，被誉为智慧城市的顶级规划。

从层次结构来看，智慧城市的关注重点包含了节能环保的要素和内容。智慧城市建设关注关键技术，确保为城镇化建设提供强有力的技术支撑，把各项技术有效集成、有效管理。节能环保产业作为我国战略性新兴产业的重点之一，智能化管理是其重要的发展方向。节能环保产业集聚在城市产业园或行政区，其智能化与智慧城市建设的地理空间和产业内容存在交叉。智慧城市的架构一般可分为感知层、网络层、平台层和应用层，其主要目标是保增长、保民生、保稳定，这三个目标都与节能环保相关联。具体如图 11-14 所示。

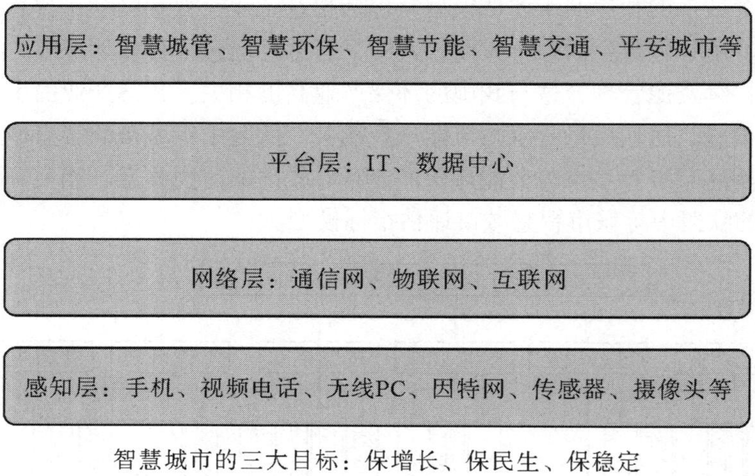

图 11-14 智慧城市的架构模型

智慧环保是智慧城市建设的内涵，我国城市发展转型将智慧作为主导方向，积极参与试点示范，为智慧环保引进先进政策、技术提供了平台。实现智慧环保目标，以环境信息化为基础载体，让信息技术为我国城市环境管理服务创新提供支撑，建立高度信息化、现代化和智慧化的环保城市，使政府、企业和市民都满意。

从产业价值链来看，节能环保产业主要包括节能产业、环保产业和资源循环利用三大类产业，具有产业链长、关联度大的特点。从产业组织的角度来看，节能环保产业是先进制造业和生产服务业紧密结合的跨行业、涵盖面宽的综合性产业，包括方案设计、技术研发、材料采购、生产制造、销售物流、售后服务等基本环节，它需要大数据、云应用、智慧物流、工业自动化、电子商务等支撑，并与智慧城市的相关环节相协同。具体如图 11-15 所示。

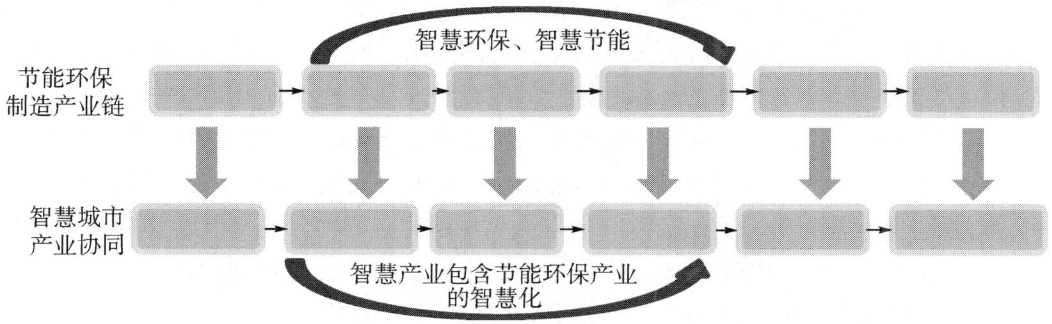

图 11-15　节能环保制造业产业链与智慧城市产业协同模型

从图 11-15 可知，智慧城市产业的大数据、智慧设计与节能环保产业的方案设计有机协同；智慧城市产业的信息化、云应用与节能环保产业的技术研发有机协同；节能环保产业的其他环节包含了或蕴藏着智慧城市产业的要素与内容，如节能环保产业的销售与物流与智慧城市建设的电子商务、智慧物流等有机协同。

从产业协同来看，根据智慧城市四层分析法，对应节能环保产业有关架构，探索构建两者的产业协同关联模型，如图 11-16 所示。

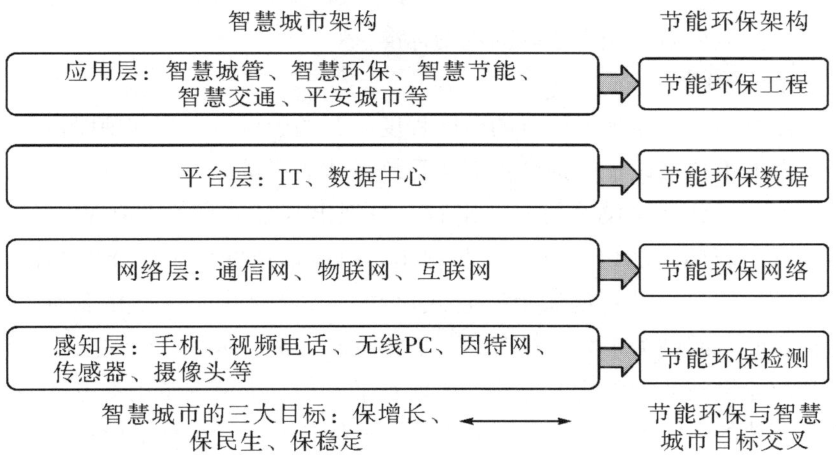

图 11-16　基于分层对应的智慧城市与节能环保产业协同关联模型

从图 11-16 可知，智慧城市建设包含了感知层、网络层、平台层和应用层四个层次，各层次分别对应着节能环保部分产业或特定项目的监测与摄像、网络传输、数据和报表处理、行业或企业分析等，两者之间在某些内容和架构上交叉和对应。通过这一对应模型分析，有助于直观地或间接地研究智慧城市和节能环保产业之间的关联性，进而揭示其彼此协同的影响与关系。

从经济实践来看，北京市在智慧城市建设中强调“绿色北京”概念，其建设理念和具体内容体现了与节能环保产业的协同发展。上海等将智慧城市建设列入“十二五”发展规划（2011—2015 年），体现了智慧城市与节能环保等产业有机协同。上海的智慧城市建设指标体系包含了智慧的环保、智慧的能源管理、政府信息化平台、企业信息化平台等要素，该分析要素与上面的感知层、网络层、平台层和应用层的研究模型大概呼应，即：智慧的环保和智慧的能源管理基本处于应用层和平台层，政府信息化平台和企业信息化平台基本处于平台层、网络层和感知层。使用这一模型进行关联性分析，基本反映了智慧城市与节能环保产业的协同性，展示了智慧城市与节能环保在服务平台支撑等方面的资源共享与统筹规划的必要性。杭州市以“智能+互联+协同”为理念，建设以政务信息共享和业务协同系统平台为基础的综合应用平台，属于重点构建智慧城市的平台层、感知层、数据层等建设内容，较好地推动了智慧城市建设，也会对节能环保产业的发展带来积极的促进作用。

综合上述分析可知，住房城乡建设部有关智慧城市评价指标体系，从保证体系与基础建设、智慧建设与宜居、智慧管理与服务、智慧产业与经济四个维度进行评估，其中包含了节能环保产业等智能化建设的基本内容。住房城乡建设部《国家智慧城市（区、镇）试点指标体系（试行）》，为我国智慧城市试点建设提供了标准依据。在该指标体系的制定过程中，住房城乡建设部参考了《绿色 GDP 指标体系》《智慧 GDP 指标体系》《循环经济评价指标体系》《城市建设评价指标体系与方法研究》《国家生态园林城市标准指标》等多项国内外指标文件，借鉴了上海浦东新区、南京、武汉等智慧城市研究先进地区的规划标准。

3. 产业协同趋势

分析智慧城市与节能环保产业的协同程度，有助于科学研究和前瞻性制定产业政策，进行智慧城市顶层设计，提高跨产业系统设计的质量。

从国内外智慧城市建设发展方向来看，呈现出与节能环保产业协同、融合的趋势。日本《朝日新闻》2014 年 7 月 7 日报道，可灵活调配太阳能发电和蓄电的日本首个环保型城市“柏之叶智能城市”正式启动。该智能城市由三井不动产公司以筑波快线的柏之叶校园站为中心，投资约 1 千亿日元（约合人民币 61 亿元）。除了供应中心街区和商业设施的太阳能电力外，还设置了 1.6 万千瓦的备用蓄电池，其容量为一般家用蓄电池的 3 000 倍。在电力充裕时先储存电力，工作日供应给写字楼、假日供应给商业设施，以及在灾害发生时优先供电给住宅区使用等，将电力提供给必要的设施。迪比克市是美国第一个提出建设“智慧城市”的城市，绿色环保是其建设的初衷。迪比克市携手 IBM 公司，以连接城市所有资源（水、电、油、气、交通、公共服务等）为目标，将能源、水务以及交通三大系统建设作为优先发展领域，对城市的资源使用状况进行动态监测，并智能化地做出响应。

在我国“十二五”规划期间，国家从总量减排四项约束性指标和固体废物、危险废物监管等重点领域开始，启动国家级环保物联网重点应用示范工程，为全行业物联网的建设提供了典型示范。2011 年前后，无锡、哈尔滨、北京、河北、浙江等地探索实施环境监控物联网应用示范工程项目与智慧环保产业建设，推动了智慧城市建设。

时任工业和信息化部副部长杨学山认为，“智慧城市是当今城市发展的新理念和新模式，是新一代信息技术创新应用与城市转型发展深度融合的产物，是城市走向绿色、低碳、可持续发展的本质需求”。杨学山副部长对智慧城市与节能环保的目标——“绿色、低碳”之间的关系进行了简要阐述。

4. 产业协同表现

我国智慧城市与节能环保产业的协同发展，主要表现在：

（1）节能环保产业与智慧城市的建设理念的一致性

解决环境安全问题，保持生态环境的可持续，建设环境友好型社会，是智慧城市建设的内在要求。节能环保产业以降低能耗和改善环境质量为前提，它是国家大力推进的七大战略性新兴产业之一，是节约能源资源、发展循环经济、保护生态环境的保障性产业，它与智慧城市的核心理念——低碳、节能、绿色、环保、宜居等相一致、相协调。

2013 年《国务院关于加快发展节能环保产业的意见》明确指出，资源环境制约是当前我国经济与社会发展中面临的突出矛盾。解决节能环保问题，是扩内需、稳增长、调结构，打造中国经济升级版的一项重要而紧迫的任务，也是智慧城市建设的经济基础。

“智慧北京行动纲要”确立了“人文北京、科技北京、绿色北京”的战略任务，“智慧北京”的基本特征是宽带泛在的基础设施、智能融合的信息化应用和创新可持续的发展环境。其中“绿色北京”的智慧城市战略任务体现了环保、节能的核心理念，这从侧面印证了智慧城市与节能环保产业在建设理念、建设内容等行业或领域是高度一致的、产业协同的。

节能环保产业属于典型的政策法规驱动型产业，需要突出市场导向，充分发挥市场配置资源的基础性作用。同时，加强政府引导，驱动潜在需求转化为现实市场。这与智慧城市的建设方针密不可分。

智慧城市是以人为本社会的代表，是以物联网为桥梁的高度联通的社会。节能环保产业的发展，从根本上改善民生，确保智慧城市建设的顺利、有效进行。二者存在理念上的高度一致性和交叉性。

（2）节能环保产业与智慧城市的建设目标、技术手段、实现路径的一致性

我国智慧城市的顶层设计在发展战略方面强调绿色、泛在和协同的综合应对方案。绿色是智慧城市建设的灵魂，智慧城市的基本要素以绿色为核心，围绕节能减排和优化环境进行规划布局，不断提高城市的宜居度、智慧化程度。泛在城市即实现各城市内和城市间在智慧技术支持下的跨越时空的物与物、人与物、人与人的网络数字信息联系，使各类资源的效能最大化和最优化，以提高市民生活和工作的便捷度。协同城市指实现城市社会管理各要素间的整合与转型，以信息产业集群为基础，实现跨系统、跨部门、跨网络的应用集成、信息共享、融合互通，提高城市管理的灵敏度。

从智慧城市建设的技术手段和建设路径来看，节能环保产业与智慧城市建设需要

下一代信息技术的支撑，需要构建以云应用和大数据为核心的技术路径，形成以政府、产业和企业等为服务对象的信息基础设施综合服务平台。以智慧环保为例，我国环境保护领域的建设内容包括：污染源自动监控系统、空气质量自动监控系统、水环境质量自动监控系统、机动车排放监控系统、危险品抛弃物监管系统、区域生态监测系统、环境应急指挥系统等，而这些是智慧城市中“智慧环保”的重要内容。

（3）节能环保产业与智慧城市在智慧化产业链的重点环节的一致性

智慧城市产业链，主要包含智慧规划、智慧技术、智慧产业、智慧应用、智慧服务、智慧治理、智慧人文、智慧生活等，其中智慧技术的创新和应用是智慧城市建设的驱动力，智慧产业和智慧应用是智慧城市的主要载体，节能环保产业的智慧化是智慧城市建设的重要内容和方向。

5. 可能的协同概念模型

我们研究了智慧城市和节能环保的现有政策、标准体系，归纳与提炼出两大产业的协同关系。

北京市“智慧北京行动纲要”及行动方案明确提出：建设“资源和生态环境智能监控”工程，完善北京市节能监测体系，实现对工业、交通及大型公共建筑、公共机构等主要用能行业（领域）及场所、单位的能耗监测。建设智能的土地、环境和生态监管体系，实现对全市土地利用、生态环境、重点污染源、地质资源和灾害、垃圾处理等领域的动态监测。这表明了智慧城市建设与节能环保产业在技术研发、产业应用等产业环节有较高的协同性和融合度。

2014 年，《关于成立国家智慧城市标准化协调推进组、总体组和专家咨询组的通知》指出，为加强我国智慧城市标准化工作的统筹和协调管理，成立了国家智慧城市标准化协调推进组、国家智慧城市标准化总体组和国家智慧城市标准化专家咨询组，发布了国家智慧城市标准化协调推进组名单、国家智慧城市标准化总体组名单以及国家智慧城市标准化专家咨询组名单，表明了国家部委层面在积极推动智慧城市与产业发展的协同机制与政策协调。

研究从现有产业政策和标准体系初步断定，智慧城市与节能环保产业的建设理念、建设内容、技术融合、支撑平台等方面有较高的协同性。两者的产业协同关系模型，如图 11-17 所示。

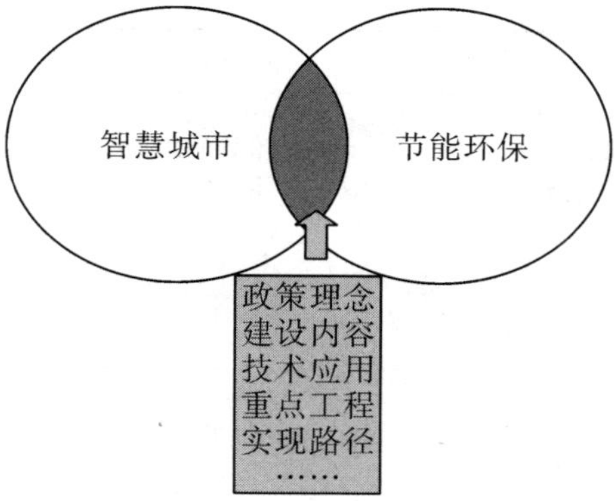

图 11-17　节能环保与智慧城市产业协同关系模型

图 11-17 表明，智慧城市与节能环保产业在政策理念、建设内容、技术应用、重点工程、实现路径等方面具有较高的融合与交叉性，智慧城市在这些方面体现了节能环保的意识或宗旨，具体工程有一些兼容性。同时，节能环保本身也是智慧城市的“智慧产业”中的智慧环保、智慧节能等具体组成部分。

按照前面分析的智慧城市建设的产业政策、建设理念、建设内容、核心技术、重点产业和服务平台等框架体系，可以初步探索和构建智慧城市与节能环保产业协同概念模型（表 11-1）。

表 11-1　智慧城市与节能环保产业协同概念模型

分析维度	主要内容	一级指标	协同度（理想状态）
国家政策	基于节能环保或智慧城市理念的政策	政策融合性 政策一致性 政策适应性	
发展理念	智慧城市与节能环保理念是否一致	发展思路一致性 发展模式协同性	
建设内容	智慧城市建设内容是否贯彻节能环保理念	基础设施建设	
		电子政务建设	
		重点应用项目	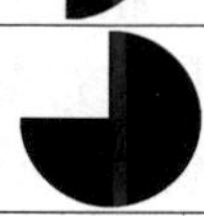
技术融合	物联网相关技术运用的融合性	节能环保的信息技术应用 物联网硬件融合	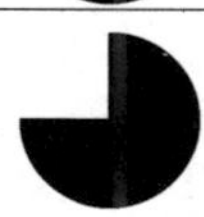

表11-1(续)

分析维度	主要内容	一级指标	协同度（理想状态）
产业融合	产业重要 节点的融合性	重点环节的融合 重点环节的促进	◕
支撑平台	多级支撑体系	政府平台	◑
		企业平台	◕
		公众平台	◕

◔ 1/4 极少协同 ◑ 部分协同 ◕ 3/4 比较协同 ● 高度协同

注：本表使用德尔菲法，借鉴了部分学者的研究评估成果。

表 11-1 通过不同分析维度与影响要素的系统研究，对智慧城市和节能环保各层级的一级指标进行初步探索与概念性设计，有助于对智慧城市和节能环保产业的关联性进行量化研究，更好地推动智慧城市和节能环保产业的协同度监测与产业发展。

三、缺陷研究

（一）主要缺陷

我们研究智慧城市建设的案例，分析与提炼出研究对象的基本特征与本质。

当前，我国城市污染问题态势严峻，城市管理的信息化程度不高，严重制约了各地区的生态文明建设。唐山、保定市、石家庄等各地空气污染严重，空气质量堪忧，北京等地的沙尘暴、光化学烟雾和灰霾等时有发生，PM2.5 成为加剧大气环境问题的温床，导致我国特大城市空气质量下降，对人体健康构成威胁，也对智慧城市建设和节能环保产业提出了更高的要求。智慧环保对于提升城市治理水平和生态环境改善具有显著的效能潜力，节能环保产业的智慧化管理与监测等市场需求巨大。

从整体来看，我国一些城市与地方政府在智慧城市与节能环保产业发展中，往往各行其是，相互分隔，容易忽视两大产业的协同规划，忽视资源统筹，忽视产业促进，各地区在智慧城市建设与节能环保工作中存在一些问题和缺陷。我们研究北京、上海、无锡、广州、重庆等智慧城市建设案例，发现我国地方政府智慧城市与节能环保产业协同存在三大缺陷，具体如图 11-18 所示。

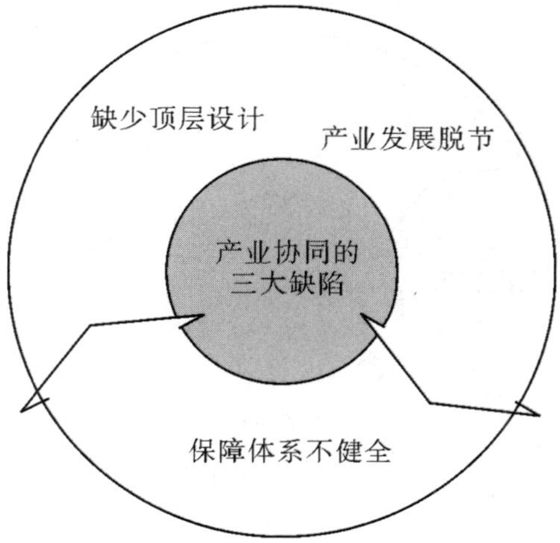

图 11-18　智慧城市与节能环保产业协同存在的三大缺陷

1. 缺乏跨产业的顶层设计和宏观指导

这主要表现在：国务院和各部委的政策规划和法律法规还不完善，智慧城市的建设目标不明、基础建设标准模糊、智慧城市与节能环保产业的关系不清晰、相关部门各自为政等。

2. 智慧城市建设与节能环保发展脱节

这主要表现在：个别城市推动的智慧城市建设与发展偏重于技术层面和智能交通等个别领域，存在盲目性、"长官意志"、"面子工程"与业绩导向。节能环保产业发展往往忽视智能化和互联网技术应用等，存在"两层皮"的脱节现象。

3. 信息安全保障体系不健全

这主要表现在：缺乏国家政策约束和统一指导，各城市的智慧城市建设存在随意性、主观性和信息"孤岛"，少数城市喜欢聘请外资公司进行技术设计和硬件配套，存在国家信息安全漏洞等。智慧城市建设财力有限，投资分散、资源重复浪费、没有构建城市安全防火墙和隔离手段，节能环保等信息化平台和城市监测系统没有形成规范、严谨、实用、前瞻的规范标准。

（二）协同障碍

我们分析我国主要城市智慧城市建设与节能环保产业发展的现实情况，总结产业协同中的缺陷和障碍，有助于研究制定下一步的改进措施。目前两大产业协同发展的主要问题或障碍，直观描述如图 11-19 所示。

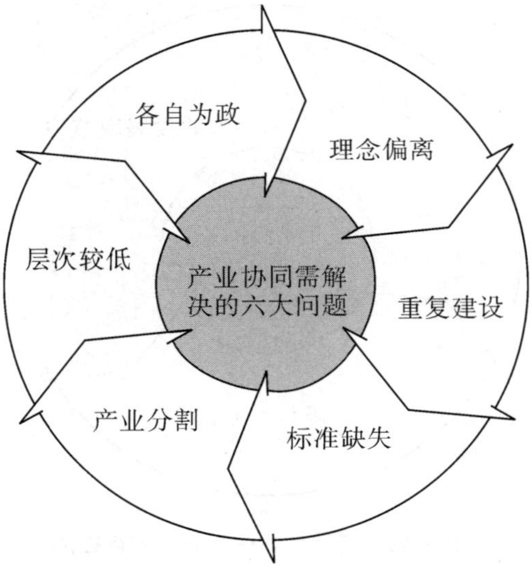

图 11-19 智慧城市与节能环保产业协同需解决的六大问题

如图 11-19 所示，我国智慧城市和节能环保产业协同的六大问题或障碍如下：

1. 各自为政

在国家政策制定方面，国务院、各部委以及地方政府在智慧城市与节能环保产业领域往往出台各自独立的文件，有些文件、规定相互之间不一致，跨部门协调和沟通较少，容易导致部委之间以及地方政府主管部门的本位主义和各自为政。目前，国务院、国家发展改革委、住房城乡建设部、工业和信息化部、生态环境部等各自颁布了一些智慧城市、信息化建设文件，各自推动智慧城市建设，导致地方政府无所适从，或者主管部门太多，相互扯皮或跨部门协调困难。

2. 理念偏离

在发展理念方面，住房城乡建设部的文件和地方政府往往追求大而全的智慧城市建设，这与西方欧美国家的行业性、区域性智慧城市做法存在较大差异。同时，一些地方政府在节能环保产业发展中不能做到与智慧城市“一盘棋”，容易出现各主管市长“各唱各的戏，各念各的经”，结果导致各部门行动不一致，往往出现投资重复和规划重复。

3. 重复建设

在建设内容方面，有些地方政府和试点城市出现了智慧环保、智慧交通、智慧水务等各自的智慧信息系统，各套信息系统各自投资，其技术路径、信息源、大数据平台相互分散、分离，形成一个个信息孤岛，信息和相关人员不能共享，造成了巨大的浪费和不必要的能耗。

4. 标准缺失

在技术融合方面，国家没有构建统一的行业规范、技术标准和实现路径，智慧城市、节能环保产业的信息化建设制度要求和其主管部门都不统一，各层级跨部门的技术沟通与协同研究少，存在相互分割现象。

5. 产业分割

在产业融合方面，智慧城市规划与建设往往由政府成立一个信息化部门管理并推进，节能环保产业的信息化一般由工业和信息化部及其下属机构推动，各个部门的职责与目标不协调以及部门之间职责分工不明晰，容易导致智慧城市与节能环保产业融合的协调机制缺失，无法以系统的、协同的心态进行规划设计，并主动沟通与推进各产业的健康发展。

6. 层次较低

在支撑平台建设方面，当前智慧城市建设缺少资金和技术，多数地方推动电子政务比较多，与智慧城市相关的企业云、产业云、电子商务等实施困难。同时，服务于节能环保的大数据基本空白，多数城市没有建立节能环保的智能化监控与管理信息系统，这些都是智慧城市与节能环保产业协同发展中存在的突出问题。

由上可知，我国智慧城市和节能环保产业协同存在政策融合不够、各自为政、认知理念有差距、项目重复投资、缺少协同标准、产业分割、协同层次较低等问题和障碍，产业协同的理想目标与实践操作差距很大。

五、政策措施

为推动我国智慧城市和节能环保产业的协同发展，应采取如下的政策措施：

（一）强化国家层面的政策协调和产业融合顶层设计，提供智慧城市与节能环保产业协同发展的政策支持与窗口指导

国务院成立智慧城市工作领导小组，由国家发展改革委、工业和信息化部、住房城乡建设部、生态环境部、自然资源部、中国人民银行等各部门参与，定期召开专题会，研究政策、出台跨产业协同的发展规划，协调各自的行动，明确不同阶段的工作目标，部署各自的重点任务，协调解决产业协同中的难题，重要事项提请工作协调小组研究决策，修订和出台智慧城市与节能环保协同发展的政策法规与操作办法。

强化国家、地方政府智慧城市与节能环保产业发展的顶层规划与行动计划。重新审议现有智慧城市规划、管理模式和各部门的操作机制，从国家层面进行智慧城市标准设计和产业规范，将智慧城市与节能环保有机结合，通过产融合实现智慧城市建设落地，将智慧城市与节能环保产业发展目标和技术方案、主管部门、产业实现路径、运行机制等进行新的谋划与优化，确保国家、部委等顶层设计的规范性、连续性和一致性。

（二）构建智慧城市与节能环保产业协同发展的组织运行机制

成立国家部门沟通协调、责任分工的国家智慧城市与产业协同日常管理办公室，具体可设在国家发展改革委或住房城乡建设部。各地成立省（市）长、县（区）长挂帅的智慧城市建设与产业协同工作组，完善国家发展改革委、住房城乡建设部等职能部门的责任与分工，制定并下达智慧城市与节能环保产业协同发展的行动路线图，规范产业协同标准、重大决策与实施流程，确保两大产业的协同发展和智慧城市项目

的低碳化、循环化、减量化，以及重大节能环保项目的智能化、自动化、融合化。

（三）构建智慧城市与节能环保产业协同发展的技术融合方案

以全球化标准进行智慧城市建设的体系设计，选择全球先进的技术和操作流程，不断研究和创新技术研发、技术应用的新模式、新思路，跟踪国际前沿的智慧城市与节能环保核心技术，引进专业机构，进行智慧城市与节能环保协同发展的技术路径选择和顶层设计，进而确定合理的资源共享方案，推动两大产业在地方经济发展中的技术研发、技术选择、技术应用和技术融合，提高技术应用的共享度和扩展性。

（四）构建智慧城市与节能环保产业协同发展的产业融合方案

以国家产业政策和城市发展趋势为指针，研究全球和我国新兴产业发展路径与操作模式，分析智慧城市建设的经验和教训，从产业融合的视角，进行跨部门、跨产业的工作协调和项目推进，打破各部门、各行业的部门割裂和本位主义，以集约、融合、协同、泛在的发展理念，制订和执行政府、开发区、部门的智慧城市和节能环保产业融合行动计划。在跨产业融合方案中，充分体现智慧、环保、节能理念和要求。以智慧城市建设推进节能环保产业的信息化、智能化、泛在化，以节能环保产业推进、引导和落实智慧城市的全面发展，进而推动我国智慧城市与节能环保产业的高度协同与均衡发展，提高地方经济发展的质量与效率。

（五）构建智慧城市与节能环保产业协同发展的绩效考核体系

转变政府业绩考核导向，以智慧城市和节能环保产业协同发展为重要业绩目标，分解各自的职责与工作任务，明确指标与开发进度，分工到各部门和各个岗位，进行定期考核与检查评比，逐步提高两大产业协同发展的执行力和绩效力。

立足各地区、各时期节能环保等新兴产业发展与智慧城市建设的核心需要，制定标准，评估不同区域、不同行业的智慧化水平，确定节能环保产业协同的关键指标，明确各类指标的责任主体，逐步形成《智慧城市与节能化环保协同发展关键指标责任表》，与各地政府、各部门主要负责人的绩效考核挂钩，同部署、同考核、同兑现。国务院各部委、各级政府、各部门根据责任分工和任务分解，明确各自重点，制定和分解年度实施方案，强化相关计划执行力度。

建立智慧城市与节能环保产业协同发展的第三方评估机制，按照责任分工、任务分解计划与年度实施方案，开展季度、年度评估和产业协同成果考核，将评估考核内容纳入各级政府、各部门和领导干部的绩效考核与兑现范围。

（六）构建智慧城市与节能环保产业协同发展的支撑平台体系

加强跨产业协同规划制定与综合服务平台建设的协调与资源共享。以智慧城市综合服务平台和专业化服务平台为重点，构建智慧环保、智慧节能（智慧工业节能、智慧农业节能、智慧交通节能等）体系，形成节能环保产业的智能化监测体系与控制机制，形成智慧城市的节能化与环保化，提高我国智慧城市与节能环保产业的协同发展水平。

第十二章

“十五五”行动方案规划

一、编制依据

（一）基本要素

行动方案是各类经济规划逐步细化和分解的实施方案。它可以独立编写，成为单独的行动计划或实施方案，也可以在总体规划中作为其中的一部分予以简要阐述。

行动规划，也称行动方案，它是西方国家实现城市发展的长远目标与解决近期突出问题的有效手段，并不断实现制度化、体系化。

从 2001 年开始，英国推动规划体系改革，以行动规划为特色的地方发展框架代替传统的编制周期长、时效性差的结构规划和地方规划。规划内容包括阐述地方政府的发展目标和发展战略的政策文本，针对近期采取建设或改造行动的行动规划，一张标明上述需要采取行动所在地区的总图。这些行动规划主要是地方性规划，也可以是更广区域的专项行动规划。

美国纽约市在 2007 年制定并实施了以“更绿色、更美好的纽约”为主题的城市规划，属于“行动规划”。该规划注重规划的务实性、操作性、互动性和动态评估性等基本特征，取得了很好的实施效果。

行动方案的编写依据是政府规划、政策要求、规划目标、行动方案编制的任务说明书等。根据规划地图，行动方案属于职能战略和规划实施领域，包括但不限于财务管理、人力资源、生产、营销、组织架构、内控、业务规范等内容。有些行动方案还独立成文，包括行动背景、行动目标、行动路径等，可以单独发布实施。具体如图 12-1 所示。

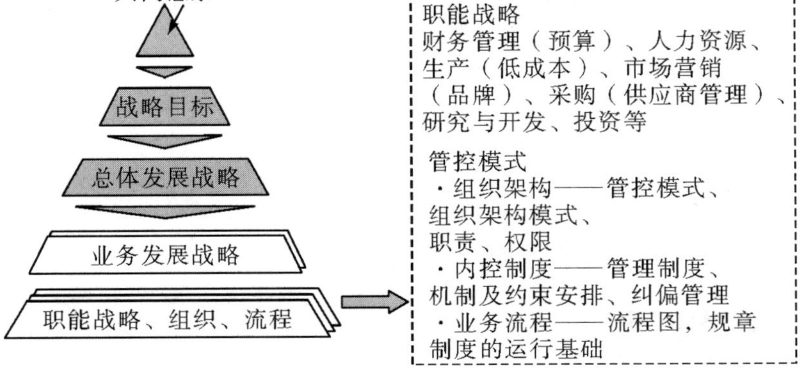

图 12-1 政府规划“战略金字塔模型”之行动方案

独立成文的行动方案多是上级对下级或涉及面大的重点工作，一般都用正式文件下发，由标题、正文和时间等部分组成。

行动方案的标题有两种写法：一是“三要素”写法，由发文机关、计划内容和文种三部分组成，如《智慧城市建设行动方案》；二是“两要素”写法，发文机关在“批示性通知”（文件头）的标题中体现，主要有计划内容和文种。

方案的正文一般有两种写法：一是常规写法，主要包括指导方针、主要目标（重点）、实施步骤、政策措施、相关要求等，这种格式适合于常规性单项工作；二是变项写法，根据实际需要加项或减项，适合于特殊性的单项工作。

方案也可以是下级或具体责任人为实施具体工作形成的文件，可以报上级或主管部门批准实施。

（二）理论基础

行动方案的编制理论依据：劳动分工理论、区域分工理论等。

劳动分工理论由亚当·斯密在《国富论》中提出。劳动分工的好处：

（1）劳动分工可以使工人重复完成单项操作，从而提高劳动熟练程度，提高劳动效率。

（2）劳动分工可以减少变换工作而损失的时间。

（3）劳动分工可以使劳动简化，使劳动者的注意力集中在一种特定的对象上，有利于创造新工具和改进设备。

产业发展理论主要研究产业发展过程中的发展规律、发展周期、影响因素、产业转移、资源配置、发展政策等。

从区域分工的角度确定城市产业发展定位，分析城市在区域中的优势、劣势和发展潜力等，确定城市在区域中所发挥的作用、扮演的角色，进而确定城市产业，避免“就城市论城市”的产业确定方式。

运用区域分工理论、劳动分工理论等划分不同区域、不同部门、不同岗位的职责权限与业务分工，以及业绩指标和考核办法，进而分解、执行规划目标和工作任务，提高规划执行效率。

二、编制内容

（一）基本概念

工作需要方案，是由于某种职能的具体工作较复杂，需要做出全面的部署。方案的主要内容有：指导思想、主要目标、工作重点、实施步骤、政策措施、具体要求等。

行动方案主要是针对特定规划目标或重大工程，通过研究特定规划目标或重点工程的基本要求、实施背景、指导思想、行动目标、主要任务、行动保障等，确定具体责任分工和时间表，明确工作考核等管理办法，确保工作目标的实现。

（二）主要内容

行动规划（行动方案）以长远发展目标为指导，主要解决近期和现实问题，期限可以是3~5年，侧重于长远战略与近期运营操作的紧密结合。行动方案内容主要包括：行动背景、主要目标、主要工作、资源保障、时间安排、责任分工与监督考核等。

行动规划的编制采用“自上而下”和“自下而上”相结合的方式，注重规划过程的全民参与和互动，行动规划确立了行动目标和空间布局，确立实现规划目标和空间布局的行动方案。以《工业领域应对气候变化行动方案》为例，该行动方案的内容包括：现状与形势、指导思想、基本原则和主要目标、主要任务、重点工程、保障措施。该方案是针对工业气候变化问题的独立的规划行动方案。

三、分析模型

（一）系统工程模型

1. 模型解读

系统工程是从整体出发合理开发、设计、实施和运用系统科学的工程技术。根据总体协调的需要，综合运用自然科学和社会科学中有关的思想、理论和方法，利用电子计算机作为工具，对系统的结构、要素、信息和反馈等进行分析，以达到最优规划、最优设计、最优管理和最优控制的目的。

管理系统工程是以政府或企业管理系统为研究对象的一门组织管理技术，是以系统科学、运筹学、计算机应用技术为主体的综合交叉性课程。其基本思想是坚持整体观念，统筹兼顾，运用有关优化分析方法，实现管理系统整体功能的提高。

政府规划行动方案的编写需要使用系统工程的分析思路，进行目标、任务、责任、投资、路径、保障等分析，才能更好地推进规划实施。

2. 模型应用

在政府规划行动方案编写过程中，系统工程分析模型主要被用来研究特定发展规划的环境、资源、目标和方向，据以确定具体计划、任务、路径、部门、项目和实施条件等，分阶段、分层次组织实施。

（二）PDCA 模型

1. 模型解读

PDCA 循环，是美国质量管理专家休哈特博士首先提出的，由戴明采纳、宣传并进行普及，因此也被称为“戴明环”。它是全面质量管理遵循的科学程序。PDCA 是英语单词 plan（计划）、do（执行）、check（检查）和 act（修正）的第一个字母，PDCA 循环就是按照这样的顺序进行质量管理，循环不止地进行的科学程序。

P（plan），计划，包括确定方针和目标，制定活动规划。

D（do），执行，根据已知信息，设计具体的方法、方案和计划；再根据设计和布局，进行具体的管理与运作，实现预期的计划。

C（check），检查，总结执行计划的结果，分清责任与原因，明确效果和路径，找出问题所在。

A（act），修正，对检查的结果进行处理，对成功的经验予以肯定，并标准化；总结失败的教训，并予以重视。对于没有解决的问题，提交下一个 PDCA 循环去解决。

在规划执行进入稳定阶段，可以使用 SDCA 模型进行管理完善。PDCA 与 SDCA 模型的区别，简要概括如图 12-2 所示。

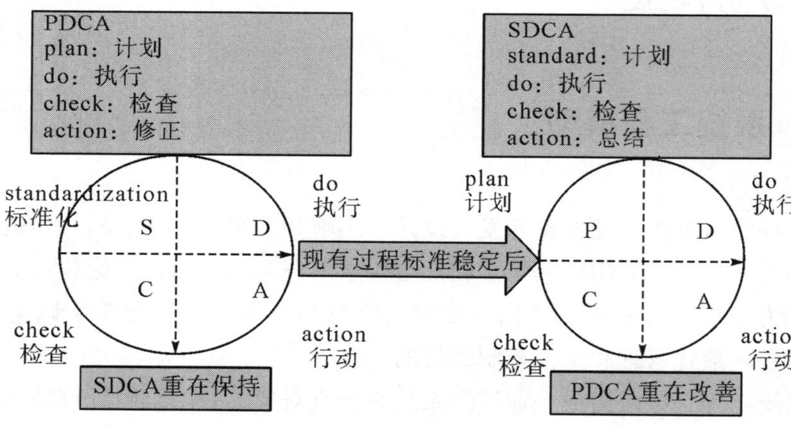

图 12-2　PDCA 模型与 SDCA 模型的区别

2. 模型应用

使用 PDCA 分析模型，可以对某政府规划实施方案和行动计划进行目标和方案的制订、实施、进度检查和修正等，发现新问题和缺陷后，进入下一个计划→执行→检查→修正的再次循环。

四、编写规范

（一）基本规范

1. 行动方案体现计划的完整性和可操作性

政府规划行动方案不同于一般的工作计划，它需要根据特定的规划或者预先设计的行动目标进行编制，通过有关部门审批后签发执行。行动方案的格式可能有所不同，但是需要解答和描述基本依据、行动目标、工作重点、行动路径、责任分工、注意事项、资源保障、业绩考核、风险控制、有关要求等。要内容完整、有操作性。

2. 行动方案能够达到预期的计划执行和工作目标

由于行动方案是为实现预期工作目标，或者为分解落实较为宏观或较复杂的战略规划而制订的，它需要在计划、组织领导、控制等环节进行细致设计与研究，使方案使用者知道应该怎么做，责任与权利，任务与要求，资源与风险，以及标准与考核等。方案应跟责任部门、实施主体和主要项目挂钩，能有效参照执行和实践操作。

（二）编制要领

1. 行动方案要体现方案决策者或方案下达者的意图

政府规划行动方案一般由行动方案的直接上级或者本级做出，或者委托外部专业机构编制和定稿发布。如国合院为大庆高新区编制《大庆高新区新华 08 项目行动方案》，重点解决高新区和新华社的合作项目“信息安全信息平台产业园”建设的思路、模式和步骤等，该行动方案的制订、颁发，为项目合作双方确立了具体目标、责任、权利、工作任务、重点项目、实施路径、资源匹配和保障机制等。

2. 行动方案要有创新理念和一定的高度

政府规划的行动方案不是一般的计划编制和简单汇总，它希望通过行动方案的调研和编制，能够深化、细化、系统化和创新性探索与提升工作思路，为规划制定与实施部门或者重要项目的执行部门提供实施依据和决策参考。同时，行动方案提出的系统、前瞻的行动纲领和指导思想，可以引起上级领导重视和利益相关方的兴趣，这也是编制行动方案的重要原因。

五、案例研究

《丹东市关于开发区高质量发展三年行动计划》的系统工程模型应用

国合院编制的《丹东市关于开发区高质量发展三年行动计划》，重点分析了国际国内形势，提出了编制行动方案的政策依据和背景，全面贯彻习近平总书记在辽宁考察和深入推进东北振兴座谈会上的重要讲话精神，牢固树立“抓工业强市就要抓园区”的理念，落实《丹东市开发区重点产业“十四五”发展规划》，确立了行动方案的规划目标，统筹产业布局，协调区域发展；做强主导产业，打造特色园区；推进提升产业链条，加速产业集聚发展；推动体制机制创新，优化基础设施配套；并确定了完善组织机制、政策体系、考核激励等运行保障机制，分工到各主管领导、各相关部门。

通过系统思考和分层设计，把外部信息和约束条件、方案制订与工程实施、成果输出与反馈、考核与激励、问题分析与修正等紧密结合，形成了系统的方案研究、制订、执行与考核体系。

第十三章

“十五五”规划保障

一、编制依据

（一）基本要素

政府规划、专项规划、控制性详细规划等“规划保障”的规划文稿编写，一般依据本规划报告的产业环境、发展基础、规划目标、重点产业、重大工程、主要任务，以及实现这些目标和任务的基本条件等进行。

“规划保障”报告文稿重点研究和遵循产业法规与决策程序，可以从规划实现的基本保障、体系构建等视角进行研究和规划文稿编写。如国合院受托研究并撰写的《新疆生产建设兵团二师铁门关市“十四五”规划中期评估报告》的“规划保障”文稿，重点研究国家、新疆维吾尔自治区、新疆生产建设兵团二师铁门关市组织领导、政策体系、融资创新、激励考核与宣传推广等。

（二）理论依据

规划保障研究和编制的理论基础是协同理论、系统工程理论等。

协同理论要求各级政府和其他经济组织要根据规划目标和产业布局，进行资源匹配和组织体系构建等，确保实现产业协同、资源协同、工作任务协同等。

系统工程理论要求政府规划的保障机制要满足规划目标和重点工程等的资源输入和输出成果的考核与优化，实现规划前期课题调研、规划编制、规划评审、规划实施、规划评估、规划修订、规划再次调研、规划再次编制等一个反复循环的运行过程。

二、编制内容

（一）基本概念

规划保障指研究和确定特定规划实施的组织机制与运行体系、资源配置、公共服务平台及奖励机制等。

一般情况下，总体发展规划的“规划保障”报告文稿也可以简要进行组织与运行机制体系的设计和文稿撰写。在具体工作中，受地方政府的规划费用、产业发展、实践需求等限制，并不是每个职能规划都要独立编写规划报告。如 2010 年，贵阳高新区委托吴维海博士为组长（时任工业和信息化部CCID研究总监）编制撰写的《贵阳高新区低碳发展规划》，主要构建了组织管理、政策引导、监管体系、风险控制和服务共享等保障机制，并没有独立编制各个职能规划。具体如图13-1所示。

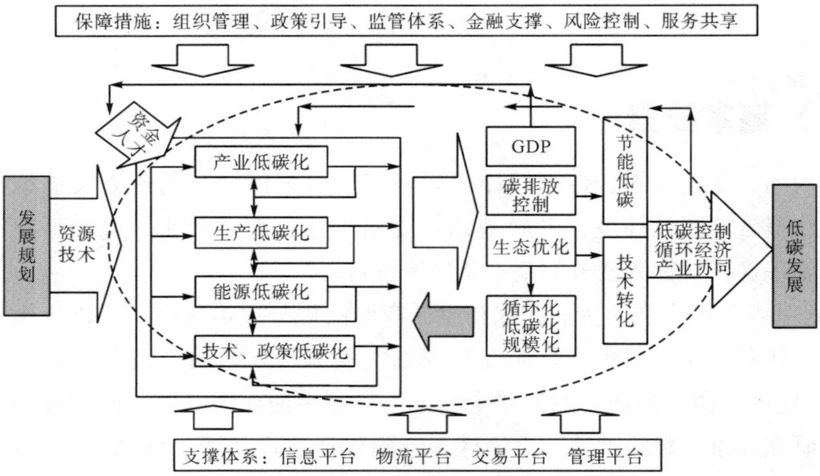

图13-1 《贵阳高新区低碳发展规划》的规划保障体系

（二）主要内容

“规划保障”内容和报告写作风格差异很大。总体规划和专项规划等，可以通过编制职能规划予以组织实施，可以单独编制财务规划、人力资源规划、研究与开发规划、生产规划、投资规划、营销规划等职能规划，推动总体规划执行。具体如图13-2所示。

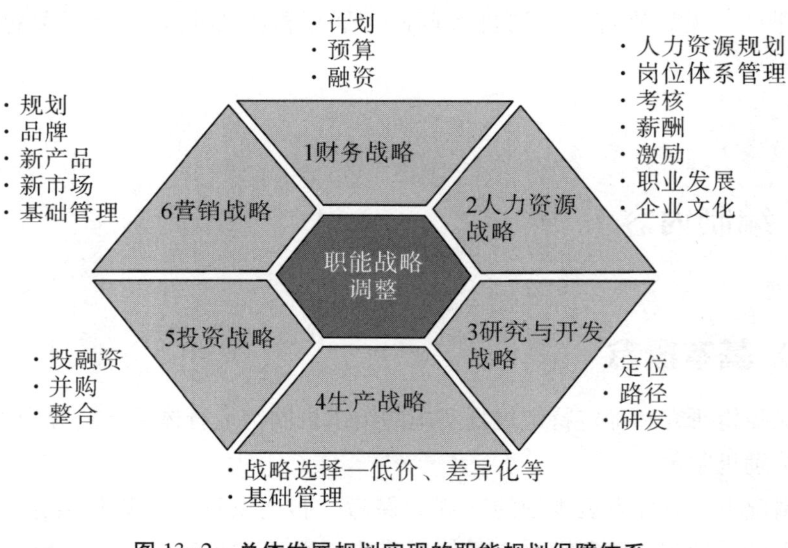

图13-2 总体发展规划实现的职能规划保障体系

资源匹配是政府规划保障系统研究的重要内容之一。政府资源包括政治资源（行政权力）、人力资源（公务员）、客户资源（包括企业、事业单位、公民）、财政资源、资产资源（房产、车辆、办公设备等）、信息资源（公文、材料、统计数据）等。政府资源保障规划是以法人单位和社会公众为中心，以实行政府部门内部和外部的资源优化配置，消除公共行政过程中无效的劳动和资源，实现信息流、物流、资金流和业务流的集成，以提高行政效能为目的，以政府职能为主线，以信息系统为平台的现代公共管理思想和方法。

人口、土地、电力、水利、煤炭、油、天然气、供热、交通、垃圾处理等资源供给与基础设施建设等是地方经济发展和产业园建设的资源支撑等。其供应和分配决定和影响着产业布局、项目引进和企业发展等。在“规划保障”文稿中要清晰地勾画和测算，并与产业发展规划的开发节奏和产业内容相适应。

编制地方“十五五”能源规划，应该遵循“人民初心、系统观念、绿色低碳高质量发展”等基本原则，确定未来五年的城市能源供应体系，包括但不限于单位 GDP 能耗、单位碳排放、清洁能源比例、非石化能源比例、光伏产业比例等，以及其他清洁能源。同时，应该对农业、工业、现代服务业等节能减碳进行目标监控、重点任务、重大项目设计等，确保三次产业、环境治理等必要的能源供应以及对单位 GDP 碳排放指标的严格控制。

对于政府规划的重点项目、基础设施、餐饮酒店、文化休闲，以及现代物流园区等基础配套规划，也是政府规划保障机制设计的重要内容。如国合院在编制《潍坊节能环保产业园中长期发展规划》时，为了推动产业集聚，研究团队编制并设计了“生产性物流服务区”，作为产业园的重要配套工程等，同时，组织了空间规划和重点项目设计与空间效果图的描述。

为实现预期的规划目标，规划提出了潍坊市积极“整合招商”的产业集聚与引进机制。具体如图 13-3 所示。

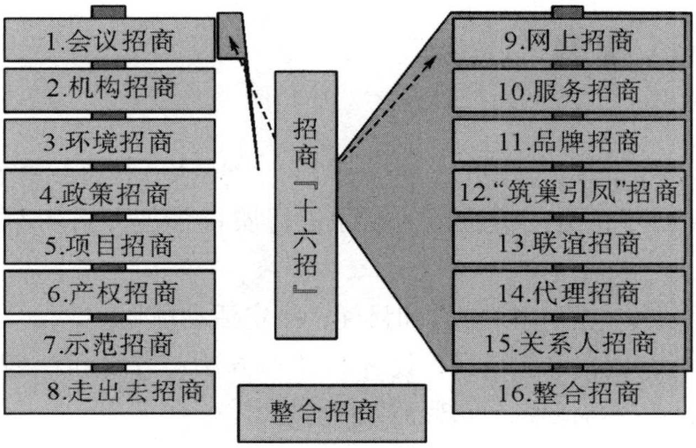

图 13-3　地方政府（潍坊市）招商规划 16 招

政府绩效是组织管理的重要内容，也是规划实施的重要保障。绩效指从过程、产品和服务中得到的输出结果，并将该输出结果与目标、标准、过去结果、其他组织的情况进行比较，从而对该输出结果进行评估。绩效评估是识别、观察、测量和评估绩效的过程。

政府绩效指政府在社会经济管理活动中的行为结果、效益及管理工作效率、效能，是政府在行使其功能、实现其意志过程中体现的管理能力。政府绩效包括经济绩效、政府成本、政府效率、政治稳定、社会进步、发展预期等领域，可以分为政治绩效、经济绩效、文化绩效、社会绩效四个方面。它既注重行政内部关系即如何管好自身的内部机制，更注重外部的行政与社会、行政与公民的关系，以社会、公民的满意评价作为最终标准。

政府绩效评估指运用科学的标准、程序和方法对政府绩效做出全面的评价，进而提高政府行为绩效和增强控制力的活动。

奥斯本（Osborn）与盖布勒（T. Gaebler）认为，政府绩效评估就是改变照章办事的政府组织，谋求有使命感的政府；就是改变以过程为导向的控制机制，谋求以结果为导向的控制机制。

地方规划、产业园的执行绩效等是规划保障的重要内容，也是规划编制工作中需要进一步论证和科学构建的重要体系。绩效评估的指标分很多种类，不同规划的指标体系存在差异，主要包括：政府效率评估、主要经济指标、单位能耗、单位土地投资回报、环境改善水平、公共服务能力、规划执行到位率等。

三、分析模型

（一）PDCA 模型

1. 模型解读

PDCA 是英语单词 plan（计划）、do（执行）、check（检查）和 act（修正）的第一个字母，PDCA 循环就是按照这样的顺序进行质量管理，循环不止地进行的科学程序。

P（plan），计划，包括确定方针和目标，制定活动规划。

D（do），执行，根据已知信息，设计具体的方法、方案和计划；再根据设计和布局，进行具体的管理与运作，实现预期的计划。

C（check），检查，总结执行计划的结果，分清责任与原因，明确效果和路径，找出问题所在。

A（act），修正，对检查结果进行处理，对成功的经验加以肯定，并予以标准化；

对于失败的教训也要总结，引起重视。对于没有解决的问题，提交下一个 PDCA 循环去解决。

2. 模型应用

使用 PDCA 分析模型，可以对某个政府规划实施方案和行动计划进行目标和方案的制订、方案实施、方案进度检查和方案修正等，发现问题和缺陷之后，进入下一个计划→执行→检查→修正的再次循环。如《贵阳高新区低碳发展规划》的规划保障采用了 PDCA 模型，通过对规划目标（P）的进一步理解和责任分解，强化组织领导和部门职责（D），强化日常检查机制（C），强化问题修正（A）。

（二）协同模型

1. 模型解读

协同论认为，千差万别的系统，尽管其属性不同，但在整个环境中，各个系统之间存在着相互影响而又相互合作的关系。其中包括通常的社会现象，如不同单位之间的相互配合与协作，部门之间关系的协调，企业之间的相互竞争，以及系统中的相互干扰和制约等。

协同论指出，系统由大量子系统组成。可以概括地认为协同论是研究从自然界到人类社会各种系统的发展演变，探讨其转变所遵守的共同规律的科学。应用协同论方法，把已取得的研究成果，类比拓宽于其他学科，为探索未知领域提供有效的手段，还可以用于找出影响系统变化的控制因素，进而发挥系统内子系统之间的协同作用。

2. 模型应用

各类政府规划、专项规划的“规划保障”报告文稿撰写，在某些方面较好体现和遵循了协同学模型的原理：无论是规划环境还是资源禀赋，都影响和在某种程度上决定了规划目标的制定与选择，而规划目标的实现，需要与其相适应的产业布局、空间规划、组织体系、资源匹配、基础设施建设等。而基础设施和资源条件的改善，在一定程度上促进了规划目标的完成或者提前实现。环境、资源、目标、路径和机制等各种要素之间相互影响，相互促进，在某些方面又相互衔接，彼此协同。我们在编制“十五五”规划时，应特别强调节能减碳的绿色发展目标，要围绕碳达峰碳中和战略，立足地方高质量发展，要积极推动控制和替代煤炭、石油等传统能源，同时，积极策划并推动光伏、地热能、风能、氢能等清洁能源快速发展，实现清洁能源对产业发展的替换。北京市“十三五”规划期基期能源消费结构数据如表 13-1 所示。

表 13-1 北京市 2015 年能源消费结构表

能源种类	2009 年			2015 年		
	实物量	标准量	比重/%	实物量	标准量	比重/%
煤炭/万吨	2 664.7	2 059.7	31.3	2 000	1 500	16.8
调入电/亿千瓦时	512.6	1 529.6	23.3	710	2 200	24.4

表13-1（续）

能源种类	2009 年			2015 年		
	实物量	标准量	比重/%	实物量	标准量	比重/%
天然气/亿立方米	69.4	842.7	12.9	180	2 200	24.4
油品/万吨	1 269.0	1 809.6	27.5	1 680	2 550	28.3
可再生能源/亿吨标准煤	—	180.0	2.7	—	550	6.1
其他/亿吨标准煤	—	148.7	2.3	—	—	—
合计	—	6 570.3	100.0		9 000	100.0

（三）标杆管理法

1. 模型解读

标杆管理又称为基准化管理、参照管理，起源于20世纪末，是组织提高绩效的有效方式。它是根据既定规则进行评估、比较的过程，以改进工作程序并取得更高的绩效。

标杆管理是动态的过程。标杆管理的基本步骤，包括：

（1）确定目标和范围。决定标杆管理的项目与优先次序。

（2）诊断自己。分析内部程序，对在运作的情况全面诊断。

（3）考察潜在的合作伙伴。

（4）选择绩效评估标准。挑选容易理解且有普遍性的评估标准，用来衡量选择的程序或职能。

（5）收集内部数据，实施绩效评估标准。评估当前绩效。

（6）收集合作伙伴组织的信息，确保数据可靠。

（7）差距分析。

（8）借鉴研究对象的经验，缩小差距。运用“借鉴→改造→采纳”的程序选择多个程序，允许做出修改，使其适合组织结构及方法。

（9）监察结果。进行绩效改善。

（10）重新修订绩效评估标准。

（11）回到第一步。做出改善，再次运行上述程序。

2. 模型应用

我们在研究编制《潍坊节能环保产业园中长期发展规划》时，对日本北九州工业园进行了标杆分析。具体文稿如下：

（1）基本情况。北九州工业区是日本的重化工业基地，也是世界著名的老工业基地。随着工业化的发展，区域环境污染严重，传统产业逐步衰退。政府将“产业振兴”和“环境保护”政策有机结合，通过建设生态工业园实现转型。

（2）核心产业。中心区是开展环境教育的基地，如举办环保知识讲座、举办环保技术相关研修、推广。环保企业集聚区集中开展环保产业化项目的区域，通过各企业的相互合作，推进区域内零排放型产业联合企业化，成为资源循环基地。特别是建立了复合设施项目，将生态工业园中企业排放的残渣、汽车的碎屑等主要工业废物进行资源化处理。同时，利用产生的热量进行发电，提供给园区各家企业使用。再生资源利用区是市政府开辟的专用土地，长期出租给企业，扶持中小型企业在环保领域的发展，由汽车再生区域和新技术开发区域组成。环保研发中心是专门从事实验研究的区域。企业、政府、大学联合起来进行尖端废物处理技术、再生利用技术和环境污染物质合理控制技术的研发。该中心进行了废纸再利用、填埋再生系统的开发、封闭型最终处理场、完全无排放型最终处理场、最终处理场早期稳定化技术开发、废弃物无毒化处理系统以及食品垃圾生物质塑料化等多项实验研究。

（3）园区特点及成功经验。一是政府大力支持。日本政府制定了一系列支持节能环保发展的优惠政策。二是完善的法律保障体系。完善了保障循环经济发展的法律体系。三是重视科研及人才培养，为园区发展提供科技支持和智力支撑。四是官、产、学、民密切协作，共同参与。

（4）主要借鉴方面：

——加强政府引导和政策支持。节能环保产业属于典型的初期需要政府引导型产业，各级政府应继续加强引导和政策支持。

——突出特色。北九州生态产业园区产业聚焦在四大模块，有利于突出特色，更好发展。地方在建设节能环保产业园区时，应考虑地方特色，聚焦特色，大力发展优势特色产业。

——政、产、学、研一体化。重视科研，将政府、企业、科研单位、大学紧密地联系在一起。

四、编写规范

（一）基本规范

1. “规划保障”报告文稿围绕规划目标进行简要描述

“规划保障”报告文稿，主要是系统研究规划目标，总结和提炼规划目标实现的措施、机制、体系以及资源和服务平台等，并将这些内容重点阐述，为规划审核、科学决策以及上级单位提供必要的产业政策、稀缺资源等制度和文件依据。

2. “规划保障”报告文稿重点阐述主要措施或机制

各类发展规划“规划保障”报告文稿，包含的内容和行文格式各不相同。

无论何种风格的“规划保障”，都应该重点描述实现规划目标的实施策略，需要出台的政策文件、组织机制、资源分配、服务平台、运行模式与开发机制等。

（二）编制要领

1. “规划保障”文稿要体现规划对象的特征和基本规律

政府发展规划有行业特殊性，政府职能既有经济性，也有社会性。“规划保障”应着重体现特定发展规划的地域特征、行业特征，同时也要符合特定规划的经济规律。如碳达峰碳中和专项规划与生态文明产业政策、减碳大数据与统计监测机制相关，在规划保障中应该重点研究和阐述。

2. “规划保障”文稿要语言简洁并体现专业性

“规划保障”的文稿应该言简意赅，有政策高度和专业性，避免使用生僻或者不规范的用语等。

五、案例研究

（一）《潍坊节能环保产业园中长期发展规划》的 PDCA 模型应用

为实现园区规划目标，规划编制组确立了产业园组织领导体系，建议成立节能环保产业园领导小组，财政、发展改革委、经信委、农业农村局、规划局、生态环境局、自然资源局、科技局、商务局、交通局等部门参与，建立明确的议事日程和部门职责，进行规划实施、资源协调、重大决策评估、管理、指导与考核。编制各部门工作计划和三年行动方案，做好产业园发展的协调配合、资源倾斜与工作衔接（P，计划）。

为执行规划方案，建议成立产业园发展中心，设立投资开发等职能部门，制定各部门职责和流程，完善考核机制和具体办法（D，执行）。设立投资管理、产业基金、融资担保、物流物业等专业公司，明确各部门职权与工作程序，确立行动方案和年度计划，分解落实各项规划目标到职能部门和所辖园区、相关街道。规范入园标准和考核机制，开展重点招商和重大项目对接，提高开发速度、工作效率和服务质量。

确立双链开发模式，推动龙头企业发展。抓好重点领域、重点行业、重点企业和重点项目节能监察，做好新增用能企业的节能监察工作，加强能耗限额标准、高耗能落后淘汰设备、节能评估审查和能源利用状况报告等制度执行情况的监督检查（C，检查）。具体见图 13-4 所示。

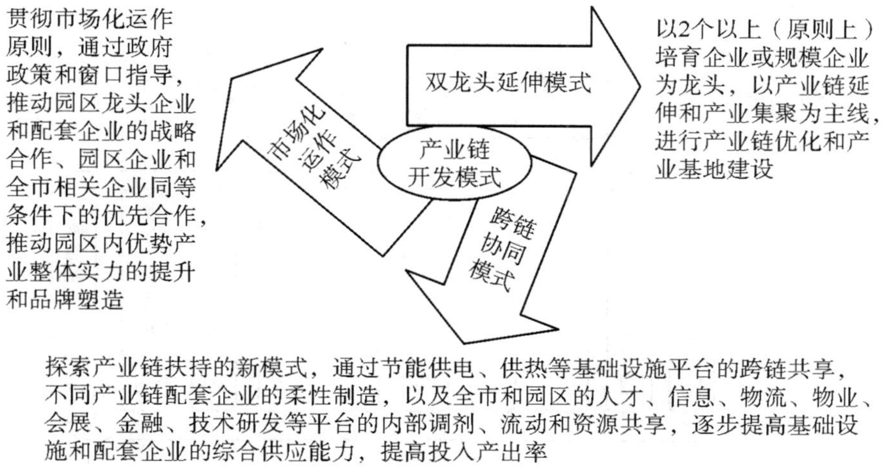

图 13-4　潍坊节能环保产业园开发模式

完善产业园节能环保长效机制，健全节能环保运行管理制度和用能操作规程，细化考核措施，制定行动方案。制定产业园建设绩效评价体系，定期进行规划修订和优化，提高规划时效性和适应性（A，修正）。

通过 PDCA 模型的实践运用，推动产业规划实施与动态调整，确保实现预期目标。

（二）国合院“1211”零碳城市推进图谱

国合华夏城市规划研究院自 2021 年 7 月与 10 家国家级院所联合发起“百城千企零碳行动”，全面推动零碳城市试点以来，在 2023 年，对典型案例进行提炼，创新性提出了“1211”零碳城市推进图谱。

国合院独创了零碳试点的“1211”作战地图，为国家部委、地方政府、园区及企业实施“双碳”战略、打造零碳示范城市（园区、企业、景区等）提供了路线图、方法论、施工图与场景图。“1211”零碳作战地图的基本内涵与施工图见图 13-5 所示。

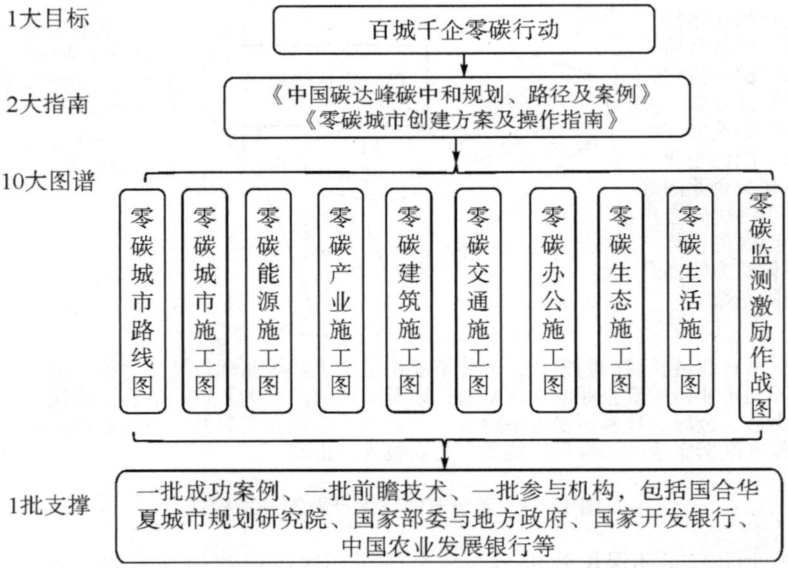

图 13-5 国合院独创“1211”零碳作战地图

1：1 大目标即“百城千企零碳行动”。基于习近平总书记“3060”双碳承诺目标，贯彻落实中央、国家部委和地方“1+N”政策文件，创新理论模型与实践案例，与 10 多家部委院所、中央企业、地方政府等联合发起的“百城千企零碳行动”，着重推动零碳城市、零碳园区、零碳企业与零碳景区的创建辅导与落地。

2：2 大指南。组织专家学者撰写并辅导践行《中国碳达峰碳中和规划、路径及案例》《中国零碳城市创建方案及操作指南》碳达峰碳中和作战图、路线图、施工图与场景图。

1：10 大双碳实施图谱。基于国家双碳战略与减碳实践，以“百城千企零碳行动”为主线，不断创新零碳标准体系，集聚资源与资金，共同推动国家、城市、园区、企业、社区、学校、医院、村庄、个人等 10 大碳达峰及零碳示范的路线图、施工图及作战图谱。

其中：

图谱 1：零碳城市（园区、企业、社区等）全链条全周期路线图，即目标诊断 →问题提炼 →创建方案 →任务分解 →重大工程 →重点行业 →技术应用 →资源匹配 →效果监测 →示范验收 →全面推广。

图谱 2：零碳城市（园区、企业、行业等）全链条全周期施工图，即目标分解 →清洁能源 →零碳制造 →零碳交通 →零碳仓储 →零碳建筑 →零碳生态 →零碳生活 →碳汇交易 →零碳验收 →案例推广。

图谱 3：零碳能源（光伏、氢能、风能等）全链条全周期施工图，即目标分解 →可行性研究 →能源选择 →技术路径 →部件供应 →装备组装 →清洁生产 →输送存储 →能源交易 →案例推广。

图谱 4：零碳产业（工业、农业、服务业）全链条全周期施工图，即现状分析→可行性研究 →类型选择 →技术图谱 →部件供应。

图谱 5：零碳建筑全链条全周期施工图，即项目筛选→可行性研究 →实施方案→技术路径 →物料供应 →项目建设 →效果监测 →减碳分成 →案例推广。

图谱 6：零碳交通全链条全周期施工图，即项目筛选→可行性研究 →实施方案→技术路径 →物料供应 →项目施工 →效果评估 →减碳测算 →案例推广。

图谱 7：零碳生态治理全链条全周期施工图，即项目筛选→可行性研究 →实施方案 →技术路径 →物料供应 →项目施工 →效果评估 →减碳测算 →案例推广

图谱 8：零碳办公全链条全周期施工图，即目标确定→可行性研究 →创建方案→技术路径 →分工实施 →场景测算 →效果评估 →减碳激励 →案例推广。

图谱 9：零碳生活全链条全周期施工图，即目标确定→可行性研究 →创建方案→技术路径 →分工实施→场景测算 →效果评估 →减碳激励 →案例推广。

图谱 10：零碳智慧决策、监督激励大数据系统作战地图，即项目筛选→可行性研究→开发系统 →系统应用 →场景分析 →项目评估 →成效激励 →系统展示 →案例推广。

1：一批案例、技术与实施机构等支撑，包括但不限于：

一批已实施案例：北京、威海、贵阳、潍坊、凯里、青岛、三明、成都等。

一批可落地技术：高效农业低碳技术、生物质技术、工业减碳、错峰蓄热锅炉、CCUS（碳捕获、利用与封存）、碳金融碳信用系统等

一批可参与机构：国家和地方发展改革委、生态环境、农业农村、交通、住建等职能部门，国合华夏城市规划研究院、新华社（新华网）、国家能源集团、中节能、中国水环境、中国电力工程、国家开发银行、中国农业发展银行等中央企业及金融机构。

通过策划并实施“1211”零碳作战地图，可以推动各个省份、各城市、产业园、企业或景区等实现方案编制、顶层设计、目标确定、项目论证、技术选择、清洁能源、园区示范、工程施工、低碳改造、零碳试点、CCUS、零碳交通、零碳办公、碳汇交易以及案例推广等，进而推进打造国家级零碳示范城市、零碳园区、零碳企业，以零碳带动城市转型、产业招商、技术应用与区域经济的高质量发展。

上述“1211”零碳城市试点的作战图谱，从政策解读、零碳标准、产业减碳、资金来源、补偿机制、运行模式、考核体系、实施策略、监督检查等方面，进行了系统设计与重点阐述，较好地构建了国合院推动“零碳城市”建设的前瞻思路和实践做法。

（三）“保定市产业园发展规划与运营讲座” 的标杆分析模型应用

2014 年 9 月份，笔者受到河北省保定市组织部邀请，为该市市委、市政府、市人大和市政协等主要领导、各职能部门以及各县（市、区）有关领导、职能部门和

重点产业园等有关人员讲授了“保定市产业园规划与运营”专题讲座，运用标杆分析法对比分析了保定市产业园发展的现状与借鉴，其中分析了北京环保产业园的发展现状、主要做法和可借鉴之处。具体如下：

1. 园区现状

2002 年 12 月 23 日，北京市人民政府同意将北京国家环保产业园区列为市级开发区。园区总体规划占地 15 平方千米。

北京国家环保产业园区是集环保技术开发、环保技术孵化、设备制造、环保工程设计、环保软件开发、环保产品展示交易、环保技术服务等功能于一体的现代化绿色园区，是国家环保技术装备生产基地，是京津冀都市圈及华北地区的环保技术开发转化中心。对于科技含量高，经济效益好，单位土地面积投资大、产出多，环境污染少，能够吸纳当地劳动力，建设周期快的其他行业企业，环保产业园区也可以引进。环保产业园区计划引进跨国公司、国内知名企业、外资企业、上市公司、高新技术企业，并重点引进世界 500 强、国内 500 强企业。

2. 节能环保产业结构

园区形成以环保产业为主体、高新技术企业和外向型经济为两翼的“一体两翼”的产业新格局，突出与北京经济技术开发区主导产业相承接的作用，重点发展汽车电子、航空电子、汽车零部件等产业，突出环保主题，打造环保园区特色。已有北京桑德集团、北京海斯顿环保设备有限公司、北京保绿再生处理公司、北京富鼎环保设备公司、北京志峰环保设备公司等环保企业入区。

3. 主要特征

园区是集环保开发、产品制造、环保咨询服务等功能为一体的综合性园区。园区以“立足首都、面向全国、着眼世界”为发展宗旨，积极与通州及环渤海经济圈周边地区产业基础形成配套，参与国际竞争，成为环保产业领域的技术创新、高新技术产业化、国际合作、产业发展的基地和示范园区。

4. 主要借鉴

北京节能环保产业园建设的主要借鉴：

——定位高端。园区定为国家环保产业园，以“立足首都、面向全国、着眼世界”为发展宗旨，设立之初就作为市级产业园进行布局和提升，并确定了引进技术领先型和国内外 500 强企业等招商目标。

——行业集中。园区行业定位于装备生产基地和技术开发中心等重点领域。

——产业承接。园区产业与已有企业、邻近产业相互支撑和承接，与通州及环渤海经济圈周边地区产业基础形成配套，推动了核心产业链延伸和集聚。

我们借鉴国内领先产业园的经验性做法，归纳河北省保定市各产业园规划现状，保定市确立并实施了“一核两组团”发展格局：

“一核”就是以保定主城区为主的中心城市群，“两组团”即保东生态文明新城组团和保北中小城市群组团。同时，制定了汽车及零部件、新能源及装备制造、食品、建材、纺织服装、航空航天及新材料、生物医药、现代农业、现代服务业、旅游产业、文化体育、节能环保 12 个产业发展路线图。积极发展 5 个传统主导产业：汽车及零部件、新能源及能源设备、纺织服装、食品、建材等；大力推动 2 个新型主导产业：航空航天及新材料、现代医药。

从空间布局来看，保定市确定了总规划面积 1 149 平方千米的 34 个重点园区，承接京津地区汽车、新能源、航空航天、电子信息、生物医药、商贸物流、旅游休闲、健康养老等产业转移，重点建设高端装备制造基地、战略性新兴产业基地、商贸物流基地、新机场临空产业基地等。

河北省保定市产业规划定位具体如图 13-6 所示。

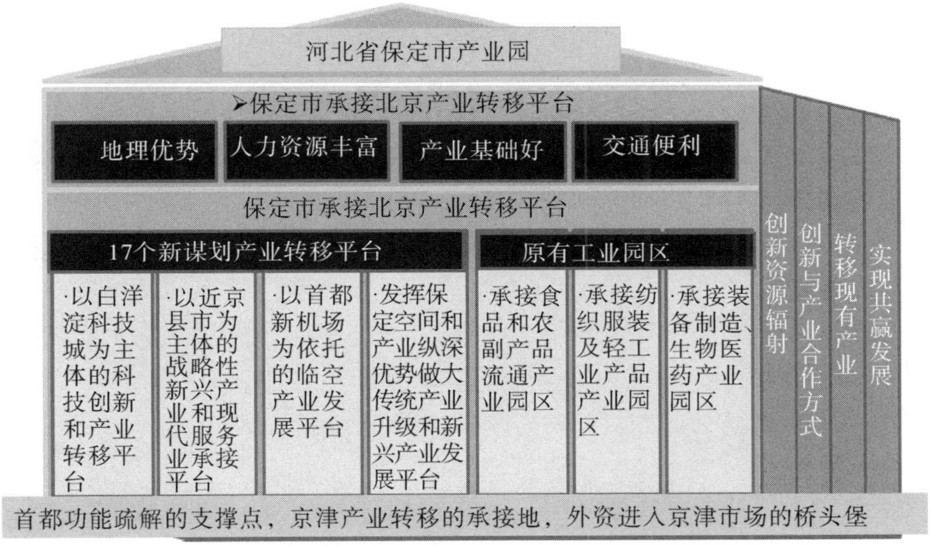

图 13-6 保定市 34 家产业园规划定位

第十四章

规划执行

一、编制依据

（一）基本要素

规划执行指按照规划确定的指导思想和发展目标，对规划既定的重点任务、主导产业等，有计划、有步骤地分解落实，配置必要的资源，通过实施主体的参与和具体行动，推动预期目标的实现。

（二）理论基础

规划执行主要依据既定的规划目标、确定的工作任务、资源与能力、部门职责分工以及本单位相关工作计划等予以统计、监督、评估、考核和兑现奖惩。

二、编制内容

（一）基本要素

规划执行需要有明确的战略定位、规划目标、组织体系、行动计划、责任分工、评估机制、基础设施、公共服务、激励考核及相关配套体系等。它是 PDCA 分析工具中“监督检查”（check）的具体体现。

（二）主要内容

为实现特定规划目标，构建资源配置与政策激励支撑体系，规划执行的具体内容包括但不限于准入条件、管理机制、产业扶持办法、招商策略、服务平台、公共购买、办公体系、交通居住、配套设施、示范基地等。具体如图 14-1 所示。

其中，政府规划需要有稳定、有效的组织机制和运行体系，才能保证有序运行。我们在总结各类政府规划的组织机制的基础上，归纳提出了地方政府规划执行的目标分解体系。具体如图 14-2 所示。

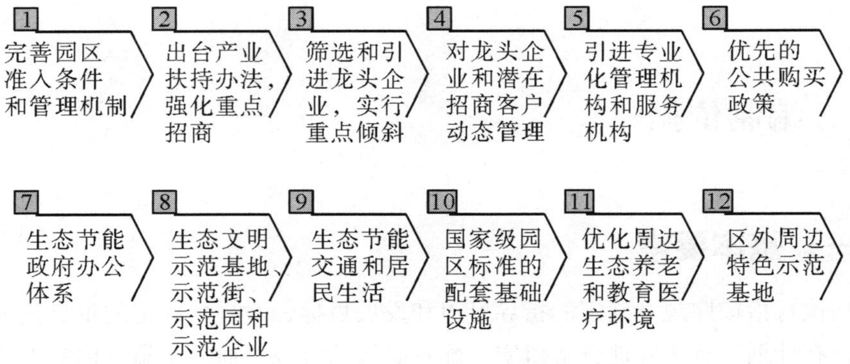

图 14-1 政府产业园规划的资源优化体系

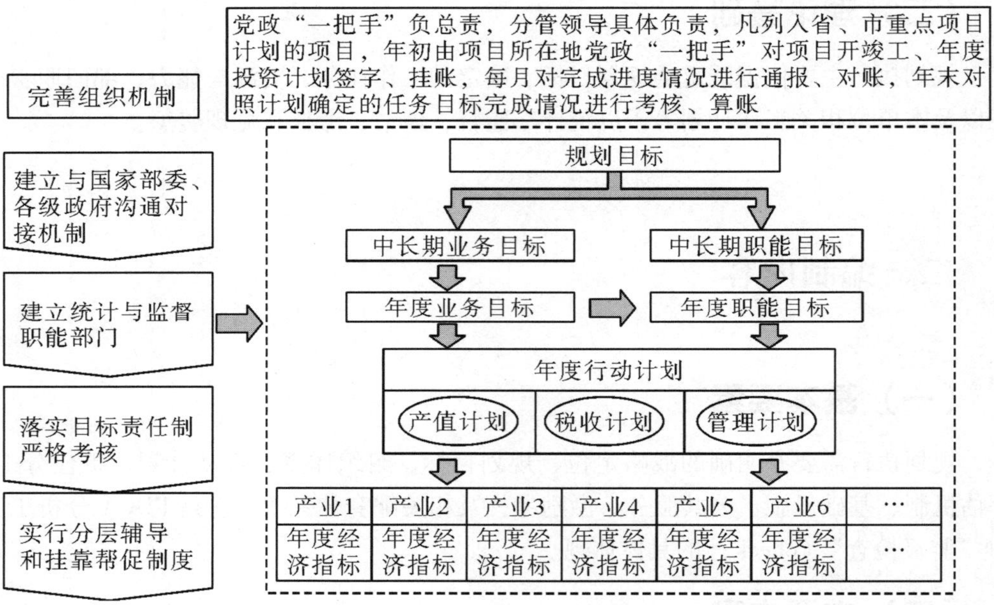

图 14-2 政府规划的目标分解体系

三、分析模型

（一）规划分解

通过对政府规划主要目标和重点任务的逐级分解，实现各级政府部门、各岗位的工作任务与规划项目相衔接，并据此制订政府各部门、各岗位的年度计划，确保政府规划的实际执行。

（二）责任考核

考核重点是根据规划任务和责任分解，确立相应的行动方案，制定考核措施，进行过程跟踪，制定并实施业绩考核办法，不断推动政府规划目标和工作任务的落实与执行。

（三）优化提升

根据政府规划阶段性考核结果，进行经验总结和工作分析，对存在的问题或缺陷进行优化与修订，研究出台新的规划实施、责任分工管理办法与考核机制，提升规划执行的质量。

四、执行规范

（一）做好规划执行与责任主体挂钩

地方政府规划不能有效执行与落实的一个重要原因是，政府规划与政府有关领导、责任部门挂钩不紧密，或者没有实现责任分工。

为实现规划预期目标，避免工作任务无人负责的现象，需要根据规划实施的有关需求，进行工作任务分工。

按照政府职能部门的工作范围，制定政府规划实施流程与责任考核办法，与政府部门考核、与个人收入及晋升等紧密挂钩。

（二）做好规划执行的全过程、全方位跟踪

分解规划目标和重点阶段，制订规划执行的具体计划，分解到有关部门和人员。建立运行机制，对重点项目、重点企业实行全过程跟踪和全方位服务。通过动态跟踪与全过程服务，提高产业聚集与开发效率，提高规划执行质量。

（三）重点解决规划实施的工作难点

在规划执行的不同工作阶段，可能出现不同领域的难点和阻力。要经常组织研究，主动集聚有效资源和核心团队，积极突破，努力协调解决。如在产业园建设前期，一级土地储备和基础设施建设等可能是工作的难点与重点，政府有关部门可以成立工作组，出台政策措施，积极协调和妥善解决。在产业园开发进入成熟期后，产业招商和项目融资可能是地方发展最重要的工作之一，政府将规划执行的重点放在组织资源和人员进行重点招商、构建融资平台，帮助企业进行项目融资和上市融资

等方面。

招商引资是规划执行的重要内容，也是产业集聚工作的难点。地方政府应集中精力，分解工作任务，集聚优势资源，统筹规划，积极突破。具体做法可以与产业链构建和产业集聚结合起来，进行统一的招商部署。具体思路如图 14-3 所示。

针对不同产业园的主导产业链，进行差异化的链条延伸与招商，通过建设、增补、强化产业链等措施，推动产业集聚和产业基地打造

建链招商	补链招商	强链招商
针对战略性新兴产业，通过引进产业中具有核心地位的龙头企业，或以重点企业为基础，辐射、延伸，建立全新的产业链条，培育有竞争优势的战略性新兴产业集群，为产业园建设积蓄动力，如长城新能源汽车的产业链建设	围绕产业链缺失的高附加值环节，紧抓“微笑曲线”的两端企业，将传统优势产业链延伸、补缺，做大规模，做优配套，实现产业关联发展需要。如化工园区依托现有重点化工企业，围绕石化、盐化、煤化融合发展，引进石油化工、盐化工、精细化工、化工新材料、生物化工等国内外知名企业，延伸拓展产业链条，提升产业价值链	通过注入科技、信息化和品牌元素，促进产业不断精细化、高端化，加快主辅分离，发展总部经济，推进现代服务业态做强做大，打造企业总部基地，建成引领产业发展的高地。如依托综合保税区，围绕搭建物联网、电子商务等公共物流信息平台，引进大型物流企业或管理企业，打造现代物流产业

图 14-3 基于产业价值链的招商策略

根据图 14-3 产业链招商工作思路，针对不同发展阶段的产业链，进行建链、补链和强链招商。

（四）做好规划执行的业绩考核

政府规划的执行需要构建规范的约束机制与规划执行考核体系，需要有专门部门或机制动态督促和考核落实。

在实施规划执行时，可以从规划执行状况、规划执行的责任主体工作效果两个维度进行考核。

对于规划执行的责任主体考核，又可分为政府职能部门与岗位个人考核等层面分解落实。

五、案例研究

（一）中关村软件园的战略执行与评估

中关村软件园是我国较早建立的以软件与信息化、科技创新等为重点的专业产业园。园区自建立以来，经历了多年的开发与提升，经过了很多探索与改革，取得了一些经验，也存在需改进的地方。

为系统、全面、客观地总结成绩、剖析教训，为二期开发提供决策支持，该软件园公司委托国合院研究团队进行中关村软件园的战略评估。我们分析发现，中关村软件园的规划设计，一般思路如下：

1. 总体设计："浮岛"理念创意较强

软件园区总体规划设计采用"浮岛"式理念，充分体现了传统与现代、静谧与灵动、城市与田园风光的完美融合与统一，每一座"浮岛"就是独立的研发区。通过控制容积率、绿化率，为软件研发群体创造宁静、自然的研发空间环境，为中关村软件园赢得了"首都科技旅游示范园区"的称号，受到入驻企业的欢迎。

2. 空间布局：实用性较强

在总体布局上，将企业孵化和综合管理服务部分设置在园区边缘东南两侧，呈现带状分布，以城市化的布局求得功能的便捷和联系，取得城市型的功能效应。总体来看，空间布局考虑到了软件研发企业和软件研发人才的实际特征和需求，具有较强的实用性。

3. 景观设计：水景观设计

以森林"绿岛"理念进行景观园林设计，规划隔离绿地、中心绿地、森林绿地、组团岛状的近环境及内环境及庭院绿地五个不同功能的绿地，通过一级开发建设，很快形成了系统化、森林似绿色园区。景观设计也存在不足，尤其是水景观特色没有实现，从景观设计实际花费来看，比当初规划设计成本有大幅降低。

从中关村软件园规划执行来看，该产业园实际开发中存在如下的差距或调整：

一是规划和现实条件反差较大。软件园一期开发规划的"浮岛"规划方案，五个绿化水系形态合成为园区的生态体系，大面积植被创造了水系的水土保持条件，而大面积水面使植被获得保湿环境，足够的水容才具有自净的能力，足够的植被才能使不同品种植被互为生存的依赖。但是，北京市严重缺水的现实条件，使得规划的蓝图与实施效果之间存在较大的偏差。

二是经济可行性条件相对不足。控制性详细规划指标确定时经济分析不足，很难做到将经济效益的评判量化，导致实际开发时，软件园公司多次调整地上建筑容积率，增加了沟通和协调成本，对园区建设进度也有较大影响。

三是公共配套空间与实际有较大差距。规划时对园区的功能配套空间考虑不足，尤其是缺乏公共空间，缺乏人际交流空间，不利于以软件工程师为主的高科技园区发展。

针对中关村软件园一期开发中存在的问题和缺陷，项目团队提出了修改完善的建议，提请有关单位评审和执行。

（二）政府债务风险管理 PDCA 模型应用

各级政府的规划执行需要可靠的、低成本资金与重点项目的资本运营，社会公共服务与交通等基础设施项目建设需要地方政府大量的资金投入，以及 PPP（公私合作）模式等改革与探索。

前些年，地方政府通过发债、土地抵押等借用了巨额资金，这些资金需要每年支付利息，到期归还本金。大量的债务包括政府发债需要有可靠的收入支撑。然而，地方政府的财政收入往往不足以解决债务偿还问题，容易出现信用危机，影响特定政府规划的执行，有必要予以严格监督和进行风险管控。

随着 2014 年 10 月国发〔2014〕43 号文件（《国务院关于加强地方政府性债务管理的意见》）等陆续出台，地方政府融资模式有了巨大的变革，地方融资平台开始按照公益性与否进行划分，政府与公司的风险分割更加清晰，地方政府已有存量债务和增量债务如何有效管理，已经成为地方政府发展规划顺利执行的重要影响因素。

为研究和规范地方政府的债务风险管理，我们结合地方政府债务的基本现状与存在的问题，采取 PDCA、目标一致性等模型进行政府规划中融资债务的风险监督与管理。

中央经济工作会议把控制和化解地方政府性债务风险作为经济工作的重要任务，把短期应对措施和长期制度建设结合（P，计划），做好化解地方政府性债务风险各项工作。从地方政府债务分类看，各地政府债务基本可分为四类：显性直接债务、隐性直接债务、显性或有债务和隐性或有债务。相应的政府债务风险有四种：显性直接债务风险、隐性直接债务风险、显性或有债务风险和隐性或有债务风险。

通过 PDCA 模型分析和现有债务分类研究，地方政府在债务管理方面，存在风险控制机制不健全、债务数据不真实、偿债能力较弱、融资手续不规范等问题。通过对政府债务的规划评估，我们提出了具体的工作建议：

一是建立地方政府性债务管理责任制（D，执行）。严格发债体系管理，分清“谁负债，谁偿债”的偿债主体责任，完善地方政府考核模式，避免地方政府性债务无序、盲目蔓延。

二是严格执行地方政府预决算制度，将政府的债务数量、借债项目、资金投向、债务项目效益等纳入本级预算管理，强化地方政府债务管理的规范管理（C，检查）。

三是改变领导干部考核体系，将债务负担率、债务偿还率等列入考核指标，对存在问题的投资项目，严肃追究相关人员责任。

四是理顺中央政府和地方政府的关系，建立事权和支出责任相适应的制度，规范地方政府债务管理（A，修正），中央和地方政府按照事权划分相应承担和分担支出责任。

五是引进民间资本，推进基础设施和公共服务项目建设。引进社会资本，积极引导民间资本参与城镇化基础设施建设和公共服务融资，提高公共产品供给的效率。

六是有序推进地方市政债券的发行。严格执行地方政府发债程序（P，计划），将债务收支纳入预算管理（D，执行），交由同级人民代表大会审议并接受监督，使地方政府债务公开透明化，加强地方债务的统一监管（C，检查）；完善地方政府发债制度，严格规定市政债券的发行主体、发债方式、发债规模、资金用途、偿债机制等，建立以规模控制、债券保险、信用评级、信息披露等为主体的风险控制体系，防止债务风险。

七是编制政府资产负债表。编制政府资产负债表，明确地方政府的负债率、偿债率等；建立地方政府财政收入与债务之间的关联机制，将地方政府的债务规模控制在合理范围内，提前做好债务融资规划。

八是建立地方政府性债务管理的风险预警机制。组建地方政府债务信息监测系统，完善信息报告制度，定期公布负债情况和资金变动情况；规范地方政府债务风险管理制度，建立政府性债务风险指标体系，确保债务风险得到有效控制和化解（A，修正）。

通过PDCA模型等分析工具，优先执行风险管理制度，调整工作措施，提高地方政府债务风险控制能力，确保规划执行的资金安全。

第十五章

中期（期终）绩效评估

一、评估依据

（一）基本依据

规划评估的主要目标在于掌握规划实施的进展与成效，分析、归纳、总结规划实施的经验与存在的问题，促进规划编制与实施。

规划评估依据一般包括政策法规、总体规划或上一级规划、本规划，以及规划执行期出台的最新政策、上层规划等。

规划评估属于规划执行期间的重要工作，它是 PDCA 模型的重要一环。通过规划评估，检验规划实施效果，分析规划执行中的问题，为更好地优化和执行规划提供决策依据。具体如图 15-1 所示。

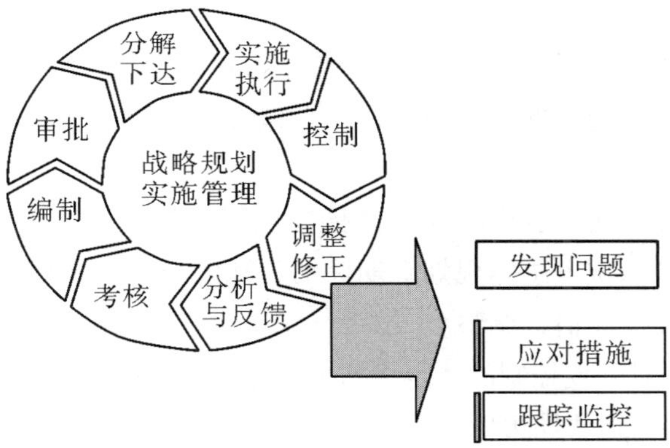

图 15-1　规划评估与修正模型

规划评估的目标在于，分析比较规划目标任务承担组织或个人实施规划的成绩与差距，推动规划实施，提高规划执行效果。

规划评估的主体是规划单位的上级部门或者负责监督考核的部门。

（二）理论基础

采用 LFA 方法（逻辑框架法）、PSR 理论模型（压力、状态、响应，是环境评价学学科中生态系统健康评价学学科常用的一种评价模型，可衡量人口增长、社会经济发展等因素对土地的压力，分析土地对压力的适应能力及环保措施等）、环境经济模型等，构建规划评估模型。

二、评估内容

（一）美、英等西方国家评估体系

自20世纪40年代起，美国、英国等西方国家针对政府公共部门的规划与政策执行情况，开展政府绩效评估，形成了较完善的评估体系和评估方法。

英国、美国城乡评估体系一般分为两个层次、三个阶段。其中，“两个层次”指国家区域层次的统筹指导，以及地方的贯彻执行。“三阶段”指项目前期阶段的规划编制评估，进行项目的环境影响、交通影响、土地价值评估等评价；规划实施过程中的评估，在项目建设阶段进行分阶段评估，监测评估项目运行情况，提出改进计划，编入行动计划；规划项目建设完成后的项目质量、效益的追踪评价。

1. 美国的规划评估体系

在美国的城乡规划体系中，上层次的综合规划对下层次的实施规划起到指导作用，它是土地利用决策的依据。规划评估体系包含国家指导性层次规划评估和地方实施性层次规划评估。

环境相关评估贯穿两个层次的规划。指导性层次规划评估综合规划的专项评估、区域性环境影响评价、城市总体规划定期评估、社区与邻里规划评估。城市总体规划在固定时间期限内进行评估、调整。

美国实施性规划是开发控制的法定依据，又称法定规划。这一层次的规划如果出现上层次总体规划调整、地块周边情况发生重大变化、原编制程序不合法三种情况之一，可以由土地所有者或其他人提出修订要求，再按原程序编制与审批；城市设计导则基本固定，任何人提出调整要求均可以进行，但程序复杂，必须按原程序审查、审议。

实施性层次的规划评估包含：土地评价和区位评估、环境影响评估、城市增长管理、城市土地再开发评估、城市更新规划评估、城市专项规划评估、城市行动计划策略实施评估等。

在规划期初，纽约市通过环境风险评估，制订棕色地带治理的统一标准，建立专门的城市管理部门负责监督棕色地带（棕色地带指地球上特定地区的自然环境，如干旱地区可能呈现棕色或类似的颜色，可能对当地生态系统和生物多样性造成影响）治理的规划、检测和处理等手段，使现有棕色地带治理项目运行高效和顺畅。

在规划期中，美国市议会拟定关于棕色地带再开发的年度报告，以后每年进行一次年度评估报告，调查每个城市的棕色地带再开发情况。在进行评估的过程中，评估组把政府、商业和社区连接到一起，成为有伙伴关系的利益共同体。通过利益共同体参与评估，将环境修复、合理的规划、社区参与结合。评估组通过纽约棕色地带利用年度评估，评估项目进展情况，提出下年目标，针对进度与目标提出新的计划。

在规划期末，通过评估城市棕色地带产生的就业机会，遵循前两次评估指导意见进行实施的情况，显示经济效益和综合效益。

2. 英国的规划评估体系

2004 年英国确立规划体系包括区域空间战略和地方发展框架两部分，英国规划评估体系也包含上述两个层次规划的评估。

具体如图 15-2 所示。

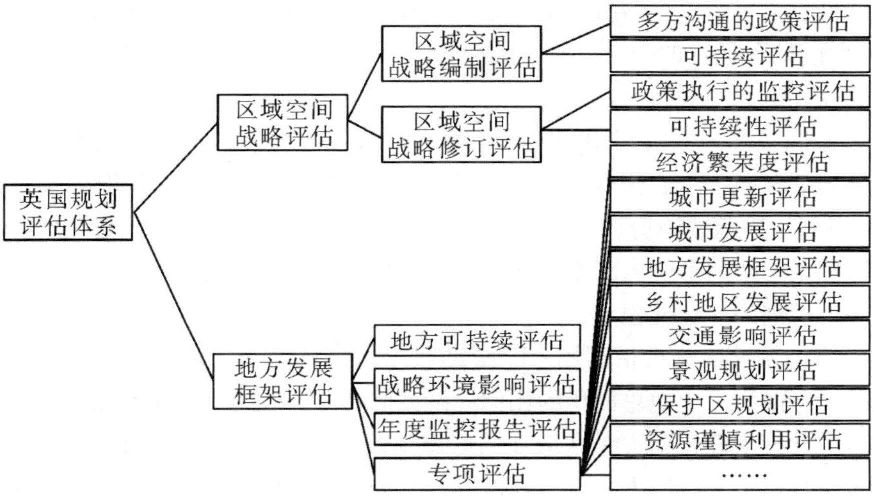

图 15-2　英国规划评估体系

区域空间层面的规划评估分为区域空间战略编制评估和区域空间战略修订评估两个阶段三次评估。根据《城乡规划条例（区域规划）》，“可持续性评估”贯穿区域空间战略编制实施修订的整个过程；在区域空间战略的编制阶段，进行“多方沟通的政策评估”；在区域空间战略的修订阶段，进行“政策执行的监控评估”。其中“可持续性评估”包含维持高的和稳定的经济增长和就业水平、个人实现社会抱负的进程、环境的有效保护和资源的谨慎利用四个方面的评估。

地方发展框架按照英国《城乡规划条例》和欧盟法律的规定进行“可持续性评估”和“战略环境影响评估”。一般评估介入时间为规划编制前。每个地方政府建立《年度监控报告》（AMR）制度，每年年末对地方发展框架实施情况进行评估。地方政府进行交通影响评估、景观规划评估、保护区规划评估、资源利用评估等专项评估，评估年限可分为 2 年、3 年和 5 年。

主要借鉴点：绩效评估逐步走向制度化、法制化，绩效评估主体多元化，评估主题公民导向，评估技术更加成熟。

（二）我国规划评估的内容

1. 规划评估方式

规划评估的方式包括：自我评估、第三方评估或上级行政部门评估。

从具体操作来看，规划评估有定性评估和定量评估等方法。

定性评估方法有专家问卷调查、群众调研法，定量评估有对比分析法、计量统计分析法。

空间分析还有定位评估法。定位分析的实质是空间单元上的指标运算，包括基于GIS（地理信息系统）的叠合分析、缓冲区分析和连片度分析，以及基于景观生态指数的破碎度分析，等等。

（1）空间叠合分析指利用GIS空间叠合分析计算允许建设区空间偏离度、禁止建设区使用情况、基本农田地类构成和生态空间建设用地减量化程度等指标。通过GIS空间分析中擦除或裁剪操作获得空间上布局在允许建设区、禁止建设区、基本农田保护区和生态空间范围内的新增建设用地、耕地、现状建设用地面积，判断用地的空间分布与规划的一致性程度。

（2）空间缓冲区分析指利用GIS缓冲区分析计算交通用地通达度。通达度为交通用地缓冲区面积占土地总面积的比例。该比例越大，表明交通用地服务或影响的范围越大。其计算步骤包括：①获取评估区域道路数据，主要包括国道、省道、县道、乡道等线状数据；②高速出入口、港口码头、火车站、机场等点状数据；③按不同缓冲距离分别对线状和点状道路数据建立缓冲区，统计缓冲区面积，计算其占评估区域总面积比例。

（3）连片度分析。基本农田连片度指基本农田图层中地块在空间上的相对相连度。两个地块在空间上相隔的距离越小，它们的连片度就越高。当它们的距离小于一定阈值时，可认为成块连片。

（4）破碎度分析。土地利用总体规划强调切实保障生态用地建设，但实施中受自然或人为因素的干扰，原来连续的景观要素经外力作用后逐步变为许多彼此隔离的不连续的斑块镶嵌体。破碎度就是对景观破碎程度的度量。

2. 规划评估体系

按照规划评估的时序，规划评估体系包括：前期评估、中期评估和后期评估。

前期评估对规划及政策的科学性进行评估，确定是否继续实施；中期评估对规划的实施和完成情况进行评估，确定规划是否合理及改进措施；后期评估是评估规划与政策实施效果，为出台新的规划与政策提供借鉴。

评估规划效果的前提是制定并确认政府绩效与规划绩效。

在管理学中，绩效定义为从过程、产品和服务中得到的输出结果，并将该输出结果与目标、标准、过去结果、其他组织的情况相比较，对该输出结果进行评估。绩效评估是识别、观察、测量和评估绩效的过程。

政府规划的效果（绩效）评估跟规划目标与职能一致。政府规划的目标是实现特定的税收或 GDP 等经济效益，同时，实现特定的社会功能，如生态环保、居民就业、基础设施建设等。

各类发展规划、五年规划、专项规划、土地利用总体规划、控制性详细规划等各类规划的评估标准与内容可能不同，评估重点存在差异。各类规划评估内容一般包括：对规划编制、规划执行的政策、环境与制度变化、规划目标的具体进展、重要指标的完成情况、重点工程进度与缺陷、主要任务的进展等进行对比分析，对规划执行存在的问题等进行研究，对下一步规划期内可能实现的目标等进行预测，提出规划改进的建议和策略。如对“十二五”绿色发展规划的中期评估，包括对规划基期、上一个规划期、本规划执行期数据和指标等进行评估与对比，分析主要原因，研究具体策略。具体示例如表 15-1 所示。

表 15-1　生态保护与实际执行对比

项目	2000 年	2005 年	2010 年	2011 年	2012 年	“十五”年均变化	“十一五”年均变化	2010—2012 年年均变化
造林总面积/万公顷	510.5	540.4	591	599.7	601	5.4	1.8	0.8
森林覆盖率/%	16.55	18.21	20.36	20.91	21.09	0.3	0.4	—
森林蓄积率/亿立方米	112.7	124.6	137.6	139.5	140.4	2.0	1.9	—
自然保护区面积/亿公顷	9 821	14 995	14 944	14 971	—	8.8	-0.1	—
湿地面积/万公顷		3 489	3 489	3 489	—	0	0	
水土流失治理面积/万公顷	8 096.1	9 465.5	10 680	10 966.4	11 386.4	3.2	2.4	3.3

在表 15-1 中，生态保护的评估项目包括造林总面积、森林覆盖率、森林蓄积率、自然保护区面积、湿地面积、水土流失治理面积等指标，分析年份包括 2000 年、2005 年、2010 年、2011 年、2012 年的数据和比较，以及“十五”年均变化、“十一五”年均变化和评估期间的 2011—2012 年年均变化情况，进而说明规划执行情况，并分析原因。

规划评估报告内容与文稿格式有不同风格，一般包括但不限于：

（1）评估依据和背景说明：主要阐述规划评估的基本文件和政策依据、评估范围、评估期限，以及有关事项。

（2）规划评估期内的基本情况描述：主要描述评估期内规划执行和有关环境变化等。

（3）总体评价：一般说明评估期内对规划执行的总的评价和成绩、存在的问题，以及有关核心对比数据和资料。

（4）分项目评估：一般研究主要行业、重点领域或核心指标等具体分析和实际执行情况比较等。

（5）政策建议：一般根据评估结果，做出对未来一段时期内规划执行的具体策略建议等。

三、评估方法

（一）目标一致性评估

1. 模型解读

目标一致性评估指基于已有发展规划，在规划执行一定阶段之后，对规划执行的一些措施和实际效果进行规范的评估。

2. 模型应用

目标一致性评估的主要评估原则包括：对规划期初的指标数据和评估期末的指标数据等进行纵向比较的增量评估等。如区域“十二五”规划纲要建立的指标体系，一般包括经济增长、经济结构、科技创新、改革开放、人民生活、公共服务、资源环境等主要领域，确定的主要指标有几十项，其中又分为预期性指标、约束性指标两大类别。与以往规划期限和年份比较，与不同地区比较等，取得的成绩、存在的问题以及未来的建议等。规划考核方法一般采用重要性排序方法。

（二）对比分析法

1. 模型解读

对比分析法主要是针对特定规划确定的规划期和主要指标数据等，进行规范的年份和特定期限的对比比较，借以分析规划评估期内的工作业绩和经济变化等，为规划执行效果和采取的措施等提供评估效果判断。

2. 模型应用

国合院受北京市政府有关部门委托，对中关村软件园十年战略执行情况进行规划评估。我们选择了国内外经典产业园的主要数据和规划指标，测算中关村软件园战略执行十年的数据和规划设计数据，进行了指标对比与综合分析，归纳提出了中关村软件园一期开发和二期项目建设的主要问题与可能缺陷，形成了中关村软件园战略规划评估报告，对于指导该产业园和其他产业园的后续开发有较好的指导意义。

（三）层次分析法

1. 模型解读

层次分析法根据各类规划评估的层次关系，进行指标设计和具体分析，进而对规划评估期的工作成效等做出评估报告。

2. 模型应用

土地利用总体规划实施评估内容，主要包括规划目标实现程度、土地利用结构与布局、耕地与基本农田保护、生态用地保护、土地节约集约利用、规划实施社会效应、制度建设情况、规划背景变化情况以及规划修改情况等。

按照层次分析法，将土地利用总体规划评估体系分为：

（1）目标层：土地利用总体规划实施评估；

（2）准则层：反映土地利用总体规划执行力、控制力、效益和效力的主要因素；

（3）措施层：由直接度量准则层的单项指标构成。

（四）逻辑框架法

国际通行的评估方法为逻辑框架法。逻辑框架法最早是由美国国际开发署 1970 年开发使用的设计、计划和评价的方法，目前是国际上被广泛应用于各类规划的策划、分析、管理与评价的基本方法。其具体内涵如表 15-2 所示。

表 15-2　逻辑框架法的内涵

层次纲要	客观验证指标	验证依据	拟定条件
目标/影响	目标/指标	检测监督手段与方法	实现目标的主要条件
目的/作用	目的/指标	检测监督手段与方法	实现目标的主要条件
产出/结果	产出物/定量指标	检测监督手段与方法	实现产出的主要条件
投入/措施	投入物/定量指标	检测监督手段与方法	实现投入的主要条件

四、评估规范

（一）基本规范

规划评估遵循规划评估的一般程序，建立规划评估的标准，并且由有权部门组织实施，按照规范的流程等组织上报和提交审批。

（二）评估要领

规划评估要针对具体规划确立相应的参考标准、规范的程序和规划评估重点，并且对评估结果做出技术处理和修正。

1. 重点评估重要产业或社会普遍关注的指标

对于设定的指标与预测性目标，根据当地经济与社会实际，着重评估和确定有地方特色、对地方发展有重大影响的指标，如体现经济转型、民生改善、环境保护等关键性指标或约束性指标。

在中期评估报告中对这类关键核心指标重点分析，明确给出结论，分析问题原因，提出改进的建议，确保中期评估发挥应有的推动作用。

2. 根据规划评估结果适时调整修正

规划评估的基本功能是促进特定规划实施，关键作用是引入规划调整机制，对规划纲要进行调整与修正。

五、中期评估案例

（一）海南国际旅游岛第三方战略评估的目标一致性模型应用

海南省是我国经济最活跃的南方省份之一，经过多年的改革与发展，经济与社会得到了快速、持续的发展。

为了科学评估海南省国际旅游岛的发展现状，分析可能的缺陷，总结发展经验，促进海南经济的可持续发展，国家发展改革委国际合作中心受托对海南岛进行了战略评估。

项目组组织了现场调查，设计了访谈提纲，采取了目标一致性分析模型，经过系统调研、专家讨论、内部访谈、系列观点研究与报告研讨等，初步形成了战略评估报告，提交国家发展改革委和海南省等部门审核，反馈修改意见。该评估报告的形成与论证，为海南省下一步的经济发展与改革路径提供了清晰的方向。

（二）城市总体规划实施评估办法（试行）

第一条　为加强城市总体规划实施评估工作，根据《中华人民共和国城乡规划法》第四十六条、第四十七条的规定，制定本办法。

进行城市总体规划实施评估工作，应当依据本办法。

第二条　城市人民政府是城市总体规划实施评估工作的组织机关。

城市人民政府应当按照政府组织、部门合作、公众参与的原则，建立相应的评估工作机制和工作程序，推进城市总体规划实施的定期评估工作。

第三条　城市人民政府可以委托规划编制单位或者组织专家组承担具体评估工作。

第四条　城市总体规划的审批机关可以根据实际需要，决定对其审批的城市总体规划实施情况进行评估。

前款规定的评估的具体组织方式，由总体规划的审批机关决定。

第五条　城市人民政府应当组织相关部门，为评估工作的开展提供必要的技术和信息支持。各相关部门应当结合本行业实施城市总体规划的情况，提出评估意见。

第六条　城市总体规划实施情况评估工作，原则上应当每两年进行一次。

各地可以根据本地的实际情况，确定开展评估工作的具体时间，并上报城市总体规划的审批机关。

第七条　进行城市总体规划实施评估，可以根据实际需要，采取切实有效的形式，了解公众对规划实施的意见和建议。

第八条　进行城市总体规划实施评估，要将依法批准的城市总体规划与现状情况进行对照，采取定性和定量相结合的方法，全面总结现行城市总体规划各项内容的执行情况，客观评估规划实施的效果。

第九条　城市人民政府应当及时将规划评估成果上报本级人民代表大会常务委员会和原审批机关备案。

国务院审批城市总体规划的城市的评估成果，由省级城乡规划行政主管部门审核后，报住房城乡建设部备案。

第十条　规划评估成果由评估报告和附件组成。评估报告主要包括城市总体规划实施的基本情况、存在问题、下一步实施的建议等。附件主要是征求和采纳公众意见的情况。

第十一条　规划评估成果报备案后，应当向社会公告。

第十二条　城市总体规划实施评估报告的内容应当包括：

（一）城市发展方向和空间布局是否与规划一致；

（二）规划阶段性目标的落实情况；

（三）各项强制性内容的执行情况；

（四）规划委员会制度、信息公开制度、公众参与制度等决策机制的建立和运行情况；

（五）土地、交通、产业、环保、人口、财政、投资等相关政策对规划实施的影响；

（六）依据城市总体规划的要求，制定各项专业规划、近期建设规划及控制性详细规划的情况；

（七）相关的建议。

城市人民政府可以根据城市总体规划实施的需要，提出其他评估内容。

第十三条　城市人民政府应当根据城市总体规划实施情况，对规划实施中存在的偏差和问题，进行专题研究，提出完善规划实施机制与政策保障措施的建议。

第十四条　城市人民政府在城市总体规划实施评估后，认为城市总体规划需要修改的，结合评估成果就修改的原则和目标向原审批机关提出报告；其中涉及修改强制性内容的，应当有专题论证报告。

城市总体规划审批机关应对修改城市总体规划的报告组织审查，经同意后，城市人民政府方可开展修改工作。

第十五条　省级城乡规划行政主管部门负责本行政区域内的城市总体规划实施评

估管理工作，对相关城市的城市总体规划实施评估工作机制的建立、评估工作的开展、评估成果的落实等情况进行监督和检查。

第十六条 住房城乡建设部负责国务院审批城市总体规划的实施评估管理工作，根据需要，可以决定对国务院审批城市总体规划的实施评估工作的情况进行抽查。

第十七条 没有按照规定进行城市总体规划实施评估的，上级城乡规划行政主管部门可以责令纠正。

经审查，报备案的评估成果不符合要求的，原审批机关可以责令修改，重新报备案。

第十八条 各地可以依据《城乡规划法》和本办法的要求，制定符合本地实际的评估工作办法或者实施细则。

第十九条 县人民政府所在地镇，垦区、森工林区、独立工矿区小城镇总体规划的实施评估工作，可以参照本办法执行。

（三）新疆生产建设兵团某师市“十四五”规划中期评估报告

根据国家、新疆维吾尔自治区、新疆生产建设兵团关于开展“十四五”规划中期评估工作的要求，规划评估期为 2021 年 1 月到 2022 年 12 月 31 日，评估重点为规划发展目标完成情况、重大任务进展情况、重点项目落实情况，总结规划前两年执行情况，深入剖析实施中的问题成因，依据党的二十大报告精神，结合发展环境变化，优化新疆生产建设兵团某师市“十四五”时期经济与社会发展规划后半期实施对策，进一步强化规划发展战略导向作用，确保规划目标任务如期完成。

（1）规划实施情况评估。2021 年以来，师市上下坚持以习近平新时代中国特色社会主义思想为指导，在新疆维吾尔自治区、新疆生产建设兵团党委坚强领导下，紧紧围绕纲要确定的发展战略和目标任务，按照中国式现代化、经济高质量发展要求，坚持新疆工作总方针，以经济与社会发展和维稳戍边为主线，坚持新发展理念，加快构建新发展格局，大力实施创新驱动、开放驱动、人才驱动三大战略，加快构建国家治理样板、亚洲文化高地、国际合作典范，“十四五”规划各项指标任务有序推进，大部分重点工作如期完成，较好地推动了师市经济和社会与民生事业的可持续发展。

（2）主要指标总体评估。在国际形势日趋严峻、欧美国家打压中国、遏制新疆经济发展，以及疫情的长期影响下，我国经济发展总体趋缓。师市上下克服困难与挑战，在极其艰难的环境下，全力突破发展的制约瓶颈，有效兼顾防疫与经济发展的关系，主动创新发展思路与机制，仍然取得了良好的工作成效。

规划提出经济发展、创新驱动、社会民生、安全保障、生态环境五大领域，共×项具体指标，其中经济发展×项、转型驱动×项、社会民生×项、安全保障×项、生态环境×项指标。其中数字经济增加值占地区生产总值比重、科技进步贡献率等指标，由于相关部门未有统计数字，不能对其进行评估。这次评估只对×项指标进行评估。

综合测算，师市“十四五”规划全部规划指标中期完成及提前达到的比例为×%，高于新疆生产建设兵团师市一般水平。

（3）指标评价。师市认真学习贯彻习近平总书记视察新疆重要指示精神，以及党的十九大报告、新疆维吾尔自治区与新疆生产建设兵团重要部署，全力以赴推动经济发展、改革创新，积极补齐民生短板，取得了显著成效，“十四五”规划谋划的重大任务多数按计划推进，重大项目与重大工程整体推进效果良好，区域中心城市初步构建。地区产值、科技投入等少数规划指标受宏观形势、经济发展规律与诸多要素制约，任务完成不够理想。

（4）效果评估。在“十四五”规划时期，师市认真学习领会和全面贯彻落实习近平总书记视察新疆重要指示和党中央、国务院、新疆维吾尔自治区、新疆生产建设兵团重大部署，特别是党的二十大以来中央最新战略布局，立足自身实际，突出优势与特色，坚定不移地推进“十四五”规划确定的主要任务、重大工程、重点项目全面落实，师市经济发展在逆势中保持稳中有进、向上向好的良好态势，实现生产总值×亿元、增长×%，一般公共预算收入×亿元、增长×%。同时，也存在着一些短板和问题，亟须改进或提升。

（5）调整建议。经认真研究、反复论证，提出对×项主要指标、×项重大工程项目调整修订的建议。

（6）推进措施。全面对标对表党的二十大报告提出的目标要求，按照新疆生产建设兵团第八次党代会和八届二次、三次、四次全会的工作部署，根据职责和任务分工，研究提出进一步推进规划纲要落地实施的任务举措，主要包括但不限于：坚持问题及目标导向，调整分解落实“十四五”规划方案；强化政策资源统筹，建设宜居宜业宜游和美城市；推进产城融合战略，加快构建现代产业体系；有效扩大投资，提升市域经济首位度；大兴调查研究之风，营造开放发展的营商环境；完善社会保障体系，增强就业增收等综合能力；深化对外改革开放，建设国际知名的美丽低碳城市等。

六、期终评估案例

（一）某地区森林植被恢复项目绩效评价

该森林植被恢复性建设项目坚持“省级统筹指导、地市综合协调、县区自行谋划”的原则，由省级林草局对该项目进行统筹指导，各地市综合协调，各县区负责项目具体实施。

该项目共涉及 8 项内容：①造林抚育补助费；②检查验收费；③特色林果简约化

栽培；④林果业提质增效补助资金；⑤林业科技专项补助；⑥乡村绿化美化工程；⑦林果示范区基础防治补贴资金；⑧特色林果有害生物防治资金。

该项目森林植被恢复费拨付财政资金 20 000 万元，资金到位率 100%。预算执行金额 11 757. 51 万元，结余 8 242. 49 万元，预算执行率 58. 79%。

该项目执行率较低的原因：

一是部分县、市未提供项目资料，无法统计支出结余情况；二是资金拨付到县级或市级财政局，地方财政局拨款不及时；三是项目余款未拨付，待春天林木验收成活率合格后拨付；四是招标结余资金；五是项目进度慢，按照项目进度支付金额较少；六是在项目实施期间，中标或者补贴企业出现突出情况，无法执行项目，没有拨付款项。

项目绩效总目标：①特色林果简约化栽培。建设林果简约化栽培示范基地 2 500 亩，辐射带动周边果园标准化建设规模显著提升。②林果示范园基础防治补助。实行统防统治，切实加大基础防治力度，全面普及石硫合剂喷洒等防治措施，虫口密度显著降低。③特色林果有害生物防治治理区林果有害生物危害势头得到有效遏制，生物多样性得到保护，最终达到可持续控制林果有害生物危害目的。④领导干部林果示范园基地补助。完成地市县区示范园建设面积 6. 31 万亩，带动提质增效果园建设面积 100 万亩以上。⑤林业科技专项。经济林产品质量安全监测：完成例行监测任务，对林果产品进行抽查检测；林下经济标准化科技示范：建立示范区 20 亩；发表论文 1 ~ 2 篇；聘任林果业科技支撑首席专家 3 名；以核桃、红枣、苹果等主栽树种为重点，开展选育、杂交、区域栽培等试验。⑥乡村绿化美化试点。改善农村人居环境，加强农村人居环境综合整治，推动乡村产业与经济发展，构建乡村绿色发展文化体系。⑦高标准农田防护林试点。探索新形势下农田防护林建设的技术模式，提高农田防护林防护效益和经济效益。⑧造林抚育及检查验收费。实施重点工程带动，全面推进生态系统建设，以林果业为重点，加快林业产业体系建设。

第十六章

规划调整

一、调整依据

（一）基本要素

控制性详细规划或经济规划的调整与适时修改，要依据当地的经济发展规律和需求，遵循各类规划的政策法规，结合规划评估后发现的问题和缺陷，进行有关规划的调整与优化。

（二）调整基础

编制城市规划与区域规划，进行规划的修订与调整，一般要由地方政府具体组织，有关职能部门参与和合作，聘请行业专家领衔，委托专业机构和组织社会公众参与，有时候还要经过人大会议审核表决等程序，根据有关各方的意见予以修订、完善。

二、调整内容

（一）基本要素

规划调整的基本要素，主要是根据已有政策法规或新出台政策的某些条款的变化，以规划评估或者开发过程中出现或发现的突出矛盾与主要冲突为重点，进行规划的相应调整。

（二）主要内容

规划调整要研究并严格遵循规划调整的国家法规、审核程序和基本规范，避免违规或违反程序地组织规划修正。

规划调整的主要内容，包括但不限于本规划与上位规划冲突的某些条款，本规划执行中出现的突出问题和主要缺陷，规划执行偏离规划目标的某些工作措施或重点项目，规划保障不够完善的措施，规划考核激励方面的条款等。

三、调整原因

（一）规划分散或时序杂乱

部分地方政府或产业园的用地空间规模分散，时序杂乱，如土地利用空间结构不尽合理；功能分区不明确；城镇建设无序，生活区、生产区难以分清；城市布局相对不合理；规划区域功能不清，商业、住宅等用地布局不集中等，需要进行规划修订与调整。

（二）强制性的技术规范与实际需求的冲突

在对申请单位的用地性质、道路或市政设施进行调整时，需要对土地开发强度指标如容积率、建筑密度、建筑高度等指标，以及人口增加导致的交通规划等，遵循规划地相关程序，予以及时调整。

（三）程序与规划实操的时滞性与不衔接

这主要表现在：控制性详细规划修改与更新没有执行法定程序和“五线控制”等要求，区域开发或项目建设机构不熟悉控制性详细规划的修改程序，擅自开工开发项目或土地，重点工程的空间规划修改时间超出预期、超出概算，控制性详细规划与项目开发之间存在冲突等。

四、调整规范

（一）基本规范

1. 遵循控规调整的一般规律

控制性详细规划修改要坚持基本原则。一般来说，控制性详细规划确定的地块用途、建筑密度、建筑高度、容积率、绿地率、基础设施和公共服务设施配套，作为强制性内容，原则上不能修改。对于降低快速路、主干路等级与标准；公园等公益性公共设施用地、基础设施用地及强制配套设施项目用地，风景名胜区核心景区、历史文化名城保护控制紫线及其建设控制区内由控制性详细规划明确的规划指标等，控制性详细规划修改涉及城市总体规划强制性内容等项目，一般不能修改。

2. 体现用地规模和时序的前瞻性与系统性

控制性详细规划调整论证要有前瞻性与规范性，从整个地区或特定城市发展的视角出发，进行相应的调整，避免单纯就项目论项目的现象。

在调整过程中，应注意地下与地上规划的适当平衡、地下功能与地上功能的适应、地下功能对地上功能的优化作用。搞好与城市交通的规划协调，建立各种功能之间的空间依存、价值互补、功能复合、相互衔接的关系。

3. 注重控制性详细规划修改更新和动态维护技术的合理性

调整规划时，要尊重历史，尊重经济发展规律，注重化解历史矛盾和遗留问题，尽量追求“五线”（红线、黄线、蓝线、绿线、紫线）修改变更与区域开发的有机统一，强化规划的刚性与弹性。

工业用地功能改变为商业用地功能的控制性详细规划修改，需要确保配套设施同步修改。居住用地改变为商住用地的控制性详细规划修改，包括商业用地指标、办公用地指标、居住用地指标的变动，配套设施、地块控制指标等修改；城市设计指引修改等需要与道路、地下和市政工程等同步修改。

控制性详细规划调整的技术路线（此处借鉴了刘智丹、孙灿《浅议控规修编的思路与方法》中的研究观点），具体如图 16-1 所示。

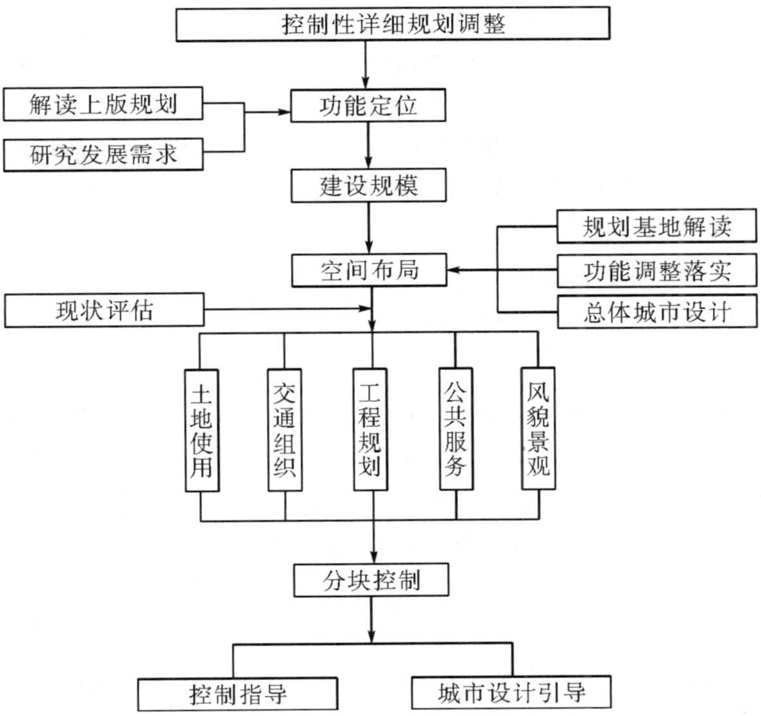

图 16-1　控制性详细规划调整技术路线

要注意完善控制性详细规划的大数据信息管理平台。整合与政府规划相关的大数据与云平台，完善控制性详细规划指标信息公开制度，及时向社会公布控制性详细规划调整目的、内容等，征求各方的反馈建议，提高规划调整的技术性、可行性和公开性。

（二）调整顺序

1. 总体发展规划的自适应与它适应调整

《中华人民共和国城乡规划法》规定了城乡规划的五种调整情形：“上级人民政府制定的城乡规划发生变更，提出修改规划要求的；行政区划调整确需修改规划的；因国务院批准重大建设工程确需修改规划的；经评估确需修改规划的；城乡规划的审批机关认为应当修改规划的其他情形。”

2010年，国务院办公厅发布《城市总体规划修改工作规则》，规定拟修改总体规划的城市，应对原规划的实施情况进行评估，深入分析论证修改的必要性，提出拟修改的主要内容，涉及修改强制性内容的，应就其必要性和可行性编制专题论证报告。该规则还规定了总体规划的强制性内容和修改城市总体规划的相关程序。

随着相关制度与经济形势的剧烈变化，国家主体功能区规划、国民经济和社会生活中长期发展规划的评估与调整，也要与全球、国家的政策环境、产业形势、社会需求等相适应，进行自适应或者它适应的主动优化与适时调整。

2. 土地总体利用规划调整

某一层级土地总体利用规划的调整，必须确保上级土地利用总体规划确定的各项用地控制指标不变。

规划调整依据调整层次分为原则性修改土地利用总体规划和一般性土地利用规划局部调整，一般性土地利用规划局部调整又分为单独选址项目规划调整和非单独选址项目规划调整。

原则性修改规划指行政辖区为适应行政区划调整、实施城镇总体规划等相关规划建设引起的用地方向、规模、布局发生重大调整，所需进行的土地利用总体规划修改。

单独选址项目规划调整指大型能源、交通、水利、军事等不在城市规划建设圈内的基础设施项目调整，一般以项目为基本单元。对土地利用总体规划的局部调整、非单独选址项目规划调整指为统筹安排各类项目用地，在不改变现行土地利用总体规划确定的土地利用主导方向、土地利用重大布局以及不突破规划约束指标的前提下，为满足新建项目的用地需求，对土地利用总体规划所做的局部调整，一般以行政区划为基本单元。

根据规划调整等级，可以分为省（自治区、直辖市）级、市级、县级、乡（镇）等规划调整。

当前，我国规划调整过程中存在的主要问题，包括土地总体利用规划调整随意性大，规划期限较长，规划环境变化大，土地利用布局不合理，土地利用节约集约程度不高，不同类别规划的衔接不顺畅等。

一般来说，规划调整的工作程序包括前期准备、方案编制、上级审核三个阶段，每个阶段又有各自的工作重点。

3. 经济发展规划适应性调整

国民经济和社会发展中长期规划、经济发展五年规划、专项规划等，一般存在规划编制前期的课题调研与修正、在规划编制与评审过程中的意见反馈与调整、规划执行过程的中期评估与纠偏调整、规划执行后期的评估与适时调整等。

在特殊经济或法律变更条件下，特定规划自身的条款评估与自适应调整等，也是需要做好的规划管理工作，如国家重大政策法规的出台与变化，有关上位法律法规变化之后，相应的下位规划对应条款需要进行优化与调整等。

4. 下位规划适时动态性调整

国家级、省级、地市级等不同层级的中长期规划，五年规划，专项规划，土地利用总体规划等，都要受到更上层级的规划限制、资源约束与空间管制。一旦上一层级规划有较大的变更，本层级规划就要进行适当的、动态的调整。如《国家主体功能区规划》对于北京市区的主体功能发生了重大的调整与变化，《北京市主体功能区规划》就要做出适时调整，以便与国家主体功能区规划相适应。再如，由于某种原因或环境变化，北京市政府在《北京市中长期经济发展规划》中对于丰台区的产业选择、功能定位和空间布局规划等进行了重大调整，丰台区有关规划等就需要做出相应调整。

5. 控制性详细规划适时优化调整

控制性详细规划是适应土地综合利用规划和总体发展规划等规划目标，对特定园区、重点项目等规划目标的落实分解与土地、空间等详细设计。

由于总体发展规划条款的某些调整，或者土地利用总体规划等的特殊调整，可能需要控制性详细规划做出适度、动态的优化与调整。

五、案例研究

（一）政府规划修订与调整

地方政府规划的修订与调整具有法律规范性与特殊性，要遵循一定的程序和规则。城乡规划工作定位以政府职能定位为基本依据。

以某省总体规划修正为例。对于某省、直辖市、自治区的总体规划修正来说，严格遵守《中华人民共和国城乡规划法》和《城市总体规划修改工作规则》等程序要求，突出“政府组织、专家领衔、部门合作、公众参与、科学决策”等基本特点，落实国家战略，优化功能布局，体现区域特色，组织规划评估，规划审批与规划修正。

第一，对特定政府总体规划进行中期评估、论证与调整，由省级政府有关部门牵头，组织编制总体规划的实施评估报告。

第二，组织专业机构编制强制性内容修改论证报告，重点针对修改用地规模等强制性内容的必要性、可行性进行论证。

第三，报请国家主管部门等审核同意，总体规划修改工作正式启动。

第四，规划修改报告完成后，提交并通过本级政府有关部门审查、规委会专家和全国专家咨询、本级政府常务会审查、本级人大常委会审议，并向社会公示。

第五，总体规划修改方案，通过全国专家审查会和部际联席会审查，得到国务院批复。

第六，本级政府正式实施修正的总体规划。

由案例分析：总体规划修改是实施总体规划的一部分和重要环节。通过实施监控、定期评估、研究深化、修改维护等关键环节，深化完善总体规划，将静态蓝图变为基于未来发展框架的实施机制和公共政策。总体规划是政策性、综合性最强的城乡规划，需要多层次、多部门的协调与合作，需要遵循必要的审批程序，适时调整与优化。

（二）北京市基于京津冀一体化规划的战略调整

为集聚北京市的核心资源与能力，实现与天津市、河北省的协调发展，执行北京市规划定位，需要建设北京、天津、河北省三地协同的执行与协调机制。超越三地各自行政的界限，真正寻求合理的产业优化和互惠互利，是考验北京市等三地人民政府和中央政府高端决策与大智慧的重要课题。

为贯彻“京津冀一体化”战略，北京市政府探索建立三方共赢的产业布局和运行机制。如在北京市等三地统筹设计重大交通、涵养水源、保护生态等特定区域，采取绩效考核等方式逐年认定当地履行相应规划与职责的具体结果，由下游的受益区域（通常是较发达区域）按照透明、规范的规则（事先确定并可做动态优化调整），以横向转移支付的方式，向履职尽责的生态保护区域做出实质性的补偿支持，原来的非合作博弈状态可以转变成为互利共赢的规范机制的作用状态。

通过推动北京市与天津市、河北省之间构建各方共赢的运作机制，有可能形成战略合作的三方共享的利益关系，将会提高三个地区产出发展与生态环境保护之间的平衡水准，使社会公众在一体化机制创新过程中体验到被尊重和获得实惠，促进各区域共享产业发展、改革开放的成果。

为此，相关规划保障措施主要有：

一是以公开透明、多方参与的决策方式，讨论并编制北京市等三方政府互利共赢的规划方案，尽快付诸实行；

二是完善法律法规，在法治、规范和契约精神的综合效应下，使参与各方形成利益诉求可表述、可妥协、可合作的确定性预期，减少运行摩擦，形成可持续的京津冀“一体化”的保障条件。

三是强化责任考核，构建三方合作的信息平台和数据库，完善责任分工机制，形成定期互动的规划协调流程，定期兑现业绩实现的奖励与处罚等。

第十七章

规划衔接

一、衔接依据

（一）基本要素

规划衔接主要是不同发展规划之间存在功能或空间等冲突，需要对其进行评估和修订，才能实现不同规划之间的衔接和前后呼应。

（二）衔接依据

各类发展规划的关联性和有序衔接关系，以及“多规合一”改革是我国各类发展规划编制的未来趋势，也是规划衔接的重要依据。

“三规协调”主要集中在国民经济与社会发展规划、城市总体规划与土地利用总体规划之间。针对规划编制体制，有学者建议将分属国家不同部门的规划机构整合，建立统一的空间规划管理机构，建立“三规合一”（国民经济和社会发展规划、土地利用规划、城市规划）的规划编制体制。

协同论等是各类规划紧密衔接与调整的理论基础。

二、衔接内容

（一）基本要素

规划衔接主要是研究和解决国家主体功能区规划、国民经济和社会发展中长期规划等与土地利用总体规划之间、城镇规划体系与土地利用总体规划之间，以及土地利用总体规划与专项规划、控制性详细规划等之间，总体经济发展规划与专项规划之间、各项专项规划之间的彼此关系与有机衔接等。

（二）主要内容

1. 主体功能规划成为多规衔接的基础

主体功能规划、土地总体利用规划、城市总体规划、控制性详细规划等“三规合一”或“四规合一”指国民经济与社会发展规划、主体功能区规划、土地利用总体规划和城市总体规划等的协调合并。

主体功能区规划具有战略性、基础性和综合性特征。国务院提出“全国主体功能区规划是战略性、基础性、约束性的规划，是国民经济和社会发展总体规划、人口规划、区域规划、城市规划、土地利用规划、环境保护规划、生态建设规划、流域综合规划、水资源综合规划、海洋功能区划、海域使用规划、粮食生产规划、交通规划、防灾减灾规划等在空间开发和布局上的基本依据”。

《全国主体功能区规划（2009—2020）》“规划体系”部分明确提出：“按照党的十七大关于完善国家规划体系的要求，加快推进规划体制改革，形成以国民经济和社会发展总体规划为统领，以主体功能区规划为基础，以城乡规划、土地利用规划和其他专项规划为支撑，各级各类规划定位清晰、功能互补、统一衔接的国家规划体系。”

国家层面的主体功能区是全国“两横三纵”城市化战略格局、“七区二十三带”农业战略格局、“两屏三带”生态安全战略格局的主要支撑。推进形成主体功能区，必须明确国家层面优化开发、重点开发、限制开发、禁止开发四类主体功能区的功能定位、发展目标、发展方向和开发原则。

根据国家有关规定，国家和省域城镇体系规划是城市总体规划编制的基本依据。

有学者认为应该明晰规划边界，科学界定各项规划主导编制内容：国民经济和社会发展规划“定目标”；土地利用总体规划“定规模”；城市总体规划“定布局”；主体功能区划“定政策”。主体功能区的实质是区域发展政策区，其区划也是一种纯粹的区域划分，是目前经济和社会发展规划、土地利用规划和城市总体规划“三规分立”走向“三规合一”的空间平台。

从“四规合一”趋势来看，土地利用总体规划、城市总体规划要依据国民经济和社会发展规划与主体功能区规划。同时，满足主体功能区规划的基本要求和空间限制。

2. 控制性详细规划修改与总体规划相衔接

《中华人民共和国城乡规划法》第五条明确规定：城市总体规划等的编制应当与国民经济和社会发展规划并与土地利用总体规划相衔接。三种规划的整合方法和技术核心是土地供给分析、土地需求分析、土地空间分配分析等。

探索主体功能区规划与城市规划一致性评估与协同规划技术是推进主体功能区规划实施和应用的关键技术支撑。建立主体功能区规划与空间规划的耦合指标体系，形成耦合机制与政策，使主体功能区规划与空间规划有机衔接，互为补充，达到高度整合、多规协调、紧密衔接。

地方政府规划或产业园发展规划与控制性详细规划存在冲突的，需要修改控制性详细规划，以适应总体规划。可能的原因包括：

（1）总体规划修编调整引起的相应控制性详细规划修改。随着城市与产业园的发展，总体规划已经不能适合城市或产业园的空间发展策略，城市或产业园开始由关注空间发展方向向空间发展功能转型转变；由关注空间发展形态向空间发展内涵提升转变；由核心区协调向产城一体化方向转变，需要进行控制性详细规划修订和衔接。

（2）重大战略性调整引起的控制性详细规划评估与修改。一些城市建立大量的机场和高速公路等集聚性、立体性交通基础设施，形成新的区域交通网络，导致原有的地方功能变化，需要对特定地域的控制性详细规划进行修改。

（3）民生工程项目导致的控制性详细规划修改。国家大力推动民生工程和生态环保工程，政府大型投资、招商引资、开展保障性住房建设、“城中村”改造等需要调整控制性详细规划。

（4）工业区“提升改造”等导致的控制性详细规划修改。部分中心城区工业企业外迁，厂房闲置，或者控制性详细规划缺陷导致控制性详细规划修改。控制性详细规划编制需要时间，从控制性详细规划的前期准备到编制完成、审批、实施，需要反复论证与修改。在此期间，城市的经济、社会等可能出现大的变化，导致规划滞后或缺位，需要进行控制性详细规划的修改。

3. 区域规划编制与总体规划相衔接

自 2007 年起，国家开始编制主体功能区规划，各省也开始编制区域主体功能区规划，2008 年完成与国家主体功能区规划以及相邻省（自治区、直辖市）主体功能区规划的衔接。

2011 年，全国主体功能区规划对外发布。主体功能区的划分根据不同区域的资源环境承载能力、现有开发密度和发展潜力、统筹谋划未来人口分布、经济布局、国土利用和城镇化格局，将国土空间划分为优化开发、重点开发、限制开发和禁止开发四类。

优化开发、重点开发、限制开发和禁止开发成为区域规划编制考虑的首要因素，区域规划的编制要符合主体功能的划分，体现主体功能的优化方向。

我们在编制《潍坊节能环保产业园中长期发展规划》时，研究了上一层级发展规划《潍坊市五年规划》对于本区域的功能定位和经济布局，进而确定了产业园的产业定位。

规划指出，潍坊市 2014 年确立了十大产业园，我们研究团队负责编制的节能环保产业园是其重要的功能园区，重点聚焦节能和环保产业、龙头企业等。通过功能性分析，我们较为准确地把握了上一层级规划的产业定位和空间布局定位，初步保证了不同层级政府规划的空间布局与产业定位的协同。

2014 年以来，国家发展改革委、原国土资源部等积极推动全国各地“多规合一”改革试点，是规划整合的重要方向。规划编制体系将以总体规划和主体功能规划等为主导，系统编制各类专项规划与控制性规划等，进而形成功能合一的规划体系。

4. 区域规划要明确空间布局和功能

区域规划的编制要明确区域的空间功能，要对特定区域的未来发展空间进行定位，与区域规划总体定位相衔接，把握并突出区域特色，从规模、供需、市场、目标等维度，协调土地、人口、资源、就业等关系，对区域发展空间进行合理划分，明晰各子区域的空间功能。如我们受威海市委托编制的《山东半岛蓝色经济区发展规划》确立了“一核、两极、三带、三组团”的总体开发框架。

5. 区域规划要追求经济和社会协调发展

协调发展是区域战略导向的重点，也是引导区域规划编制的重要导向。有效解决区域经济和社会发展不平衡，从产业配置、就业增收、民生统筹等协调城市和农村、先进地区和后进地区、东部和中西部之间的关系，突出社会功能，实现经济与社会发展的协调。

三、衔接规范

（一）基本规范

1. 规划衔接要突出政策性和规划基本方向

区域规划编制以指导性、引导性、方向性和前瞻性为准则，注重土地利用规划、城市总体规划、经济发展规划，甚至单个产业园、单个项目、环保规划、品牌策划等不同政策与规范。在研究和处理不同规划之间的衔接时，要充分考虑地方经济发展与功能定位，谨慎组织修订。

2. 规划衔接要注重经济效益和社会效益

不同规划的各自评估、修订与相互衔接，具有法规约束和经济要素制约，编制与修订时，要充分研究和分析不同规划的调整目标，尊重已有规划的核心条款，科学研究和系统评估需要修改的重点环节的合理性，做出充分的科学论证与专家评价，要注重经济效益和社会效益的有机结合。这是规划编制与规划衔接的重要指导思想。

3. 规划衔接要注重规划之间的顺序

一般来说，各类规划编制应依据相应的国家政策、产业政策和上一层级的有关规划。如地方政府城市总体规划编制一般要依据本级土地利用总体规划以及上一级政府城市总体规划的基本导向和空间定位，同时，要考虑国家确定的主体功能区发展思路与功能定位等。地方经济规划一般要依据城市总体规划以及上一级政府的经济规划，兼顾国家关于本地区主体功能区的规划定位等。在规划编制、修订优化过程中，应遵循这些基本的规划编制与规划衔接规则。

由于地方经济发展的特殊性、时效性和差异性，在某一发展阶段或特定地区，可能低层次的某种规划定位和功能调整与上层级的规划定位存在某些不一致，需要提请有关部门对上层级规划予以适当的评估与修改，或者需要优化上层级的规划具体条款，这就需要正确处理好各类规划之间的矛盾、程序和相互的衔接关系，努力做到对整个经济和社会发展的效益最大化，做到各类规划的修订和规划编制的合规合法，必须确保规划的修订有理有据，杜绝“长官意志”或者个人意愿，避免违法违章，或者违背有关制度流程、基本程序，私自组织规划编制、修订与规划实施。

（二）衔接要领

1. 正确把握国家规划政策和实用的编写工具

要系统研究和掌握国家产业政策和规划改革的最新动态，分析全球和国内规划的现状、技术标准与变化趋势。跟踪全球、国务院、国家发展改革委、自然资源部、住房城乡建设部、生态环境部等产业政策与规划编制要求和技术标准，加强行业交流和地方规划实践，提高规划研究与规划创新能力。

要研究前瞻性的国内外规划理论、规划分析模型和具体思路，创新规划方法和体系，探索大数据、互联网、元宇宙等规划分析工具，不断提升各类规划编制、评估与执行的科学性、系统性、前瞻性和规范性。

要加强各级政府、各部门的工作互动和专业研究，加强专业数据库建设。利用地方政府“多规合一”的信息数据服务平台，凭借“多规合一”的地理信息与数据分析平台，精准确立土地利用规模和城市空间分布。

2. 深刻领会各类规划之间的优先顺序和关联性

要研究各类规划的基本功能和法律地位。土地总体规划主要是确立土地、基本农田等空间布局，城市总体规划主要是确定重点地区和各类建设用地的空间布局，要做好规划之间的衔接平衡，确保农用地和建设用地边界不冲突，保证规划建设用地图斑的一致性。

根据不同功能分区的主导功能、发展方向、开发时序和管制原则，由城市总体规划确定城市重点发展方向、土地利用结构功能，土地总体规划确定各分区的用地规模和土地使用政策，避免各个规划之间发生冲突。

3. 规划衔接体现国家利益和经济与社会发展规律

各级政府制定各类发展规划、专项规划的目标是体现政府的管理意志，促进地方经济发展，改善社会基础配套条件，优化人们生存环境，提高资源投入产出回报，提高地方经济发展质量。

在规划衔接的过程中，要遵循规划的核心价值观和分析体系，在不同规划之间存在某些矛盾时，除了执行各种规划之间的有序对接规则之外，还要考虑国家利益、经济发展，尊重经济规律，改善社会民生，进行重大规划决策，进行具体问题和矛盾的化解。

四、互联网与大数据

（一）大数据的持续构建和广泛应用

大数据一般用来描述数据的规模较大，超出了传统软件和数据库工具的获取、存储、管理和分析能力。

城镇规划、政府规划、土地利用总体规划、城乡发展规划、专项规划等，都需要大量的数据分析和多维度的模型研究。在信息化、互联网快速发展的时代，互联网、云计算、大数据等成为各类规划的通用工具和基础支撑。为此，构建以国内外各区域、行业、产业、企业、技术等多个维度为主的数据库和信息中心，是规划编制的重要工作和改革方向。

云计算是通过网络按需提供可动态伸缩的廉价计算服务。提供资源的网络被称为"云"。"云"中的资源对于使用者来说可以无限扩展，随时获取，按需使用，按使用付费。云计算是并行计算、分布式计算和网格计算的发展，是虚拟化、公用计算、IaaS（基础设施即服务）、PaaS（平台即服务）、SaaS（软件即服务）等概念混合演进并跃升的结果。

要建设全国、各省（自治区、直辖市）、地市等政策信息、土地利用信息、规划空间信息、经济信息、企业信息及相关资料的基础数据库。利用 RS（遥感系统）、GIS（全球卫星定位系统）技术、PEST（企业外部环境分析工具）等空间分析与产业研究手段，从政策环境、土地利用、生态环境、经济社会等对区域发展状况进行客观、科学的回顾与评价，寻找产业和空间演变规律，为规划研究和决策提供支撑。

要应用各类经济规划、区域规划、城市总体规划用地等数据多平台输入输出功能模块，采用入库检查工具，简化系统管理人员进行信息系统核心规划数据的长期动态更新维护的流程，实现后期各类规划数据检验、更新、维护、使用、调整的日常化、规范化、现代化。

在传统模式和大数据模式下，我国政府规划的调研数据与信息搜集模式变化，具体分析如图 17-1 所示。

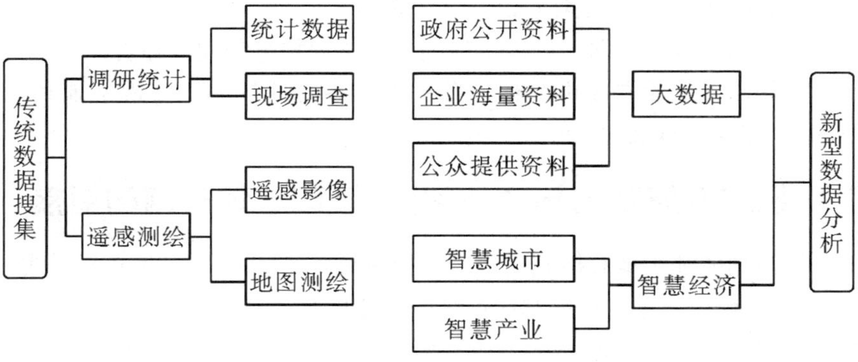

图 17-1　政府规划的调研和数据搜集模式变化

在大数据环境下，政府规划的调研思维发生了巨大的变化，主要体现在：数据不是随机样本，而是全体数据；不是精确性，而是混杂性；不是因果关系，而是相关关系。在大数据时代，政府规划编制将出现技术和流程的巨大革新，以及参与主体及信息平台的极大拓展；在大数据时代，可以采取广泛、开放和多元协同的公众参与规划编制模式，规划编制人员通过社交网络，利用大数据技术获取和分析公众对政府规划编制的建议；同时，构建网络化、平台化的政府规划咨询平台，采取线上线下互动方式，主动征求社会公众的有关建议。

（二）各类规划的衔接和动态优化

要善于运用计算机、互联网、大数据等信息技术，进行各类规划编制和数据分析处理。分析主体功能规划、总体规划、五年规划、城镇体系规划、其他区域规划、各城市总体规划之间的协调和管理的综合需要，预留各类规划管理信息系统功能接口，做好数据库的技术衔接和规划应用融合，为“多规合一”提供决策与技术的支持。如将地理信息数据库按内容划分为基础地理数据库、遥感影像数据库、城乡规划空间数据库、专项空间数据库和经济社会数据库等，分别建立信息数据和应用标准体系，实现不同规划之间的信息数据衔接和动态优化。

五、案例研究

（一）土地利用规划与城市总体规划的衔接

在土地总体利用规划修编过程中，土地利用总体规划的制定与修改，需要根据城市总体规划的发展方向、空间结构和布局优化的导向，把土地利用总体规划作为载体，推动建设用地总规模和农田保护用地的衔接协调，逐步形成规划目标一致、用地相互衔接、形态结构协调的城乡规划空间布局。

按照规划编制与修订思路，开展土地利用总体规划编制和实际管控，通过结构化的处理与规划编制，形成省（市、县）等土地利用总体规划，实现土地利用与实际管控的协同，实现各个规划之间的有序衔接。

（二）经济发展规划与土地利用/城市总体规划的衔接

经济发展规划要和土地总体利用规划、控制性详细规划等相互之间形成“两规”“三规”“多规”合一，是规划编制应遵循的重要原则。

国合院在编制《潍坊节能环保产业园中长期发展规划》时，系统研究了经济规划与土地利用规划、城市总体规划的彼此关系与内容衔接，根据该产业园的土地利用要求、空间布局和整体框架思路，积极探索产业园经济规划与土地利用总体规划等的对接、协调，推动城市总体规划、土地总体利用规划、经济发展规划和控制性详细规划“四规合一”，推动地方政府各类规划的衔接与协调，推动地方政府分析、总结、修订和完善已有土地总体利用规划，衔接与满足产业园发展的深层需要。

（三）上一层级规划与本层级规划的衔接

各类发展规划之间的衔接技巧与遵循的原则是，以上位规划为依据，做好本层级规划与上位规划的有序衔接与修正。如做好经济发展规划与总体经济规划的衔接、五年经济规划与主体功能区规划的衔接、控制性详细规划与土地利用总体规划的衔接等。同时，根据现有规划的重大变化，提出评估并修订上位规划的某些条款的具体建议。

在国家大力推动“多规合一”的政策趋势下，如何做好各层级规划的衔接，需要有关机构创新规划编制模式，探索研究“多规合一”的技术标准、操作程序，整合规划编制机构和流程等。这是各级政府和规划编制机构需要实现的重要目标。

（四）政府规划决策协同机制

各类规划编制与规划之间的衔接，需要国务院、国家发展改革委、自然资源部等协调合作，需要有关部门进行能力整合，需要构建规范协同的运行机制与审批体系。

各地区应借鉴已有规划编制的实践经验，全面实施“多规合一”规划编制体制，统筹经济发展、交通、国土、市政、环保、教育、文化等规划标准与流程，提升各类规划编制质量与效率。

第十八章

控制性详细规划

一、编制依据

（一）基本要素

控制性详细规划以城市总体规划或分区规划为依据，确定建设地区的土地使用性质、使用强度等控制指标，道路和工程管线控制性位置以及空间环境控制等。

（二）主要依据

《城市规划编制办法》规定，根据城市规划的深化和管理的需要，一般编制控制性详细规划，控制建设用地性质、使用强度和空间环境，作为城市规划管理的依据，指导修建性详细规划的编制。控制性详细规划是城市、乡镇人民政府城乡规划主管部门根据城市、乡镇总体规划的要求，控制建设用地性质、使用强度和空间环境的规划。

修建性详细规划是具体落实未来修建物的规划，它以控制性详细规划为依据。控制性详细规划是指标体系性的，用指标和色块指引和控制某地块的建设情况，属指引性的详细规划，有弹性，有法定图则的性质；修建性详细规划是在控制性详细规划的基础上落实特定地块的具体建设，涉及建筑物平面的造型、道路基础设施的布局、环境空间等，属于确定性的规划。规划管理部门根据控制性详细规划要求审核修建性详细规划总平面图，修建性详细规划必须按照控制性详细规划规定的功能分区、用地性质和指标进行布局。

各市、县人民政府城乡规划主管部门组织编制市、县人民政府所在地镇的控制性详细规划；其他镇的控制性详细规划由各镇人民政府组织编制。市、县人民政府城乡规划主管部门、镇人民政府（以下统称控制性详细规划组织编制机关）委托具备相应资质等级的规划编制单位承担控制性详细规划的具体编制工作。

编制大城市和特大城市的控制性详细规划，可以根据本地实际情况，结合城市空间布局、规划管理要求以及社区边界、城乡建设要求等，将建设地区划分为若干规划控制单元，组织编制单元规划。

镇控制性详细规划可以根据实际情况，适当调整或者减少控制要求和指标。规模较小的建制镇的控制性详细规划，可以与镇总体规划编制相结合，提出规划控制要求和指标。

二、编制内容

（一）基本要素

控制性详细规划包括下列基本内容：

（1）土地使用性质及其兼容性等用地功能控制要求；

（2）容积率、建筑高度、建筑密度、绿地率等用地指标；

（3）基础设施、公共服务设施、公共安全设施的用地规模、范围及具体控制要求，地下管线控制要求；

（4）基础设施用地的控制界线（黄线）、各类绿地范围的控制界线（绿线）、历史文化街区和历史建筑的保护范围界线（紫线）、地表水体保护和控制的地域界线（蓝线）等“四线”及控制要求。

（二）主要内容

控制性详细规划编制成果由文本、图表、说明书以及各种必要的技术研究资料构成。文本和图表的内容应当一致，并作为规划管理的法定依据。

控制性详细规划文件包括规划文本、规划图则、分图图则，规划说明及基础资料汇编。规划文本包括规划范围内土地使用及建筑管理规定。

控制性详细规划图纸包括规划地区现状图、控制性详细规划图纸。图纸比例为1/1 000——1/2 000。修建性详细规划根据《城市规划编制办法》第二十五条至第二十七条的规定，对于当前进行建设的地区，编制修建性详细规划，指导各项建筑和工程设施的设计和施工。

城市的控制性详细规划经本级人民政府批准后，报本级人民代表大会常务委员会和上一级人民政府备案。

县人民政府所在地镇的控制性详细规划，经县人民政府批准后，报本级人民代表大会常务委员会和上一级人民政府备案。其他镇的控制性详细规划由镇人民政府报上一级人民政府审批。

城市的控制性详细规划成果采用纸质及电子文档形式备案。

控制性详细规划组织编制机关组织召开由有关部门和专家参加的审查会。审查通过后，组织编制机关将控制性详细规划草案、审查意见、公众意见及处理结果报审批机关。

规定性指标一般为以下各项：用地性质；建筑密度（建筑基底总面积/地块面积）；建筑控制高度；容积率（建筑总面积/地块面积）；绿地率（绿地总面积/地块

面积）；交通出入口方位；停车泊位及其他需要配置的公共设施。指导性指标一般为以下各项：人口容量（人/公顷）；建筑形式、体量、风格要求；建筑色彩要求；其他环境要求。

三、分析模型

（一）现场调研模型

1. 模型解读

控制性详细规制采取现场调研分析模型，研究分析有关资料或信息：总体规划或分区规划对本规划地段的规划要求，相邻地段已批准的规划资料；土地利用现状，用地分类至小类；人口分布现状；建筑物现状，包括房屋用途、产权、建筑面积、层数、建筑质量、保留建筑等；公共设施规模、分布；工程设施及管网现状；土地经济分析资料，包括地价等级、土地级差效益、有偿使用状况、开发方式等；城市及地区历史文化传统、建筑特色等资料。

控制性详细规划是指标体系性的，用指标和色块指引和控制某地块的建设情况，属于指引性的详细规划，有弹性，有法定图则的性质。

修建性详细规划是在控制性详细规划的基础上，落实某个地块的具体项目建设，涉及建筑物平面的造型、道路基础设施的布局、环境布置等，属于确定性的规划。规划管理部门根据控制性详细规划要求审核修建性详细规划总平面图。修建性详细规划必须按照控制性详细规划规定的功能分区、用地性质和指标进行布局。

2. 模型应用

控制性详细规划的现场调研分析模型，主要是根据控制性详细规划的报告格式，确定需要搜集的资料和底图、地理信息等基础资料，组织专业人员开展现场调研、测量和要求相关规划编制参与单位提供一些基础资料，组织专家访谈和部门调研等，组织进行现场基础情况的综合分析等。具体实施内容不再赘述。

（二）层次分析法

1. 模型解读

层次分析法指将复杂的多目标决策问题作为一个系统，将目标分解为多个目标或准则，进而分解为多指标（或准则、约束）的若干层次，通过定性指标模糊量化方法算出层次单排序（权数）和总排序，以作为目标（多指标）、多方案优化决策的系统方法。该方法是先分解后综合。

2. 模型应用

层次分析法的基本步骤：

（1）建立层次结构模型

将有关因素按照不同属性分解成若干层次，同一层的因素从属于上一层的因素或对上层因素有影响，同时，支配下一层的因素或受到下层因素的作用。最上层为目标层，通常只有 1 个因素，最下层通常为方案或对象层，中间可以有一个或几个层次，通常为准则或指标层。当准则过多时，应进一步分解子准则层。

（2）构造成对比较阵

从层次结构模型的第二层开始，对于从属于（或影响）上一层每个因素的同一层诸因素，采用成对比较法和 1—9 比较尺度构造成对比较阵，直到最下层。

（3）计算权向量并做一致性检验

对于每个成对比较阵计算最大特征根及对应特征向量，利用一致性指标、随机一致性指标和一致性比率做一致性检验。若检验通过，特征向量（归一化后）即为权向量；若不通过，需重新构造成对比较阵。

（4）计算组合权向量并做组合一致性检验

计算最下层对目标的组合权向量，根据公式做组合一致性检验，若检验通过，可按照组合权向量表示的结果进行决策，否则，需要重新考虑模型或重新构造一致性比率较大的成对比较阵。

（5）构造判断矩阵

采用两两重要性程度之比的形式，表示两个方案的相应重要性程度等级。

（6）计算权重向量

计算判断矩阵的权重向量，从判断矩阵中提炼有用信息，提高对事物的规律性的认识，为决策提供科学依据。

（7）一致性检验

对判断矩阵是否可接受进行鉴别。

（8）进行总排序

对检验结果进行总的排序和最终决策。

四、编制规范

（一）基本规范

1. 规划需要公开征求意见

控制性详细规划草案编制完成后，控制性详细规划组织编制机关依法将控制性详细规划草案公告，采取论证会、听证会或其他方式征求专家和公众意见。

2. 规划的编制需要遵循规范的格式与程序

控制性详细规划的报告格式有具体的要求，编制单位应根据规划编制要求的格式和内容进行编制，并且达到规划编制的预期目标。

控制性详细规划的内容，包括详细规定规划范围内各类不同使用性质用地的界线，规定各类用地内适建、不适建或有条件地允许建设的建筑类型；规划各地块建筑高度、建筑密度、容积率、绿地率等控制指标；规定交通出入口方位、停车泊位、建筑后退红线距离、建筑间距等要求；提出各地块的建筑体量、体型、色彩等要求；确定各级支路的红线位置、控制点坐标和标高；根据规划容量，确定工程管线的走向、管径和工程设施的用地界线；制定土地使用与建筑管理规定。

3. 规划的修改需要遵循特定程序

经批准后的控制性详细规划具有法定效力，任何单位和个人不得随意修改；确需修改的，应遵循下列程序：

（1）控制性详细规划组织编制机关组织对控制性详细规划修改的必要性专题论证；

（2）控制性详细规划组织编制机关采用多种方式征求规划地段内利害关系人的意见，必要时组织听证；

（3）控制性详细规划组织编制机关提出修改控制性详细规划的建议，并向原审批机关提出专题报告，经原审批机关同意后，方可组织编制修改方案；

（4）修改后按法定程序审查报批。报批材料中附具规划地段内利害关系人意见及处理结果。

（二）编制要领

1. 控制性详细规划不能与上位规划冲突

一般情况下，控制性详细规划遵循总体规划的空间布局和有关要求，不能出现不一致或明显的矛盾。

2. 控制性详细规划符合功能定位和发展需要

控制性详细规划与特定地区的产业定位、社会发展等冲突，如果符合法律法规程序和要求，可以在经过规范的申请流程之后，根据法定的编制规则和修订流程，对控制性详细规划进行必要的修正。

五、案例研究

（一）河北曲阳县控制性详细规划

河北省是京津冀一体化的重要参与者和推动者，正在积极推动经济转型和产业结构调整。保定市“十二五”时期重点实施“一主三次、工业西进、对接京津”三大战略，重构城市空间布局，缩小区域差距，促进全市经济与社会可持续发展，统筹推进区域经济协调发展。

曲阳县地处太行山东麓、华北平原西部、河北省中南部、保定市西南部。曲阳县作为保定市重要的经济转型区域，具有自身的特征与资源禀赋。研究本地资源与产业特征，分析自身空间结构、旅游资源等，筹划未来发展的空间布局和主导产业，具有重大的战略价值。

当地政府部门组织专业机构进行土地利用总体规划与控制性详细规划等系列规划编制。

研究曲阳县城市中心用地布局现状，有助于更好地把握和确立经济发展思路，逐步实现经济发展规划与土地利用总体规划、控制性详细规划的多规衔接。

课题组调研发现，曲阳县作为经济需要快速发展的县区，中心城区有一些可以使用的土地指标，拥有产业发展所必需的土地资源。

空间管制是总体发展规划的重要研究内容，也是进行经济发展布局和产业结构调整的基本依据。

曲阳作为保定市经济不发达的县区，有较好的旅游开发资源，应该深入研究和推动战略转型与产业提升。

规划编制研究人员经过现场调研发现，曲阳县有较好的旅游资源，符合国家产业政策，未来几年，曲阳县政府应该制定政策措施，把握国家扶贫开发、河北省建设文化强县、保定市西部大开发的历史机遇，借助“中国雕刻之乡”的产业优势和“千年古县”的文化优势，主动调整产业结构，构建主导产业链，谋求可持续发展。

通过综合分析与模型测算，规划小组确立了曲阳县总体空间规划的“五线”。

曲阳县通过实行产业转型和资源集聚，合理分布土地空间，构建主导产业，将在中心城区形成“两心三轴七区”的城市空间布局。

（二）北京中心城控制性详细规划

1. 北京中心城控制性详细规划规划目标和原则

贯彻落实《北京城市总体规划（2004—2020 年）》提出的“六个调整、六个优化”，加强旧城的整体保护，为建设北京“国家首都、国际城市、文化名城、宜居城市”搭建综合平台。

（1）遵循《北京城市总体规划（2004—2020年）》关于中心城调整优化的五项原则，即：坚持整体和集约发展的原则，坚持中心城调整优化和新城发展联动的原则，坚持旧城功能调整优化和古都风貌保护统筹的原则，坚持整体用地比例协调和空间疏密有致的原则，坚持完善交通市政基础设施体系和绿化系统的原则。

（2）总量控制，划分片区，对中心城总体规模进行分片区管理。

（3）系统优先，以城市基础设施供应能力为条件，确定合理的建设强度。

（4）落实城市公共设施，保障城市综合环境质量和城市安全。

（5）综合高效利用土地，体现节约、节能的理念。

（6）逐步建立新的城市规划管理机制，增加城市建设的科学性与公正性。

2. 规划的重点内容

（1）控制中心城总体规模，逐步向新城疏解人口和产业。

（2）保障城市公共利益，维护生态环境和城市安全。

（3）实现旧城整体保护，协调保护与发展的矛盾。

（4）体现国家政治中心职能，为中央在京单位做好服务。

（5）优化产业结构，增强城市经济活力。

（6）完善道路交通系统，提高城市运行效率。

（7）合理布局居住用地，创建文明居住社区。

（8）集约高效利用土地，增加土地资源的综合效益。

（9）划定更新改造机遇区，统筹安排建设内容。

（10）提升城市综合品质，建设宜居城市。

3. 规划的基本依据

（1）《中华人民共和国城市规划法》（1990年）；

（2）《北京城市总体规划（2004—2020年）》；

（3）《国务院关于北京城市总体规划的批复》。

4. 中心城总体规模控制

中心城片区划分：按照中心城布局特征，以城市快速路、主干道、河道等为界线，将中心城划分为33个片区，其中01片区为旧城，02~08片区为以旧城为核心的中心地区，09~18片区为围绕中心地区的10个边缘集团，19~33片区为绿化隔离地区。

中心城街区划分：依据城市主次干道等界线，对01~18片区（城市建设用地）继续划分到规划街区，每个街区的用地规模为2~3平方千米。

人口规模控制：按照《北京城市总体规划（2004—2020年）》，中心城人口规模为850万人。

建设用地规模控制：中心城建设用地为782平方千米，其中中心地区328平方千米，边缘集团 281 平方千米，绿化隔离地区 173 平方千米。

建设规模控制：中心城现状建筑规模约为 5.8 亿平方米，其中 01～18 片区约为 5.1 亿平方米，规划 01～18 片区建筑规模约为 6.88 亿平方米。

5. 旧城整体保护

旧城历史文化资源的种类：旧城的历史文化资源可分为 12 类，分别为文物保护单位和普查登记在册文物、挂牌保护院落、优秀近现代建筑、地下文物、历史文化保护区、风貌协调区、胡同、水系、城址变迁的历史遗存、古树名木、传统文化、商业及传统地名等非物质文化遗产。

6. 公共服务设施规划

要严格限制现有公共服务设施的用途变更和用地流转，对不符合发展要求的现有设施进行改造，提升服务水平；新建设施适度超前、留有余地。

7. 绿色空间与防灾减灾

中心城绿色空间由集中建设区外围绿地（包括计入建设用地中的公共绿地约 32 平方千米）、沿河景观绿地及集中建设区内的公共绿地和防护绿地三部分组成，总面积约 423 平方千米。

8. 地下空间利用

认真贯彻落实城市总体规划确定的地下空间开发利用原则及《北京市中心城中心地区地下空间开发利用规划》。

9. 居住用地控制

居住用地是建设北京宜居城市的重要场所，是承载城市人口的基本空间，是控制中心城人口规模的关键内容。

第十九章

专项规划

一、基本概念

专项规划是以国民经济和社会发展特定领域为对象编制的规划，是总体规划在特定领域的细化，也是政府指导该领域发展以及审批、核准重大项目，安排政府投资和财政支出预算，制定特定领域相关政策的依据。

专项规划是针对国民经济和社会发展的重点领域和薄弱环节、关系全局的重大问题而编制的特定规划，是总体规划的若干主要方面、重点领域的展开、深化和具体化，它必须符合总体规划的总体要求，并与总体规划相衔接。

二、循环经济（“美丽中国”）规划

（一）基本概念

循环经济指在经济发展中，实现废物减量化、资源化和无害化，使经济系统和自然生态系统的物质和谐循环，维护自然生态平衡，是以资源的高效利用和循环利用为核心，以“减量化、再利用、资源化”为原则，符合可持续发展理念的经济增长模式，是对“大量生产、大量消费、大量废弃”的传统增长模式的根本变革。

循环经济规划指采用循环经济的基本理念，对特定地方政府、特定产业园等进行总体规划与产业布局，有效提升特定区域产业集聚与资源高效利用，进而实现“减量化、再利用、资源化”目标的专项规划。

中国人民大学许光清教授认为，循环经济规划的方法论主要包括物质流分析方法和能源系统分析方法。

1. 物质流分析方法

物质流是生态系统中物质运动和转化的动态过程。它是构成生物体的各种物质如氮、磷、钾、碳、硫、水和各种微量营养元素，以及一切非生命体构成的必要物质，在生态系统中处于经常传递、转化的动态过程。

生态系统中物质流有两种主要过程：一是地质大循环过程，或地球化学循环过程，在各种物理和化学的作用力影响下，物质由体系外引入，经过体系内循环转化和还原后流向体系外；另外一种流动过程主要受生物力的作用，物质被生物选择吸收，在生态系统内沿着生产者—消费者—还原者的方向流动，称为生物学小循环。

2. 能源系统规划方法

能源系统规划要在系统分析和预测的基础上进行。能源系统分析方法包括系统仿真、系统优化和系统评价等，具体方法包括系统动力学、能源流分析、投入产出分析、线性规划和层次分析等。

能源系统预测方法包括弹性系数法、回归分析法、投入产出法、部门分析综合预测法等。

“美丽中国”是中国共产党第十八次全国代表大会提出的概念，强调把生态文明建设放在突出地位，融入经济建设、政治建设、文化建设、社会建设各方面和全过程。中央全面深化改革委员会第三次会议审议通过了《关于全面推进美丽中国建设的意见》，将指引我们锚定2035年美丽中国目标基本实现，通过标本兼治的各项具体行动，推动生态环境根本好转。

《中共中央 国务院关于全面推进美丽中国建设的意见》提出：全面推进美丽中国建设，要坚持以习近平新时代中国特色社会主义思想特别是习近平生态文明思想为指导，深入贯彻党的二十大精神，落实全国生态环境保护大会部署，牢固树立和践行“绿水青山就是金山银山”的理念，处理好高质量发展和高水平保护、重点攻坚和协同治理、自然恢复和人工修复、外部约束和内生动力、“双碳”承诺和自主行动的关系，统筹产业结构调整、污染治理、生态保护、应对气候变化，协同推进降碳、减污、扩绿、增长，维护国家生态安全，抓好生态文明制度建设，以高品质生态环境支撑高质量发展，加快形成以实现人与自然和谐共生现代化为导向的美丽中国建设新格局，筑牢中华民族伟大复兴的生态根基。

其主要目标是：到2027年，绿色低碳发展深入推进，主要污染物排放总量持续减少，生态环境质量持续提升，国土空间开发保护格局得到优化，生态系统服务功能不断增强，城乡人居环境明显改善，国家生态安全有效保障，生态环境治理体系更加健全，形成一批实践样板，“美丽中国”建设成效显著。到2035年，广泛形成绿色生产生活方式，碳排放达峰后稳中有降，生态环境根本好转，国土空间开发保护新格局全面形成，生态系统多样性稳定性持续性显著提升，国家生态安全更加稳固，生态环境治理体系和治理能力现代化基本实现，“美丽中国”目标基本实现。展望本世纪中叶，生态文明全面提升，绿色发展方式和生活方式全面形成，重点领域实现深度脱碳，生态环境健康优美，生态环境治理体系和治理能力现代化全面实现，“美丽中国”全面建成。

基于此，国合院帮助地方政府、城市、园区、企业等编制“十五五”时期《美丽城市创建方案》《美丽园区创建方案》《美丽景区创建方案》等，辅导各地区、城市、景区等开展美丽工程与项目融资，打造国家级美丽试点。

（二）案例研究：某市循环经济“十四五”规划

《某市循环经济发展“十四五”规划》编制的原则：坚持减量化、再利用、资源化的原则；坚持政府推动、市场调节、公众参与的原则。围绕上述编制原则，我们确立了“十四五”期间的经济发展目标（具体指标略）。

规划确立了“十四五”期间该市循环经济的主要任务与实施路径：按照源头减量、过程循环、纵向延伸、横向耦合、系统复合的循环经济发展思路，结合重点区域建设，突出工业、农业、服务业、园区、社会五大重点领域，优化资源配置和经济发展方式，加强上下游企业之间的链接，推进产业之间的协作和区域内的系统整合，积极探索循环经济标准化模式，建设循环经济链网体系，重点培育一批循环经济示范单位、多种循环经济发展模式，打造循环经济新样板。

三、节能环保规划

（一）基本概念

节能环保指为节约能源资源、发展循环经济、保护生态环境提供技术、装备和服务保障的产业，是国家加快发展的战略性新兴产业之一。它主要包括节能装备产品、环保装备产品、资源循环利用、节能服务和环保服务等领域，其产业链长、关联度大、吸纳就业人口能力强，对经济增长拉动作用明显。其中，节能产业包括节能技术和装备、节能产品和节能服务，环保产业包括环保技术和装备、环保产品和环保服务，资源循环利用产业主要包括矿产资源综合利用、固体废物综合利用、再生资源利用、再制造等。

（二）案例研究:《潍坊节能环保产业园中长期发展规划》

为打造国内知名的节能环保产业园区，潍坊市人民政府委托时任国家发展改革委国际合作中心执行总监的吴维海博士牵头编制《潍坊节能环保产业园中长期发展规划》。通过规划调研和科学编制，借鉴典型经验，明确具体行动，坚定工作信心，形成发展合力，推动潍坊市节能环保产业的大发展、大集聚、大协同、大提高，使其尽快成为促进潍坊经济增长方式转变和环境改善的有效手段，成为潍坊市经济发展的支柱产业，成为展示潍坊市对外经济发展水平的“城市名片”。

经过调研分析，规划编制组立足潍坊资源禀赋与产业基础，结合国家有关政策、产业趋势，初步确立了打造立足潍坊，辐射带动全省、全国乃至全球生态经济的“中国节能谷”的愿景目标，规划构建“三大中心、五个平台、八个产业基地”；制定了“三步走”的实施步骤，提出了“十二大工程”，拟定了节能环保产业园的入园标准和工作重点，确立了规划实施的保障机制；提出将潍坊节能环保产业园打造成山东省、我国乃至全球节能环保产业的技术创新“集聚者”、产品标准“参与者”、服务资源“提供者”和产业应用“示范者”。

四、绿色低碳高质量发展规划

（一）基本概念

绿色低碳高质量发展规划是以减少或封存、转化碳排放为目标，以复合生态系统和生态学基本原理为指导、以资源低碳高效综合利用为基本特征的绿色低碳高质量规划。当前，我国各地区推进绿色低碳发展及规划编制存在的主要问题有：

一是缺少绿色低碳高质量发展规划。目前，山东省被授予绿色低碳高质量发展先行区，但各地市尚未形成系统、严谨的专项规划，其他各省份也没有相对完善的绿色低碳高质量发展规划，部分省（市、县、区）制定了碳达峰发展规划。一些城市确定的低碳规划缺少减碳、生态理念和核心要素，跟传统城市规划雷同；低碳规划的编制缺少整体性、前瞻性不足，缺少有效工具和实施手段，规划制定和实施活动脱节等。

二是低碳规划编制对指标设计与实现路径谋划不足，多数地区没有从源头上主动降低碳，过程中消减碳排放的投资不足，碳捕捉与碳监测体系尚未构建。

为推动绿色低碳高质量发展，建议各地区主动编制绿色低碳高质量发展规划，强调低碳协调发展，更加突出低碳节能的目标统筹和协调发展，更加突出资源节约和集约利用，更加注重环境保护、生态治理与公共安全等，充分考虑空间布局和土地使用，积极发展节能低碳交通，注意文物、基本农田、森林等保护。

在绿色低碳高质量发展路径选择方面，各地应系统分析本地资源及生态环境的承载能力，确立城市低碳发展关键指标，统筹规划和设计集约用地、可再生能源占比、绿色建筑、绿色交通，减少和杜绝高耗能、高排放的项目。科学规划再生水利用、生活垃圾资源化利用等，遵循集约化、紧凑型的空间开发理念，引导就业、人口相对均衡分布，减少城市全社会通勤时间。

编制绿色低碳高质量发展规划，重点关注的领域，包括但不限于土地利用、经济发展、绿色交通、绿色建筑、水资源利用、能源利用、废弃物处理、信息化建设和能力保障等，确定重点规划方向与技术领域等。

（二）案例研究：《贵阳高新区低碳发展规划》

为推动贵阳高新区低碳示范区建设，受贵阳高新区委托，国合院在全国第一家编制了《贵阳高新区低碳发展规划》。我们研究了当地产业现状和工业能耗情况，并就全国、贵州、贵阳和贵阳高新区的能耗、单位碳排放等趋势进行了分析，具体如图 19-1所示。

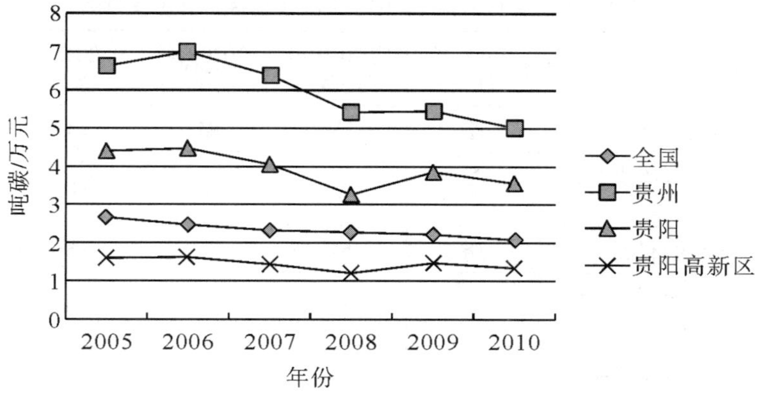

图 19-1　2005—2010 年单位 GDP 碳排放

在该低碳规划编制过程中，我们注重低碳指标设计与重点项目策划，反复论证并提出“1246”的低碳发展规划，即“一个立足、两大目标、四类指标、六大保障”，构建国家级低碳发展示范区，逐步形成贵州省低碳发展的“名片”和西部地区低碳发展示范基地。

为促进低碳发展的实现，规划编制组与贵阳高新区联合，对重点企业与主要产业进行了调研，研究确立了该地低碳规划目标，即：建立健全低碳发展管理与监测体系，不断优化产业结构，显著改善能源结构，逐步降低单位能源消耗，有序推进节能减排，不断提高低碳建筑的比重，构建绿色低碳交通体系，稳步提高森林覆盖率，CO_2 排放达到控制目标，增强碳汇和碳交易能力，全面实现经济增长目标，初步形成符合高新区产业规划、资源禀赋和经济增长模式的低碳产业体系，构建贵阳市和高新区低碳发展的碳交易管理平台、技术研发与科技转换平台、投融资推动平台和信息服务共享平台，争创国家级低碳示范区，打造中国西部地区低碳发展的示范基地。

在规划目标设定方面，规划编制组确立了规划期末贵阳高新区规模以上工业总产值比基期年均增长比率、规划期末低碳情景下规模以上工业企业总产值单位能耗（吨标准煤/万元）比规划基期降低比率、低碳情境下规模以上工业企业总产值单位碳排放（吨碳/万元）比规划基期降低比率。规划还确立了高新区规模以上工业增加值年均增长比率、低碳情景下规模以上单位工业增加值能耗（吨标准煤/万元）比规划初期降低比率、确立了规划期末贵阳高新区森林覆盖率提高目标。具体如表 19-1 所示。

表 19-1 贵阳高新区 2015 年和 2020 年低碳管理主要目标

低碳指标	2015 年计划	比 2010 年增减	2020 年计划	比 2015 年增减	指标性质
规模以上工业总产值/亿元	略	略	略	略	指令性计划
规模以上单位工业总产值能耗/（吨标准煤·万元）	略	略	略	略	指令性计划
规模以上工业增加值/亿元	略	略	略	略	指令性计划
规模以上工业总产值单位碳排放/低碳情景（吨碳/万元）	略	略	略	略	指令性计划
规模以上单位工业增加值能耗/（吨标准煤·万元）	略	略	略	略	指令性计划
规模以上工业增加值单位碳排放/低碳情景（吨碳/万元）	略	略	略	略	指令性计划
财政收入/亿元	略	略	略	略	指导性计划
人均碳排放/低碳情境（吨碳·人）	略	略	略	略	指导性计划
森林覆盖率/%	略	略	略	略	指令性计划
低碳政策/个	略	略	略	略	指导性计划

该规划的编制充分考虑了规划对象的经济情境，假设了不同的假设条件，划分为基准情境、节能情境和低碳情境，对高新区碳排放情况进行了系统分析。

基准情境：充分考虑高新区发展的需求和愿望，经济发展遵循经济学的普遍规律，在一定程度上仍延续工业化的历程，技术进步使得能源效率有一定的提高。

节能情境：充分考虑当前的节能减排措施，但不采取专门针对气候变化的政策。在该情境中，经济发展模式有一定转变，高耗能产品产量在近中期保持较高水平，交通出行主要考虑方便、快捷，交通体系不太发达，发展过程没有完全杜绝先污染后治理的现象，技术投入大。

低碳情境：综合考虑高新区的可持续发展、能源安全、经济竞争力和节能减排能力，主动努力改变经济发展模式，转变生产和消费方式，强化技术进步，属于尽力争取可能实现的低碳发展情境。

在三种情境下，高新区 2006—2020 年规模以上企业工业总产值单位能耗、单位增加值碳排放的综合分析，具体如图 19-2、图 19-3 所示。

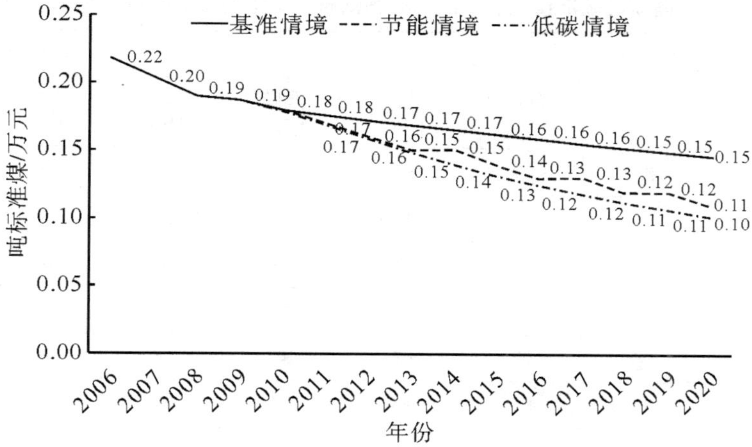

图 19-2　2006—2020 年贵阳高新区三种情境的规模以上企业工业总产值单位能耗

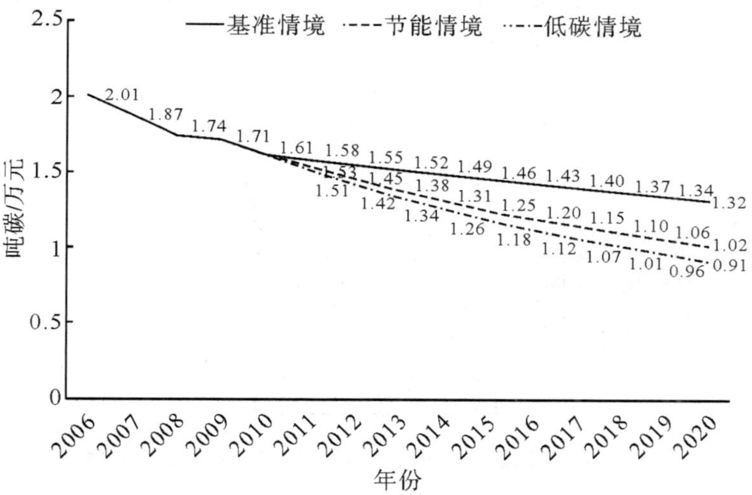

图 19-3　2006—2020 年贵阳高新区三种情境的规模以上企业工业增加值碳排放

（注：以上图标数据是初稿预测指标数据，具体规划数据后续做了调整和优化，这里仅展示规划思路，不作为实际规划数字）

规划编制组分析了高新区基准情境、节能情境和低碳情境下的工业分行业增加值能耗数据，具体如表 19-2 所示。

表 19-2 贵阳高新区基准情境、节能情境和低碳情境下的工业分行业增加值能耗数据

工业分行业	2010 年	2015 年			2020 年		
	现状	基准情境	节能情境	低碳情境	基准情境	节能情境	低碳情境
电子信息	略	略	略	略	略	略	略
高端制造	略	略	略	略	略	略	略
新材料	略	略	略	略	略	略	略
生物医药	略	略	略	略	略	略	略
新能源	略	略	略	略	略	略	略
节能环保	略	略	略	略	略	略	略
其他	略	略	略	略	略	略	略

在高新区低碳示范区发展规划的空间布局上，我们提出了“7+1”低碳产业功能与空间布局，具体如图 19-4 所示。

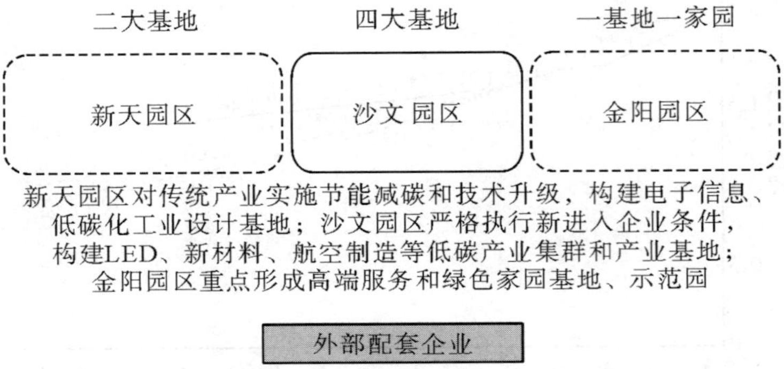

图 19-4 贵阳高新区低碳发展的“7+1”产业基地布局

在产业园功能定位上，规划确立了三大功能，即研发与设计功能、工业制造与产业集群功能、综合服务功能。同时，提出了高新区跨园区功能分工和产业协同的总体思路，具体描述如图 19-5 所示。

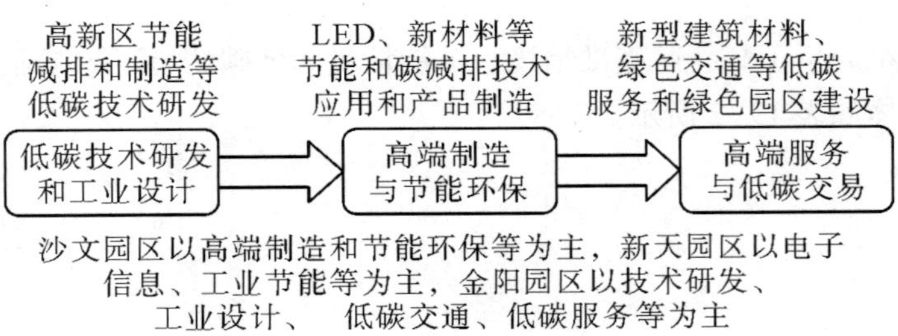

图 19-5 贵阳高新区跨园区的功能分工和产业协同

《贵阳高新区低碳发展规划》重点从产业链打造、产业结构、能耗结构、建筑节能、交通与环境、消费和服务、低碳技术、低碳政策等方面，确立了未来一段时间的低碳发展工作重点。

在效益测算方面，规划从经济效益、社会效益、低碳效益三个方面进行了初步测算。

在经济效益方面，规划测算了节能情境和低碳情境的能耗数据如表 19-3 所示。

表 19-3 高新区两种情境下的能耗降低指标预测

情境假设	统计口径	单位能耗减少预测/（吨标准煤·万元）	节能总量预测/万吨
节能情境	规模以上工业总产值口径	略	略
	规模以上工业增加值口径	略	略
低碳情境	规模以上工业总产值口径	略	略
	规模以上工业增加值口径	略	略

在社会效益方面，规划分析了低碳发展可能带来的就业、居民收入、生活质量、产业带动、财政收入等指标数据。

在低碳效益方面，规划测算了节能情境和低碳情境下的数据，分别进行了实施效果预测，同时，测算了空气质量和森林覆盖率改善等实施效果。单位碳排放降低的效果，具体如表 19-4 所示。

表 19-4 《贵阳高新区低碳发展规划》的碳排放效益计算

情境假设	统计口径	单位碳排放量减少预测/（吨碳·万元）	碳排放减少总量预测/万吨
节能情境	规模以上工业总产值口径	数据略	数据略
	规模以上工业增加值口径	略	略
低碳情境	规模以上工业总产值口径	略	略
	规模以上工业增加值口径	略	略

为了实现低碳发展规划的各项任务，规划确定了低碳发展的指标体系，主要包括引导性指标和控制性指标，具体如表 19-5 所示。

表 19-5 《贵阳高新区低碳发展规划》的指标体系

主题层			指标层	单位	现状与规划目标			指标类型
					2010 年	2015 年	2020 年（参考）	
社会经济指标	经济发展	经济规模	人均地区 GDP	元/人				引导型
		经济结构	第三产业增加值占地区 GDP 比重	%				引导型
			高耗能行业增加值占工业增加值比重	%				
	社会进步	收入水平	平均职工工资	元/人				引导型
		教育水平	高等教育毛入学率	%				引导型
		技术水平	节能改造投资总额占地区 GDP 的比重	—				控制型
低碳指标	低碳能源	可再生能源利用	可再生能源占一次能源消费比重	%				引导型
		碳汇资源	森林覆盖率	%				引导型
	低碳生产	低碳产品生产	可再生能源产品产值占工业总产值比重	%				引导型
		人均排放强度	人均碳排放量	吨/人				控制型
		碳排放强度	万元地区 GDP 碳排放量	吨/万元				控制型
			万元工业增加值碳排放量	吨/万元				控制型
		能源利用效率	万元地区 GDP 能源消费量	吨标准煤/万元				控制型
			万元工业增加值能源消费量	吨标准煤/万元				控制型
	低碳消费	生活低碳	人均生活能源消费量	千克标准煤/人				控制型
		建筑低碳	节能建筑面积比重	%				引导型
		交通低碳	人均交通碳排放量	千克/人				控制型
		低碳意识	公众低碳认知度	—				定性，引导型
	低碳管理	低碳规划	是否编制低碳发展规划	—				定性，引导型
		资金投入	市政府节能减碳专项资金占地方财政收入比重	%				引导型
		信息平台	城市低碳信息平台	—				定性，引导型

本低碳发展规划设计的核心指标包括：经济指标、能耗指标、碳排放指标、低碳管理指标四类一级指标。其中，经济指标包括规模以上单位工业总产值、高新区全部产值或整体增加值、高新区人均纯收入三个二级指标；能耗指标包括规模以上单位工业增加值能耗、可再生能源占一次能源消费、碳汇资源、高技术企业增加值占全部工业增加值比重、节能建筑达标率、人均生活能耗六个二级指标；碳排放指标包括万元工业总产值（或增加值）碳排放、人均碳排放、空气质量（优良空气天数）、森林覆

盖率四个二级指标；低碳管理指标包括公众低碳认知度、低碳政策水平、低碳规划执行力、低碳检测平台四个二级指标。以上共计 17 个二级指标。

为落实规划目标，规划确立了金融投资和专项基金等政策体系，倡导土地资源向低碳项目和企业倾斜，强化政府和企业激励考核和政策引导，激发政府、企业低碳发展的主动性和积极性。

五、乡村振兴规划

（一）基本概念

1. 概念

乡村振兴战略是指以促进农村地区经济社会全面发展为目标，通过一系列政策、措施和行动计划，推动农村经济、农业、农村社会和农民生活全面振兴。

2. 乡村振兴战略的意义

实施乡村振兴战略是建设现代化经济体系的重要基础，乡村振兴、产业兴旺是重点。实施乡村振兴战略，深化农业供给侧结构性改革，构建现代农业产业体系、生产体系、经营体系，实现农村一二三产业深度融合发展，有利于推动农业从增产导向转向提质导向，增强我国农业创新力和竞争力，为建设现代化经济体系奠定坚实基础。

实施乡村振兴战略是实现全体人民共同富裕的必然选择，乡村振兴、生活富裕是根本。实施乡村振兴战略，不断拓宽农民增收渠道，全面改善农村生产生活条件，促进社会公平正义，有利于增进农民福祉，让亿万农民走上共同富裕的道路，汇聚起建设社会主义现代化强国的磅礴力量。

（二）案例研究:《山东省庆云县全面推进乡村振兴规划》及“庆云模式”

国合院受托编制《山东省庆云县全面推进乡村振兴规划》，确立了庆云县乡村振兴发展的总体思路。国合院研究总结了庆云县乡村振兴的四大定位：

一是重要农产品有效供给县。坚决扛牢农业大县责任，做好粮食生产，积极参与吨半粮行动，高标准建设国家粮食安全战略性保障基地，为维护国家粮食安全做出庆云贡献；强化耕地保护与建设，提升农业现代设施装备水平；贯彻落实大食物观，落实蔬菜水果和畜产品稳产保供工程，构建多元化食物供给体系，进一步夯实重要农产品保障能力。

二是高质量发展引领县。以国家级农业现代化示范园为载体，放大产业化经营优势，推进三产融合、产业融合，培强壮大农业龙头企业，积极发展农产品精深加工，提升优势农业全产业链发展水平；聚焦农业特色优势产业，打造“庆云”农产品质量品牌，加快农业科技创新，打造农业科技创新策源地，引领全市农业高质量发展。

三是乡村振兴示范县。深入实施乡村建设行动，优化村庄空间布局，持续改善农村人居环境，打造乡村特色风貌；推进农业绿色低碳发展，推动城乡融合发展，加快实现基础设施互联互通、公共服务共建共享，提高乡村基础设施完备度、公共服务便利度、人居环境舒适度。

四是共同富裕范例县。巩固拓展脱贫攻坚成果，强化农村低收入人口常态化帮扶，大力培育高素质农民，发展新型农业经营主体，积极推广以工代赈，鼓励农民创业创新，促进农民收入稳定增长；持续深化农村综合改革，发展壮大农村集体经济，推动农民农村共同致富。

同时，国合院积极探索并总结提炼了庆云县乡村振兴的“庆云模式”，即“三融六化”。

1. 三大融合

（1）全面推进一二三产融合。以农业种养殖为基础，延伸农产品深加工、文旅休闲、采摘餐饮、电商等现代服务业，推动三产融合高质量发展。

（2）全面推进产城融合。积极推动农业种植、精深加工、休闲旅游等与城市需求相匹配，提升主城区科技创新、健康休闲等城市功能，就近打造供应本地城市的商品链条与商贸基地，因地制宜谋划各镇村产业布局，推动科技、文化、康养、教育等配套产业升级，实现要素在产业与城市之间自由流动。

（3）全面推进城乡融合。积极推动城市与乡镇在产业、交通、物流、教育、医疗、养老、创业、就业等方面的相互融合与要素双向流动，实现城乡基础设施与公共服务均衡发展。

2. 六化合一

（1）系统化。推动以乡村振兴为主线的多规融合，统筹部署与筹措资源、土地、资金与人才，推动协调发展，提高项目成功率。

（2）低碳化。积极推动绿色发展，全面参与山东省创建绿色低碳高质量发展先行区建设，积极探索零碳试点，推动农业光伏、新能源、农业碳汇、节能减排、循环经济以及现代服务业等优先发展。大力推动节水节肥减药生态农业，鼓励薄膜回收及固体废物再利用，打造生态农业、低碳农业。

（3）链条化。推动优势产业基于“微笑曲线”的补链、强链、优链、增链、延链，强化重点产业的龙头企业或链主项目引领，上下游串联协同。

（4）品牌化。落实标准化战略，全面推动区域品牌、企业品牌、产品品牌建设，以品牌提高产品价值，增强庆云县软实力，提高企业盈利能力。

（5）跨域化。积极推动庆云县与周边城市、与京津冀、与新疆生产建设兵团二师铁门关市等跨域合作、优势互补，构建飞地智库、双城经济，招引飞地人才，形成跨域协同、开放共享的发展格局。

（6）效益化。以农民为初心，强化激励政策对于农业农村生态改善、成果转化、产值提升、农民增收、财政税收的综合贡献，强化园区、土地等亩均投资强度或亩均产值，强化资金使用效益与项目业绩评估。

六、城市矿产规划

（一）基本概念

1. 概念

“城市矿产”指工业化和城镇化过程产生和蕴藏在废旧机电设备、电线电缆、通信工具、汽车、家电、电子产品、金属和塑料包装物以及废料中，可循环利用的钢铁、有色金属、稀有金属、塑料、橡胶等资源，其利用量相当于原生矿产资源。

2. 示范基地建设要求

（1）回收体系网络化。示范基地要积极创新回收方式，通过自建网络或利用社会回收平台，形成覆盖面广、效率高、参与广泛的专业回收网络。

（2）产业链条合理化。示范基地要形成分拣、拆解、加工、资源化利用和无害化处理等完整的产业链条，着力资源化深度加工。要大力推动示范基地内企业之间构建分工明确、互利协作、利益相关的产业链。

（3）资源利用规模化。示范基地要通过吸纳企业入园、重组兼并等方式，实现企业集群、产业集聚效应，提高产业集中度。要结合本地区实际，开展多种“城市矿产”资源的循环利用。

（4）技术装备领先化。示范基地要通过产学研相结合，开展共性关键技术开发，引进、消化、吸收国外先进技术，培育形成具有成套处理装备研发、设计、制造能力的企业。要加快推广应用先进适用技术，淘汰落后工艺、技术，向产品高端化发展。

（5）基础设施共享化。示范基地要加快建设完善的基础设施，实现“五通一平”，建立物流体系，组织搭建促进资源循环利用的公共服务、信息服务、技术服务等平台。

（6）环保处理集中化。示范基地要建立完善的污染防治设施，对废水、废气和固体废物实行集中收集和处理，严禁产生二次污染。支持示范基地开展清洁生产审核、质量管理体系和环境管理体系认证。

（7）运营管理规范化。示范基地要建立完善的规章制度和指标考核体系，建立符合现代企业制度要求的组织结构，实现行业管理规范化、高效化，切实解决单个企业“小、散、乱”的问题。

3. 示范基地条件

各地推荐的园区（企业）应具备以下基本条件：

（1）园区已被确立为国家或省级循环经济试点单位。

（2）实行园区化管理（有明确的园区边界，成立了园区管委会或专门管理机构等）。

（3）园区符合土地利用总体规划和城市总体规划。

（4）园区有符合标准的各项环保处理设施，近三年内无重大环保事故。

（5）园区有较为完善的再生资源回收网络体系，能够保障园区原料来源。

（6）园区有"城市矿产"品种两种以上，年集聚量不低于30万吨，有合理产业链，加工利用量占集聚量的30%以上，且加工利用工艺技术水平国内领先。

4. 申报材料

（1）省级循环经济综合管理部门、财政部门的联合申报文件。

（2）建设国家"城市矿产"示范基地实施方案。申报单位要按照发改环资〔2010〕977号文件要求，按照《国家"城市矿产"示范基地实施方案编报指南》认真编制实施方案。实施方案要结合本地区资源循环利用产业发展现状、园区现有资源集聚基础、加工利用情况，科学合理规划示范基地建设目标和指标，提出实现标志性目标指标的支撑项目和具体措施。

（3）相关证明材料包括园区规划、立项批复、土地证明、环评批复、相关资质证明以及其他批复性文件和地方出台的支持性政策文件等。

5. 程序安排

（1）地方初审。有关省、自治区、直辖市及计划单列市循环经济发展综合管理部门、财政部门要会同有关部门，组织专家对拟申报园区的示范基地建设实施方案进行联合初审，并将初审意见和专家名单连同申报材料一并报送。

（2）联合评审。国家发展改革委、财政部将会同有关部门组织专家对各地上报的实施方案进行评审，批复通过评审的实施方案，并将该园区确定为国家"城市矿产"示范基地，向社会公布。

（3）签订承诺书。示范基地所在地省级（自治区、直辖市、计划单列市）人民政府要与国家发展改革委、财政部签订《国家"城市矿产"示范基地建设承诺书》，保证完成建设目标，落实相关政策等。

（4）资金拨付。财政部、国家发展改革委安排中央财政专项资金，采取预拨与清算相结合的方式，支持示范基地新增再生资源加工处理能力建设（含升级改造）、基础设施和公共服务平台建设以及再生资源回收体系建设，并根据示范基地建设实施方案，按照相关标准，共同核定示范基地中央财政补助资金额，并按照补助金额的50%下拨启动资金。中央财政补助资金由地方政府统筹使用，专项用于示范基地建设，各地要于每年的年底将资金使用情况逐级联合上报财政部、国家发展改革委备案。

（5）实施建设任务。地方政府应督促示范基地按照批复的实施方案开展建设，并于每年的年底将建设进度逐级联合上报国家发展改革委、财政部备案。项目有调整的，需报国家发展改革委、财政部批准。

（6）考核验收。国家发展改革委、财政部将根据地方申请组织考核验收。考核合格的，拨付剩余补助资金，不合格的不再拨付。3 年内工作无实质性进展或发生重大环境污染等事件的，将扣回已拨付补助资金。

（二）案例研究：某地区国家“城市矿产”示范基地实施方案

某地区国家“城市矿产”示范基地实施方案（示例）

根据国家发展改革委环境资源司关于“城市矿产”示范基地的评选要求，某地方政府委托专业机构撰写申请方案，并提交国家发展改革委予以审批。具体方案报告目录如下所示：

“城市矿产”示范基地方案目录

1 背景和意义

1.1 某省经济与社会发展情况及资源循环利用产业发展现状简述

1.1.1 某省经济与社会发展情况

1.1.2 某省资源循环利用产业发展现状

1.2 园区“城市矿产”资源集聚与加工处理、资源化利用情况

1.3 建设国家“城市矿产”示范基地在某省循环经济发展总体布局中的地位

1.3.1 在促进产业转型区域合作中处于重要地位

1.3.2 在推进产业结构调整中处于主导地位

1.3.3 在资源型城市向现代化区域中心城市跨越中处于支柱地位

1.3.4 在构建县域循环经济体系中处于先行先导地位

1.4 建设国家“城市矿产”示范基地对某省经济与社会发展的意义

1.4.1 具有缓解某省矿产资源承载压力的意义

1.4.2 具有提高某省“城市矿产”产业集中度、降低生态环境压力的积极意义

1.4.3 具有带动某省多元化经济发展的现实意义

1.4.4 具有实现某县城镇化的战略意义

2 园区现状及发展基础

2.1 园区地理位置与交通条件

2.2 园区基本情况与发展基础

2.2.1 园区基本信息

2.2.2 园区资源利用与新增资源来源渠道的可达性

2.2.3 园区污染物排放与治理情况

2.2.4 园区技术装备和生产规模

2.2.5 园区现行管理体制

2.2.6 园区资质、专利技术、荣誉称号

2.2.7 现有公共服务平台

3 园区建设国家“城市矿产”示范基地的优劣势分析

3.1 优势分析

3.1.1 资源集聚优势

3.1.2 产业链优势

3.1.3 技术优势

3.1.4 区位优势

3.1.5 规划优势

3.1.6 政府扶持优势

3.2 存在的主要问题

3.2.1 再生资源回收监管力度有待加强

3.2.2 区域制约，成本增加

3.2.3 投资巨大，亟须资金支持

4 指导思想、原则和目标

4.1 指导思想

4.2 基本原则

4.3 主要目标

4.3.1 总体目标

4.3.2 主要指标

4.3.3 可达性分析

5 主要任务

5.1 回收体系网络化

5.2 产业链条合理化

5.3 技术装备领先化

5.4 污染治理集中化

5.5 运营管理规范化

6 重点项目

6.1 园区项目建设总表

6.2 各项目具体情况

6.2.1 清洁生产闭合循环产业链

6.2.2 电池生产闭合循环产业链

6.2.3 再生资源生态工业圈区管理产业

7 保障措施

7.1 组织保障体系建设

7.2 地方政府政策支持

7.3　技术支撑体系建设
7.4　公共服务平台建设
7.5　污染防治监管体制
7.6　园区与本地回收体系链接
7.7　统计评价考核体系
7.8　体制机制创新建设

七、循环化改造示范试点规划

（一）基本概念

1. 推荐部门

《国家发展改革委办公厅　财政部办公厅关于请组织推荐2014年园区循环化改造示范试点备选园区的通知》（发改办环资〔2014〕729号）提出，各省、自治区、直辖市及计划单列市、新疆生产建设兵团循环经济综合管理部门、财政部门组织推荐循环化改造备选园区。

2. 推荐园区应具备的条件

（1）列入中国开发区审核公告目录或经国务院批准的园区、国家循环经济试点园区、再制造示范基地（“城市矿产”类园区除外）；

（2）园区符合土地利用总体规划和城市总体规划；

（3）园区内的产业符合国家产业政策；

（4）具有明确的园区边界以及园区组织管理机构或投资运营主体；

（5）园区具备一定的产业基础和产业规模；

（6）园区土地尚有开发利用空间，发展潜力较大；

（7）园区废弃物产生量大，减量化、再利用、资源化潜力较大，循环化改造潜力较大；

（8）园区基础设施较为完善，具备符合国家标准的各项环保设施，近三年未出现重大环境污染事故和群体事件；

（9）园区具备循环化改造基础，已开展相关基础工作；

（10）财政部、国家发展改革委确定的节能减排财政政策综合示范城市的园区优先，国家或省级循环经济试点园区、生态工业园区或教育示范基地优先。

3. 推荐材料

（1）省级循环经济发展综合管理部门、财政部门联合推荐文件。

（2）园区循环化改造实施方案。结合本地区资源环境、产业发展现状及园区特点，按照《国家发展改革委　财政部关于推进园区循环化改造的意见》（发改环资〔2012〕765号）的要求，参照《园区循环化改造实施方案编制指南》，组织编写园区循环化改造示范试点实施方案。实施方案中要围绕园区物质流分析，明确园区循环化改造的主要目标和重点任务，提出拟建设的重点支撑项目。省级循环经济发展综合管理部门、财政部门共同组织专家对园区循环化改造实施方案联合审核后报国家发展改革委、财政部。

（3）相关证明文件。包括园区的批复文件，符合土地利用、城市规划、环境保护规划等规划的证明文件，国家发展改革委的审核公告，国土资源部确定的四至范围证明文件，环境保护部门的环保审查报告，以及成立管理机构的证明文件等各类证明文件。

4. 程序安排

（1）地方初审实施方案。各地省级循环经济发展综合管理部门、财政部门共同组织专家对园区循环化改造实施方案进行初审，并将初审意见和评审专家名单随同申报材料一同报送。

（2）评审批复实施方案。国家发展改革委、财政部会同有关部门组织专家对实施方案进行评审。方案通过评审的，由国家发展改革委、财政部联合批复。对实施方案获得批复的园区，可在适当位置标示“国家循环化改造示范试点园区”标志。标志式样由国家发展改革委、财政部另行发布。

（3）签订承诺书。园区所在地市（包括计划单列市、副省级省会城市、地级市）、州、盟、区（指直辖市市辖区县）人民政府与国家发展改革委、财政部签订承诺书，确定园区循环化改造的目标任务、重点项目，落实相关配套措施和优惠政策。

（4）拨付资金。财政部、国家发展改革委根据园区循环化改造实施方案，综合考虑园区循环化改造项目投资计划，共同确定给予园区循环化改造的中央财政补助资金额，财政部、国家发展改革委按照补助金额的50%下拨启动资金。中央财政补助资金由地方政府统筹使用，专项用于园区循环化改造。中央财政补助资金具体支持范围和支持方式按照《循环经济发展专项资金暂行管理办法》执行，主要支持内容包括：

①园区循环化改造的关键补链项目。包括循环经济产业链接或延伸的关键项目，资源共享设施建设项目、物料闭路循环利用项目、副产物交换利用、能量梯级利用、水的分类利用和循环使用项目，污染物“零排放”或系统构建项目。

②公共服务设施建设。包括园区内污染集中防治设施建设及升级改造项目、废物交换平台项目、循环经济技术研发及孵化器项目、循环经济统计信息化项目及监测体系建设项目、生产型服务业循环改造项目等基础设施和公共服务平台项目。

（5）实施改造。园区按照国家发展改革委、财政部批复的实施方案进行循环化改造，每年年底前将实施进展情况报国家发展改革委、财政部。省级循环经济发展综合管理部门、财政部门加强跟踪，督促落实，帮助协调解决循环化改造中的问题。地方政府根据园区循环化改造实施方案统筹使用补助资金，专项用于园区循环化改造，并于每年年底前将资金使用情况报送财政部、国家发展改革委备案。项目建设要严格按照国家项目管理的有关程序和规定执行，项目有调整的要及时报国家发展改革委、财政部批准。

（6）考核验收。实施期内，园区配套基础设施和关键补链项目建设进度完成实施方案设定目标，且资源环境指标达到实施方案预期目标90%以上的，由地方政府提出考核和余款拨付申请，国家发展改革委、财政部组织力量进行考核。考核重点是实施方案是否完成，实施情况是否达到预期效果，园区配套基础设施和关键补链项目建设是否发挥应有作用，其中对关键补链项目建设，主要考核补链后资源节约和环境污染减少是否达到预期目标。考核合格的，财政部、国家发展改革委拨付剩余资金，并命名为“国家循环化改造示范园区”，不合格的不再拨付。3 年内工作无实质性进展的，将已拨付补助资金扣回。具体考核办法由国家发展改革委、财政部另行制定。

（二）案例研究:《池州循环化改造示范试点方案》

国家大力发展循环经济，将园区循环化改造列为循环经济重点工程。通过循环化改造，实现园区的资源产出率、土地产出率大幅度上升，固体废物资源化利用率、水循环利用率、生活垃圾资源化利用率显著提高，主要污染物排放量大幅度降低，基本实现“零排放”。

池州经济技术开发区（简称“开发区”）位于中国第一个国家级生态经济示范区池州市境内，2011 年 6 月经国务院批准升级为国家级开发区。开发区按“生态立市”要求和“循环经济”理念进行规划、建设，经过 20 多年的发展，进入快速发展期，主要经济指标均保持较高的增幅，形成了电子信息、装备制造、电气器材、冶金、化工、火电、建材、医药、食品、纺织服装、港口物流等多种产业门类。由于历史原因，开发区产业结构中，火电、铅锌冶炼、耐火材料、化工等重化工业比例高，战略性新兴产业规模较小，产业布局和产业链接有待完善。随着国家节能减排和重点污染物总量控制政策的实施，以及受金融危机影响，现有产业增速趋缓，需要转变发展方式，通过循环化改造，破解资源环境约束，形成产业链整体竞争优势，培育新兴产业，营造发展新优势。随着正威半导体产业园、铜冠铜箔等重大项目的落户，开发区迎来了产业升级的机遇，初步形成循环经济产业链，为循环化改造提供了比较有利的现实条件。

按照国家发展改革委和财政部关于推进园区循环化改造的要求，结合开发区实际和转型发展需求，开发区决定实施循环化改造行动，依照“减量化、再利用、资源化”原则，优化调整产业布局及产业结构，全力发展以电子信息产业为首位的先进制造业，推进传统产业升级改造，加快引进循环补链项目，大力开展清洁生产，全面加强污染治理，持续完善基础设施建设，力争成为“经济持续发展、资源高效利用、环境优美清洁、生态良性循环”的国家级循环化改造示范园区。

为确保循环化改造目标的实现，园区制定了优化产业布局、优化产业结构、构建循环型产业链、开展清洁生产、加强污染治理、完善基础设施建设、创新管理体制机制等重点任务，力争在产业转型升级、循环经济补链、清洁生产及管理机制创新四个方面取得大的突破，使开发区由资源消耗型产业向创新驱动型产业转型，电子信息、装备制造、铅锌冶炼、火电建材等重点产业实现物质流闭路循环、“三废”排放强度大幅下降，清洁生产水平达到或接近行业一级水平，循环化改造长效机制基本形成，为全国同类园区循环化改造提供典型示范。通过循环化改造方案的实施，池州经济技术开发区将建设成为“产业高端、人才集聚、功能完备、设施现代、宜居宜业”的生态产业新城和美好智慧园区。

八、国家级社会信用体系建设示范城市创建方案

（一）基本概念

国家级社会信用体系建设示范城市是国家发展改革委和中国人民银行为了贯彻落实党中央、国务院关于信用强国战略而在全国范围内开展的以城市为载体的社会信用体系建设城市评选与后续验收工作，也是我国信用体系建设的重要内容与实施路径。

2015 年 8 月，国家发展改革委和中国人民银行联合发文，将沈阳、青岛、南京、无锡、宿迁、杭州、温州、义乌、合肥、芜湖、成都这 11 个城市列入首批全国创建社会信用体系建设示范城市，以改革创新的办法积极推进，以创建社会信用体系建设示范城市为重要载体，务实开展示范创建工作，进一步推动我国社会信用体系建设。2016 年 4 月 6 日，国家发展改革委、中国人民银行联合印发《国家发展改革委 中国人民银行关于同意北京市海淀区等 32 个城市（城区）创建社会信用体系建设示范城市（城区）工作方案的复函》（发改财金〔2016〕769 号），批复了 32 个城市（城区）创建全国第二批社会信用体系建设示范城市（城区）工作方案，第二批创建社会信用体系建设示范城市（城区）包括北京市海淀区，内蒙古自治区呼和浩特市、乌海市，辽宁省大连市、鞍山市、辽阳市，黑龙江省绥芬河市，上海市浦东新区、嘉定区，江苏省苏州市，浙江省台州市，安徽省安庆市、淮北市，福建省福州市、厦门市、莆田市，山东省潍坊市、威海市、德州市、荣成市，河南省郑州市、南阳市，湖北省武汉市、咸宁市、宜昌市、黄石市，广东省广州市、深圳市、珠海市、汕头市、惠州市，四川省泸州市等 32 个城市（城区）。

2018 年 1 月 9 日，国家发展改革委办公厅、中国人民银行办公厅宣布杭州市、南京市、厦门市、成都市、苏州市、宿迁市、惠州市、温州市、威海市、潍坊市、义乌市、荣成市 12 个城市为首批社会信用体系建设示范城市。根据该通知，社会信用体系建设示范城市主动承担重点任务，积极开展先行先试，实现了社会信用体系建设

在城市落地生根，形成了一系列先进经验和做法，值得在全国各城市复制推广。社会信用体系建设示范城市在社会信用体系建设推进机制、公共信用信息归集共享、城市信用门户网站、红黑名单及其管理办法、积极培育信用服务机构、创新信用惠民措施、提升信用体系建设获得感、着力加强个人诚信建设以及营造诚实守信的良好氛围等方面都发挥了积极作用。

（二）案例研究：国家级社会信用体系建设示范城市创建方案

国家级社会信用体系建设案例很多，这里重点分享潍坊案例、威海案例。这两个城市均编制试行了创建方案，完善了信用建设目标任务，以社会信用体系建设大数据平台为支撑，对政府信用、企业信用、商业信用、金融信用、司法信用等进行构建，并形成系统规范的信息录入、搜集、筛选、分析与输出平台，进而较好地实现了信用体系建设与行业信用等基础评价目标。

九、工业节能节水专项规划

（一）基本概念

工业节能节水规划主要是分析国家和地方有关政策，研究产业发展趋势，立足工业领域和工业产业，研究并设计科学、先进的节能和节水规划目标和实施路径等，以降低单位产值能耗和单位水耗，实现减量化、循环化等发展目标的一种专项规划。

（二）案例研究：北京市工业节能节水专项规划

为实现北京市工业节能节水的工作目标，北京市经信委贯彻落实国家有关政策要求，委托国合院吴维海博士牵头的研究团队对北京市工业节能节水规划进行了调研、基础分析、目标策划、重点工程设计以及实现路径确定等。

通过对北京市节能节水环境调研和原有专项规划的编制、评估与修订，明确了北京市工业节能节水的工作思路，提高了专项规划实施的可行性，为北京市循环经济发展提供了一定的决策支撑。

十、城镇化发展规划

（一）基本概念

根据中国共产党第十八次全国代表大会报告、《中共中央关于全面深化改革若干重大问题的决定》、中央城镇化工作会议精神、《中华人民共和国国民经济和社会发展第十二个五年规划纲要》和《全国主体功能区规划》编制《国家新型城镇化规划（2014—2020年）》，明确未来城镇化的发展路径、主要目标和战略任务，统筹相关领域制度和政策创新，是指导全国城镇化健康发展的宏观性、战略性、基础性规划。我国2023年常住人口城镇化率65%，城镇人口发展趋于缓慢。

在城镇化过程中，存在一些需要解决的突出矛盾和问题：大量农业转移人口难以融入城市社会，市民化进程滞后；土地城镇化快于人口城镇化，建设用地粗放低效；城镇空间分布和规模结构不合理，与资源环境承载能力不匹配；城市管理服务水平不高，“城市病”问题日益突出；自然历史文化遗产保护不力，城乡建设缺乏特色；体制机制不健全，阻碍了城镇化健康发展。

（二）案例研究:《“十四五”新型城镇化实施方案》

《“十四五”新型城镇化实施方案》提出，到2025年，全国常住人口城镇化率稳步提高，户籍人口城镇化率明显提高，户籍人口城镇化率与常住人口城镇化率差距明显缩小。农业转移人口市民化质量显著提升，城镇基本公共服务覆盖全部未落户常住人口。“两横三纵”城镇化战略格局全面形成，城市群承载人口和经济的能力明显增强，重点都市圈建设取得明显进展，轨道上的京津冀、长三角、粤港澳大湾区基本建成。超大特大城市中心城区非核心功能有序疏解，大中城市功能品质进一步提升，小城市发展活力不断增强，以县城为重要载体的城镇化建设取得重要进展。城市可持续发展能力明显增强，城镇开发边界全面划定，新增建设用地规模控制在2 950万亩以内，城市内涝治理取得明显成效，城市燃气等管道老化更新改造深入推进，能源资源利用效率大幅提升，城市黑臭水体基本消除，地级及以上城市空气质量优良天数比率提高到87.5%，城市建成区绿化覆盖率超过43%。系统完备、科学规范、运行有效的城市治理体系基本建立，治理能力明显增强。

实施方案对推动我国城镇化高质量发展做了全局性谋划、战略性布局、阶段性安排，明确了5个方面的工作任务：①推进农业转移人口市民化，提高市民化质量是关键。坚持存量优先、带动增量，稳妥有序推进户籍制度改革，提升农业转移人口劳动技能培训、随迁子女基本公共教育、社会保险、农民工劳动权益等保障水平，健全配套政策体系，促进农业转移人口全面融入城市。②优化城镇化空间布局和形态，以城市群、都市圈为依托，促进大、中、小城市和小城镇协调发展是关键。分类推动城市群发展，有序培育现代化都市圈，转变超大特大城市发展方式，提升大、中城市功能品质，增强小城市发展活力，推进以县城为重要载体的城镇化建设，引导小城镇分类发展，推动形成疏密有致、分工协作、功能完善的城镇化空间格局。③推进新型城市建设，转变城市发展方式是关键。坚持人民城市人民建、人民城市为人民，有序推进城市更新改造，加强公共卫生防控救治、防洪排涝、防灾减灾、应急处置等设施建设，建设宜居、韧性、创新、智慧、绿色、人文城市，使城市成为人民高品质生活的空间。④提升城市治理水平，创新治理方式是关键。树立全周期管理理念，聚焦空间治理、社会治理、行政管理、投融资等领域，提高城市治理科学化精细化智能化水平，推进城市治理体系和治理能力现代化。⑤促进城乡融合发展，推动改革创新是关键。坚持以工补农、以城带乡，以县域为基本单元、以国家城乡融合发展试验区为突破口，推进城镇公共服务向乡村覆盖，推进城镇基础设施向乡村延伸，促进城乡产业协同发展，逐步健全城乡融合发展体制机制和政策体系。

十一、生态文明示范城市规划

（一）基本概念

2013 年 12 月，国家发展改革委等部门下发《关于印发国家生态文明先行示范区建设方案（试行）的通知》，以推动绿色、循环、低碳发展为基本途径，促进生态文明建设水平明显提升。

2014 年 3 月 10 日，国务院印发《关于支持福建省深入实施生态省战略　加快生态文明先行示范区建设的若干意见》，福建省成为党的十八大以来，国务院确定的全国第一个生态文明先行示范区。福建省建设生态文明先行示范区将突出“先行先试”。国家在福建省开展生态文明建设评价考核试点，探索建立生态文明建设指标体系。率先开展森林、山岭、水流、滩涂等自然生态空间确权登记，编制自然资源资产负债表，开展领导干部自然资源离任审计试点。开展生态公益林管护体制改革、国有林场改革、集体商品林规模经营试点等。

国家发展改革委等六部门联合批复《贵州省生态文明先行示范区建设实施方案》，标志着贵州省建设全国生态文明先行示范区正式启动。

（二）案例研究：国家生态文明建设试点示范区指标

1. 生态文明试点示范县（含县级市、区）建设指标

（1）基本条件

①建立生态文明建设党委、政府领导工作机制，研究制定生态文明建设规划，通过人大审议并颁布实施四年以上；国家和上级政府颁布的有关建设生态文明，加强生态环境保护，建设资源节约型、环境友好型社会等相关法律法规、政策制度得到有效贯彻落实。实施系列区域性行业生态文明管理制度和全社会共同遵循的生态文明行为规范，生态文明良好社会氛围基本形成。

②达到国家生态县建设标准并通过考核验收。所辖乡镇（涉农街道）全部获得国家级美丽乡镇命名。辖区内国家级工业园区建成国家生态工业示范园区；50%以上的国家级风景名胜区、国家级森林公园建成国家生态旅游示范区。县级市建成国家环保模范城市。

③完成上级政府下达的节能减排任务，总量控制考核指标达到国家和地方总量控制要求。矿产、森林、草原等主要自然资源保护、水土保持、荒漠化防治、安全监管等达到相应考核要求。严守耕地红线、水资源红线、生态红线。

④环境质量（水、大气、噪声、土壤、海域）达到功能区标准并持续改善。当地存在的突出环境问题和环境信访得到有效解决，近三年辖区内未发生重大、特大突发环境事件，政府环境安全监管责任和企业环境安全主体责任有效落实。区域环境应急关键能力显著增强，辖区中具有环境风险的企事业单位有突发环境事件应急预案并进行演练。危险废物的处理处置达到相关规定要求，实施生活垃圾分类，实现无害化处理。新建化工企业全部进入化工园区。生态灾害得到有效防范，无重大森林、草原、基本农田、湿地、水资源、矿产资源、海岸线等人为破坏事件发生，无跨界重大污染和危险废物向其他地区非法转移、倾倒事件。生态环境质量保持稳定或持续好转。

⑤实施主体功能区规划，划定生态红线并严格遵守。严格执行规划（战略）环评制度。区域空间开发和产业布局符合主体功能区规划、生态功能区划和环境功能区划要求，产业结构及技术符合国家相关政策。开展循环经济试点和推广工作，应当实施清洁生产审核的企业全部通过审核。

（2）建设指标

生态经济、生态环境、生态人居、生态制度、生态文化等系统，不同系统分解为一定的指标，具体指标参见《国家生态文明建设试点示范区指标》。

2. 生态文明试点示范市（含地级行政区）建设指标

（1）基本条件

①建立生态文明建设党委、政府领导工作机制，研究制定生态文明建设规划，通过人大审议并颁布实施四年以上；建立实施基于主体功能区区划和生态功能区划，符

合当地实际的生态补偿制度；国家和上级政府颁布的有关建设生态文明，加强生态环境保护，建设资源节约型、环境友好型社会等相关法律法规、政策制度得到有效贯彻落实。实施系列区域性行业生态文明管理制度和全社会共同遵循的生态文明行为规范，生态文明良好社会氛围基本形成。

②达到国家生态市建设标准并通过考核验收。所辖县（县级市、区）全部获得国家生态文明建设试点示范区称号。辖区内国家级工业园区建成国家生态工业示范园区；45%以上的国家级风景名胜区、国家级森林公园建成国家生态旅游示范区。设市城市建成国家环保模范城市。

③完成上级政府下达的节能减排任务，总量控制考核指标达到国家和地方总量控制要求。矿产、森林、草原等主要自然资源保护、水土保持、荒漠化防治、安全监管等达到相应考核要求。严守耕地红线、水资源红线、生态红线。

④环境质量（水、大气、噪声、土壤、海域）达到功能区标准并持续改善。当地存在的突出环境问题和环境信访得到有效解决，近三年辖区内未发生重大、特大突发环境事件，政府环境安全监管责任和企业环境安全主体责任有效落实。区域环境应急关键能力显著增强，辖区中具有环境风险的企事业单位有突发环境事件应急预案并进行演练。危险废物的处理处置达到相关规定要求，实施生活垃圾分类，实现无害化处理。新建化工企业全部进入化工园区。生态灾害得到有效防范，无重大森林、草原、基本农田、湿地、水资源、矿产资源、海岸线等人为破坏事件发生，无跨界重大污染和危险废物向其他地区非法转移、倾倒事件。生态环境质量保持稳定或持续好转。

⑤实施主体功能区规划，划定生态红线并严格遵守。严格执行规划（战略）环评制度。区域空间开发和产业布局符合主体功能区规划、生态功能区划和环境功能区划要求，产业结构及技术符合国家相关政策。开展循环经济试点和推广工作，应当实施清洁生产审核的企业全部通过审核。

（2）建设指标

生态经济、生态环境、生态人居、生态制度、生态文化等系统，具体有不同指标组成，具体指标参见《国家生态文明建设试点示范区指标》。

①资源产出增加率

指标解释：资源产出率指的是消耗一次资源（包括煤、石油、铁矿石、有色金属稀土矿、磷矿、石灰石、沙石等）所产生的国内生产总值。它在一定程度上反映了自然资源消费增长与经济发展间的客观规律。若资源产出率低，则一个区域经济增长所需资源更多的是依靠资源量的投入，表明该区域资源利用效率较低。

考虑到区域之间经济发展不平衡，各地资源禀赋、城镇化、工业化差异明显，考核资源产出率的绝对值意义不大。因此，本指标体系采用资源产出增加率，即某一地区创建目标年度资源产出率与基准年度资源产出率的差值与基准年度资源产出率的比值。

②单位工业用地产值

指标解释：指辖区内单位面积工业用地产出的工业增加值，是反映工业用地利用效益的指标。单位工业用地产值越高，土地集约利用程度越高。其中，工业用地参照《土地现状利用分类》（GB/T21010-2007）统计，工业增加值采用不变价核算。

③再生资源循环利用率

指标解释：指废旧金属、报废电子产品、报废机电设备及其零部件、废造纸原料（如废纸、废棉等）、废轻化工原料（如橡胶、塑料、农药包装物、动物杂骨、毛发等）、废玻璃等再生资源的循环利用程度。

④碳排放强度

指标解释：指辖区内某年度单位 GDP 二氧化碳排放量。

二氧化碳排放总量：根据发展改革委发布的《省级温室气体清单编制指南（试行）》，二氧化碳排放总量计算公式为：

二氧化碳排放量=（燃料消费量（热量单位）×单位热值燃料含碳量-固碳量）×燃料燃烧过程中的碳氧化率

⑤单位 GDP 能耗

指标解释：指辖区内地区生产总值所消耗的能源，是反映能源消费水平和节能降耗状况的主要指标。

标准煤：能源的种类很多，所含的热量也各不相同，为了便于相互对比和在总量上进行研究，我国把含热值 7 000 千卡（29 307.6 千焦）的能源定义为一千克标准煤，也称标煤。另外，我国还经常将各种能源折合成标准煤的吨数来表示。能源折标准煤系数=某种能源实际热值（千卡/千克）/7 000（千卡/千克）。

在各种能源折算标准煤之前，首先测算各种能源的实际平均热值，再折算成标准煤。平均热值也称平均发热量，是指不同种类或品种的能源实测发热量的加权平均值。其计算公式为：

平均热值（千卡/千克）=Σ（某种能源实测低位发热量）（千卡/千克）×该能源数量（吨）/能源总量（吨）

⑥节能环保产业增加值占 GDP 比重

指标解释：指辖区节能环保产业增加值占 GDP 的比例。

⑦主要污染物排放强度

指标解释：指单位土地面积所产生的主要污染物数量，反映了辖区内环境负荷的大小。按照节能减排的总体要求，本指标计算化学需氧量（COD）、二氧化硫（SO_2）、氨氮（NH3-N）、氮氧化物（NOx）的排放强度。

⑧污染土壤修复率

指标解释：指辖区内受污染农田开展修复和被二次开发（改变用途）的面积占辖区受污染农田总面积的比例。

国家发展改革委等六部门委托有关部门，对申报地区的《生态文明先行示范区建设实施方案》进行了集中论证和复核把关。根据论证和复核结果，将北京市密云县等55个地区作为生态文明先行示范区建设地区（第一批），具体名单如下：

1. 北京市密云县
2. 北京市延庆县
3. 天津市武清区
4. 河北省承德市
5. 河北省张家口市
6. 山西省芮城县
7. 山西省娄烦县
8. 内蒙古自治区鄂尔多斯市
9. 内蒙古自治区巴彦淖尔市
10. 辽宁省辽河流域
11. 辽宁省抚顺大伙房水源保护区
12. 吉林省延边朝鲜族自治州
13. 吉林省四平市
14. 黑龙江省伊春市
15. 黑龙江省五常市
16. 上海市闵行区
17. 上海市崇明县
18. 江苏省镇江市
19. 江苏省淮河流域重点区域
20. 浙江省杭州市
21. 浙江省丽水市
22. 安徽省巢湖流域
23. 安徽省黄山市
24. 江西省
25. 山东省临沂市
26. 山东省淄博市
27. 河南省郑州市
28. 河南省南阳市
29. 湖北省十堰市
30. 湖北省宜昌市
31. 湖南省湘江源头区域
32. 湖南省武陵山片区
33. 广东省梅州市
34. 广东省韶关市

35. 广西壮族自治区玉林市
36. 广西壮族自治区富川瑶族自治县
37. 海南省万宁市
38. 海南省琼海市
39. 重庆市渝东南武陵山区
40. 重庆市渝东北三峡库区
41. 四川省成都市
42. 四川省雅安市
43. 贵州省
44. 云南省
45. 西藏自治区山南地区
46. 西藏自治区林芝地区
47. 陕西省西咸新区
48. 陕西省延安市
49. 甘肃省甘南藏族自治州
50. 甘肃省定西市
51. 青海省
52. 宁夏回族自治区永宁县
53. 宁夏回族自治区吴忠市利通区
54. 新疆维吾尔自治区昌吉州玛纳斯县
55. 新疆维吾尔自治区伊犁州特克斯县

随后，相关部委部门又发布了其他批次的生态文明先行示范区城市创建名单，有力地推动了全国生态文明建设工作的持续开展。

十二、传统产业转型升级试验区规划

（一）基本概念

产业转型升级指推动产业结构高级化，向更有利于经济、社会发展方向发展。产业转型升级的关键是技术进步，在引进先进技术的基础上消化吸收，并加以研究、改进和创新，建立属于自身的技术体系。

产业结构转型升级中的“转型”核心是转变经济增长的类型，将高投入、高消耗、高污染、低产出、低质量、低效益转变为低投入、低消耗、低污染、高产出、高质量、高效益，将粗放型转为集约型，而不是单纯地转变行业。

产业结构转型升级中的“升级”，包括产业之间的升级，如由第一产业向第二、第三产业演进。也包括产业内的升级，如某一产业内部的加工、再加工程度逐步纵深化、技术集约化，提高生产效率。

传统产业，也称传统行业，主要指制衣、制鞋、机械、制造业等劳动力密集型的、以制造加工为主的行业。

传统产业转型升级规划指地方政府或产业园等，根据国家政策和产业政策，立足市场需求和自身资源禀赋，组织专业人员编制的，研究本地区、本单位如何构建规划目标，确立主导产业，实施重点工程，有计划地实现传统产业由低层级向高层级，或者产业内部的深加工或技术改造，实现产业集聚、技术进步、能耗降低、成本减少等更好的经济增长模式与发展预期的专项规划。

（二）案例研究：某地市传统产业转型升级三年行动计划

编制该类规划和行动方案的基本思路是：

一是分析规划编制的依据、背景、发展基础，以及当前的形势与挑战等；如有必要，可做一下标杆分析，确定需要解决的问题和实践借鉴。

二是研究确定规划指导思想，如以习近平新时代中国特色社会主义思想为指导，全面贯彻上级关于加快推进经济转型发展的决定，以产业转型升级为主线，以市场为核心，深入实施新型工业化战略，加快技术改造和自主创新步伐，促进经济发展方式转变，推动工业经济集约、集群发展。

三是研究确定规划目标。如某地市专项规划中提出“通过政策引导、行业自律等手段，利用市场倒逼机制，以企业为主导，推动传统产业转型升级，力争2018年全市纺织产业链、印染产业链、小家电产业链和机械加工产业链等四大传统产业转型升级取得明显成效”。

四是明确主要工作任务或措施，如推动技术创新和产业化，优化产业链关键核心环节，加大招商引资力度，塑造地区行业品牌，构建公共服务平台，推动国际贸易与海（境）外合作等。

五是构建保障机制，成立传统产业转型升级领导小组，设立专门办公室，完善工作程序；强化资源保障，安排新增土地指标和排污指标，引进金融机构，申请部委资金，拨付财政资金等；建立产业转型升级的信息统计体系、动态监控机制和具体考核奖励办法等。

十三、资源枯竭型城市转型战略规划

（一）基本概念

资源枯竭型城市是指矿产资源开发进入后期、晚期或末期阶段，其累计采出储量已达到可采储量的70%以上的城市。资源枯竭城市转型问题是世界各国经济和社会发展中都经历过或正在经历的突出问题。

资源枯竭型城市，有四大共性特点：一是随着资源枯竭，产业效益下降；二是产业结构单一，资源产业萎缩，替代产业尚未形成；三是经济总量不足，地方财力薄弱；四是大量职工收入低于全国城市居民人均水平。

根据资源产业与资源型城市发展的规律，资源型城市必然经历建设→繁荣→衰退→转型→振兴或消亡的过程。

（二）案例研究：欧美国家资源枯竭城市转型模式

欧美国家对于资源枯竭型城市采取的转型措施主要有：

一是美国模式。政府很少进行具体的转型控制，主要通过市场机制，政府制定转型规划和各种服务，通过市场机制和企业参与推动城市转型。

二是欧盟模式，以法、德为代表，主要采取政府领导的模式，政府成立专门委员会和其他经济组织，根据经济环境、地理区位、市场结构、城市规模、文化背景等，制定详细的规划目标、具体计划和相关政策，通过各级政府引导、社会各界参与，调整产业结构，促进地区产业转型和经济发展，推动区域经济转型提升。

三是日本模式。日本采取产业政策指导的产业援助，政府根据国内外市场环境与和资源型城市的产业特征，制定和修改产业政策，设定转型目标和具体措施。

四是放任模式，主要是苏联和委内瑞拉模式。政府没有任何转型的政策或主动措施，资源型城市由于资源枯竭而停止发展。

借鉴欧美国家和我国成功的资源枯竭型城市转型模式，我们初步认为，资源枯竭型城市转型的产业选择，需要遵循如下的产业方向：

新的产业是劳动密集型的，便于安置就业；选择的产业必须是内生外向型的，既能拉动销售，又能安置就业；选择的产业是产业关联型的，能够带动地方经济全面发展；选择的产业必须符合国家产业政策和满足市场需求。

十四、“一带一路”产业融合规划

（一）基本概念

国家主席习近平在2013年提出建设“新丝绸之路经济带”和“21世纪海上丝绸之路”的倡议。

“一带一路”是合作发展的理念和倡议，是依靠中国与有关国家既有的双（多）边机制，借助既有的、行之有效的区域合作平台，借用古代“丝绸之路”的历史符号，倡导和平发展、互利共赢，探索发展与沿线国家的经济合作伙伴关系，共同打造政治互信、经济融合、文化包容的利益共同体、命运共同体和责任共同体。

丝绸之路经济带涵盖东南亚、东北亚经济整合，最终融合在一起通向欧洲，形成欧亚大陆经济整合的大趋势。

21世纪海上丝绸之路经济带从海上联通欧、亚、非三个大陆和丝绸之路经济带一起形成一个海上+陆地的闭环。

“一带一路”沿线大多是新兴经济体和发展中国家，涵盖中亚、南亚、西亚、东南亚和中东欧等国家和地区，总人口约44亿，经济总量约21万亿美元，分别约占全球的63%和29%。

（二）案例研究

国家主席、中央财经领导小组组长习近平于2014年11月4日主持召开中央财经领导小组第八次会议，研究丝绸之路经济带和21世纪海上丝绸之路规划、发起建立亚洲基础设施投资银行和设立丝路基金。

国家主席习近平强调，要做好“一带一路”建设总体布局，尽早确定今后几年的时间表、路线图，要有早期收获计划和领域。推进“一带一路”建设要抓落实，由易到难、由近及远，以点带线、由线到面，扎实开展经贸合作，扎实推进重点项目建设，脚踏实地，一步一步干起来。

国家主席习近平指出，推进“一带一路”建设，要抓住关键的标志性工程，力争尽早开花结果。要帮助有关沿线国家开展本国和区域间交通、电力、通信等基础设施规划，共同推进前期预研，提出一批能够照顾双边、多边利益的项目清单。要高度重视和建设一批有利于沿线国家民生改善的项目。坚持经济合作和人文交流共同推进，促进我国同沿线国家教育、旅游、学术、艺术等人文交流，使之提高到一个新的水平。

国家主席习近平强调，“一带一路”建设是一项长期工程，要做好统筹协调工作，正确处理政府和市场的关系，发挥市场机制的作用，鼓励国有企业、民营企业等各类企业参与，同时发挥好政府的作用。要重视国别间和区域间经贸合作机制和平台建设工作，设计符合当地国情的投资和贸易模式，通过机制化安排推进工作。加大对外援助力度，发挥好开发性、政策性金融的独特优势和作用，积极引导民营资本参与。要统筹好部门和地区关系，各部门和各地区要加强分工合作、形成合力。

中央财经领导小组会议提出，帮助有关沿线国家开展本国和区域间交通、电力、通信等基础设施规划，共同推进前期预研，提出一批能够照顾双边、多边利益的项目清单。要高度重视和建设一批有利于沿线国家民生改善的项目。

“一带一路”建设要形成重点区域和国际共赢的格局，即东盟、东南亚、南亚、非洲等一些新兴市场国家是未来战略的主体，推动形成利益共同体。

“一带一路”建设规划已提交国务院，方案将在交通互联互通、经贸、产业等方面做指引，东盟、东南亚、南亚、非洲等新兴市场国家是未来战略的主体，通过国家战略平台的建设形成“东出西进”格局。

目前，全国各省（自治区、直辖市）、各地区、各级政府，如山东省、辽宁省、福建省，烟台市、青岛市、大连市、泉州市等，正在积极研究和编制“一带一路”产业融合专项规划，跟踪与研究“一带一路”倡议带来的产业机会和对外贸易模式，探索制定适应共建“一带一路”的产业融合发展规划，拓宽产业空间，提升国际竞争力，优化产业结构和经济增长方式。

十五、文化旅游规划

（一）基本概念

文化产业的核心要素是产业集聚，目标是构建产业链和产业集群。文化产业的核心要素包括地理环境、地理成本、文化主题、经济成本和竞争力等。

文化旅游指以旅游文化的地域差异性为诱因，以文化的碰撞与互动为过程，以文化的相互融洽为结果的旅游，它具有民族性、艺术性、神秘性、多样性、互动性等特征。文化旅游是以旅游经营者创造的观赏对象和休闲娱乐方式为消费内容，使旅游者获得富有文化内涵和深度参与旅游体验的旅游活动的集合。

文化旅游规划指将特定地区、特定产业园的历史故事、文化要素、旅游资源，与文化创新、工业创意、文化旅游产品、历史文化保护、休闲娱乐、特色商贸等结合，形成产业集聚、功能完善的特色产业和品牌定位。通过产业集聚、资源倾斜和规模效应，集聚优势产业、优势项目与重点企业，推动地区文化旅游产业的集聚、延伸和提升，提高文化旅游产业在当地经济中的比重，优化产业结构，促进地区经济发展。

文化旅游创意产业指为了满足旅游者对精神方面的需求而策划设计的文化活动内容并形成旅游者可以体验参与的活动，以及为此而必备的制度安排和设施条件。创意主要释放在文化活动的内容、形式和设施上。从旅游业角度看，重点在旅游文化产业的发展与谋划，包括原有产业的稳定发展和深度发展，以及新型创意产业的培育。旅游创意主要包括旅游产品创意（增加文化品位）、旅游活动创意（增加深度体验）、旅游商品创意（加强设计水平）和旅游服务创意（更加人性化）等方面。

（二）案例研究:《北京市文化创意产业提升规划》

1. 规划编制依据

《中共中央关于全面深化改革若干重大问题的决定》《国务院关于推进文化创意和设计服务与相关产业融合发展的若干意见》《国务院关于加快发展对外文化贸易的意见》《国务院办公厅关于印发文化体制改革中经营性文化事业单位转制为企业和进一步支持企业发展两个规定的通知》《文化产业振兴规划》《文化部“十二五”时期文化产业倍增计划》《中共北京市委关于发挥文化中心作用　加快建设中国特色社会主义先进文化之都的意见》。

2. 规划编制背景

中央明确提出北京市要发挥全国文化中心示范作用，为首都发展文化创意产业提供了良好的外部环境。在文化大发展大繁荣的背景下，居民文化消费和科技体验要求日益增强，北京文化资源丰富、文化人群聚集、科技力量汇聚，有利于提升首都发展文化创意产业的竞争优势。

3. 规划发展目标

到××年，构建起富有首都特色的“3+3+X”文化创意产业体系，产业支柱地位更加巩固，成为支撑本市科学发展、绿色发展、创新发展的核心引擎，推动首都建设成为中国最具活力的文化创意名城、在世界上具有重大影响力的著名文化中心，文化氛围浓郁，创新活力四射，环境和谐宜居。文化创意产业增加值占 GDP 比重达到15%以上。具体如图 19-6 所示。

4. 主要工作任务

产业结构优化升级，市场主体日益壮大，创新能力显著提升，要素市场日趋完善。

对文化艺术、广播影视、新闻出版三大传统行业，重点扶持原创和精品生产，创新网络文化服务模式，繁荣文学、艺术、影视、音乐创作和传播，积极鼓励文化输出。创新体制机制，加快培育多元化市场主体，激发国有企事业单位经营活力，加快推动混合所有制企业和非公企业成长壮大。

对广告会展、艺术品交易、设计服务三大优势行业，利用现代信息技术加快推进商业模式与营销模式创新，通过政策扶持、平台建设和主体培育，汇聚各类创新要素，让一切知识、技术和专业服务的活力竞相迸发，让一切有助于文化内涵提升、创意塑造的源泉充分涌流，推动行业规模加速壮大。

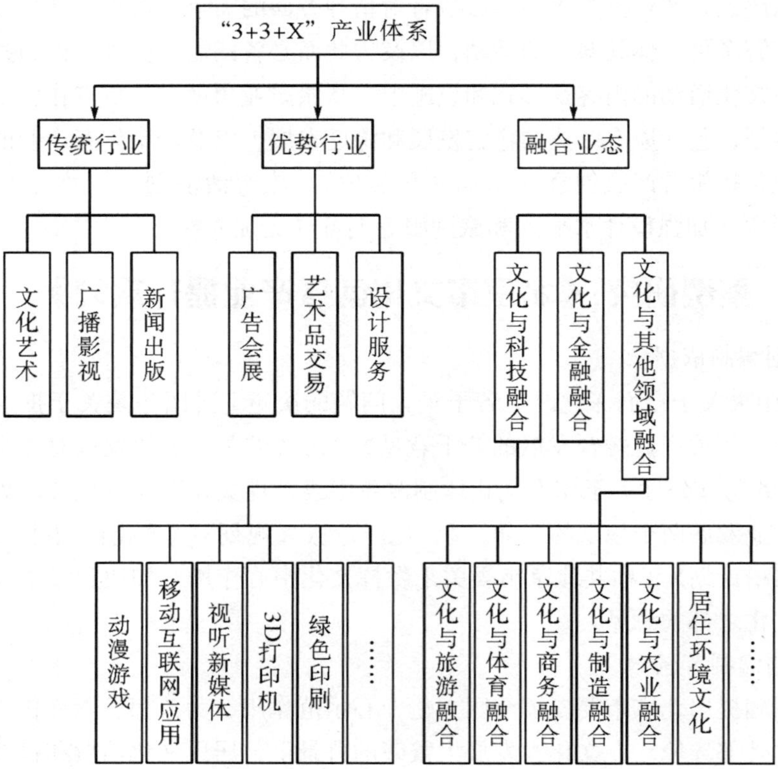

图 19-6　北京市“3+3+X”文化创意产业体系

发挥文化引领作用，加快文化元素与产业的研发、设计、营销等环节的融合融入，改变传统生产与消费模式，转变传统增长机制，推动向产业链两端延伸、价值链高端攀升，加快产业结构创新、链条创新与形态创新，提高产业链整体发展水平和创新创意能力。加快新业态培育，推动文化创意产业与科技、金融及其他产业融合发展、互促共赢。

十六、城市住房发展规划

（一）基本概念

住房发展规划是完善房地产市场调控长效机制。我国建立了国家、省份、城市三个层次的住房发展规划体系。

城市住房发展规划的编制规范包括：

（1）规划定位。城市住房发展规划是国民经济和社会发展规划的专项规划。在编制过程中，依据全国和省级住房发展规划、国民经济与社会发展规划、土地利用总体规划和城市总体规划，和本地的城市近期规划等相衔接。

（2）规划原则。立足住房的消费品属性，体现政府住房保障职责；注重住房发展与城市发展相适应；坚持各种规划衔接；坚持政府引导、专家参与、部门与公众参与。

（3）规划期限与范围。一般规划期 5 年，与五年规划衔接，规划范围与城市近期空间建设规划范围一致。

（4）规划内容。一是现状评估；二是规划目标、分项目标和发展目标；三是主要任务和重点工程，包括住房供应体系、供应结构、住房保障、房地产市场、住房建设和消费模式、空间布局、社区环境与住宅质量改善等；四是空间布局与用地规划；五是开发时序安排，重点建设项目库；六是资源配置、资金筹措；七是规划保障。

（5）规划成果要求。规划成果应包括规划文本、图纸和附件，其中附件应包括规划说明书、专题研究报告与基础资料汇编。基础资料汇编可单独编制，也可将其纳入说明书各章节的现状条件分析中。

十七、县（市、区）农村垃圾处理规划

（一）基本概念

县（市、区）农村垃圾处理规划主要指针对农村垃圾处理问题而组织编制的关于如何研究和确定特定地区农村垃圾规划编制依据、规划适用范围、垃圾处理现状、编制背景、工作目标、重点任务、主要项目、规划保障机制等内容的一种专项规划。

（二）案例研究：县（市、区）农村垃圾处理规划编制规范

我国各县（市、区）农村垃圾处理规划编制的基本规范，一般如下：

（1）规划的编制目标与依据，包括规划依据的上一层次规划，规划的法律依据、需要实现的效果等。

（2）规划的适用范围，包括规划的执行对象与地点、概念等。

（3）规划的编制原则，包括但不限于遵循减量化、资源化、无害化原则，因地制宜，分类指导，防止污染，保护耕地和改善生态人文环境，促进乡村可持续发展，引导农村环境卫生设施有序建设。

（4）规划基本规范：规划经费来源和审核程序。

（5）规划编制，包括规划委托、规划调研、规划评审、规划执行等。

（6）规划编制内容，包括规划期限、现状、目标、项目和工程、重点任务、处

理方式、步骤与计划、措施建议等。

（7）规划提交成果，包括报告、图纸和附件等。

（8）规划效力、资质和生效期限等。

十八、土地利用总体规划

（一）基本概念

土地利用总体规划是在一定区域内，根据国家社会与经济可持续发展的要求和当地自然、经济、社会条件，对土地的开发、利用、治理、保护在空间上、时间上所做的总体安排和布局，是国家实行土地用途管制的基础。土地利用总体规划是指在各级行政区域内，根据土地资源特点和社会经济发展要求，对今后一段时期（通常为15年）内土地利用的总安排。

土地利用总体规划的成果包括规划文件、规划图件及相应的附件。土地利用总体规划实行分级审批制度。

（二）案例研究：土地利用总体规划有关研究和基本规定

马世发、蔡玉梅、念沛豪等在《土地利用规划模型研究综述》一文中提出，土地利用规划是实施土地可持续利用战略的重要调控措施，土地利用规划的核心内容是土地利用结构的优化调整。

土地利用结构优化是为了达到一定的经济、社会和生态最优目标，依据土地资源的自身特性和适宜性评价，对区域内各种土地利用类型进行更加合理的数量安排和空间布局，从而提高土地利用效率和效益，维持土地生态系统的相对平衡，实现土地资源的可持续利用。

土地利用结构调整理论包括：

（1）数理分析预测模型。数理分析就是利用数理推理框架实现预测，常用的有回归分析预测模型、灰色预测模型、Markov 预测模型、神经网络预测模型等。这些模型主要是对历史数据进行训练，通过校正模型参数实现规律推导，是分析土地利用结构的简单有效的方法。

（2）数量优化模型。就是利用解析数学对优化方程进行精确求解，一般有线性规划和多目标规划模型等。优化模型要考虑调控目标如传统上有社会、经济、生态三大效益目标等。基于生物智能的优化模型用不完全近似搜索策略，接近调控目标。

（3）空间因果关系模型。土地利用在空间上的布局可以解释为一系列空间因素共同作用的结果，实际是一套因果关系分析系统。目前，典型的应用就是 CLUE-S 分析系统。土地利用格局的变化是每个微观地块的共同演化体现。利用微观个体间的相互作用，构建自下而上的离散动力学模型。

土地利用空间优化分区是在土地利用空间优化配置模型的基础上，根据空间管理的不确定性，再利用一定的地理综合原则构建的用途管制分区。

土地利用结构优化内涵包括数量结构和空间结构，土地利用空间布局是数量结构的空间落实，二者共同反映了区域土地利用结构调控。

我国土地利用总体规划是政府规划的重要构成部分。

1. 规划目标

一般包括：

（1）总目标

区域土地的可持续利用，实现区域可持续发展，“三个效益”的统一。

（2）具体目标

具体目标是总体目标下的子目标，是总目标的具体体现。

2. 规划内容

一般包括：

（1）土地利用现状分析；

（2）土地供给量预测；

（3）土地需求量预测；

（4）确定规划目标和任务；

（5）土地利用结构与布局调整；

（6）土地利用分区；

（7）确定实施规划的措施。

3. 规划的主要任务

一般包括：

（1）土地利用的宏观调控。它是土地利用宏观管理体系的重要基础，是土地利用宏观控制的主要依据。

（2）土地利用的合理组织。通过土地利用总体规划在时空上对各类用地进行合理布局，制定相应的配套政策引导土地资源的开发、利用、整治和保护，以保证充分、合理、科学、有效地利用有限的土地资源，防止对土地资源的盲目开发。

（3）土地利用的规范监督。土地利用总体规划具有法律效力，任何机构和个人不得随意变更规划方案。土地利用总体规划是监督各部门土地利用的重要依据。

十九、历史文化名城名镇名村规划

（一）基本概念

为了加强历史文化名城、名镇、名村的保护与管理，继承中华民族优秀历史文化遗产，国务通过了《历史文化名城名镇名村保护条例》。

国家对历史文化名城、名镇、名村的保护给予必要的资金支持。历史文化名城、名镇、名村所在地的县级以上地方人民政府，根据本地实际情况安排保护资金，列入本级财政预算。

国家鼓励企业、事业单位、社会团体和个人参与历史文化名城、名镇、名村的保护。

具备下列条件的城市、镇、村庄，可以申报历史文化名城、名镇、名村：

（1）保存文物特别丰富；

（2）历史建筑集中成片；

（3）保留着传统格局和历史风貌；

（4）历史上曾经作为政治、经济、文化、交通中心或者军事要地，或者发生过重要历史事件，或者其传统产业、历史上建设的重大工程对本地区的发展产生过重要影响，或者能够集中反映本地区建筑的文化特色、民族特色。

申报历史文化名城的，在所申报的历史文化名城保护范围内还应当有两个以上的历史文化街区。

2013 年，住房城乡建设部颁布《历史文化名城名镇名村保护规划编制要求（试行）》，涵盖历史文化名城、名镇、名村保护规划编制要求等内容。

（二）案例研究：江苏省历史文化名村保护规划编制导则

江苏省历史文化名村保护规划编制导则，规划文本大纲包括：总则、村庄保护与发展目标、历史文化保护、村庄建设发展、保护机制与实施策略。规划图纸包括：历史文化遗存分布图、现状图、建筑分析图、保护规划区划图、空间格局保护规划图、建筑物保护与整治规划图、用地规划图（ 道路交通规划图）、基础设施规划图、规划总平面图、重要节点规划图。

规划任务：调查研究村庄的发展演变和历史文化遗存，总结历史文化价值及特色，确定各类保护对象，提出保护和利用措施，同时对村庄的发展建设做出规划安排。

历史研究：对村庄的历史沿革，包括村庄的起源、变迁、建制变化及主要发展阶段进行研究，关注村庄的社会结构，包括宗族世系、农村基层组织及其相关的生产关系、村庄经济等的发展变化。

建筑分类和评价：对规划范围内的现状建筑入户调查，按年代、层数、风貌、质量、功能等分类和评价。

确定保护对象：根据历史研究和现状调查评估的结论，确定需要保护的各类物质文化遗存和各类非物质文化遗产的名录。

划定保护范围：将文物保护单位和历史建筑相对集中，历史格局和风貌保存较为完好的区域，划定为历史文化名村的核心保护范围。

明确保护要求：提出文物保护单位、历史建筑等的保护、修缮、修复和展示利用的要求和措施；提出村庄历史空间格局和风貌的保护控制要求；提出历史环境要素的保护措施，以及与功能、景观相结合的展示利用方法；提出村庄自然景观环境保护要求，明确景观和生态修复与整治措施；提出承载非物质文化遗产的建筑和空间的展示利用方法。

明确建筑整治模式：各级文物保护单位、历史建筑应当按照相关法律法规进行修缮、修复；其余建筑，应综合风貌和质量，逐栋明确整治模式。

历史文化名村保护、村庄保护与建设评估：通过访谈、问卷等形式对村民进行调查。内容包括村民对历史文化名村历史文化价值的认知和保护方式的建议，对住宅建设、村庄环境及设施配套的意愿，对村庄发展建设的诉求和建议等。

鼓励公众参与：历史文化名村保护规划的编制与实施充分尊重村民意愿，按规定进行公示，广泛征求公众意见，调动社会各界参与历史文化名村保护的积极性。村集体将历史文化名村保护要求纳入村规民约，加强宣传教育，发动村民主动参与和监督保护工作。

二十、国家级碳达峰试点创建方案

（一）基本概念

碳达峰就是指在某一个时点，二氧化碳的排放不再增长达到峰值，之后逐步回落。碳达峰是二氧化碳排放量由增转降的历史拐点，标志着碳排放与经济发展实现脱钩。达峰目标包括达峰年份和峰值。

碳中和（carbon neutrality）指国家、企业、产品、活动或个人在一定时间内直接或间接产生的二氧化碳或温室气体排放总量，通过植树造林、节能减排等形式，以抵消自身产生的二氧化碳或温室气体排放量，实现正负抵消，达到相对“零排放”。

2021 年 10 月 24 日，中共中央、国务院印发《关于完整准确全面贯彻新发展理

念 做好碳达峰碳中和工作的意见》。作为碳达峰碳中和“1+N”政策体系中的“1”，意见为碳达峰碳中和这项重大工作进行系统谋划、总体部署。根据意见，到2030年，中国经济与社会发展全面绿色转型取得显著成效，重点耗能行业能源利用效率达到国际先进水平。到2060年，绿色低碳循环发展的经济体系和清洁低碳安全高效的能源体系全面建立，能源利用效率达到国际先进水平，非化石能源消费比重达到80%以上。

（二）案例研究：《昆山市高新区申报国家级碳达峰试点建设方案》编制的PDCA模型应用

国合院2023年受托编制《昆山市高新区申报国家级碳达峰试点建设方案》，方案主要内容，包括工作基础、总体要求、创建目标、主要任务、科技创新、重点工程、政策创新、全民行动、保障措施等部分。

《昆山市高新区申报国家级碳达峰试点建设方案》中的“计划制订（P）”体现在创建方案中，并在“创建目标”章节具体阐述；“方案执行（D）”主要体现在主要任务、科技创新、重点工程、政策创新、全民行动等章节中；“效果检查（C）”与“计划调整（A）”主要体现在保障措施的章节中。同时，创建方案提出了强化对重要任务、重大行动和重要环节的监督管理，加强宣传引导，提高全社会认识，动员企业当好参与者、做好实践者，营造全员参与碳达峰的工作氛围等。

二十一、零碳城市发展规划与创建方案

（一）基本概念

零碳城市（net-zero carbon city）也可称生态城市，就是最大限度地减少温室气体排放的环保型城市。

实现零碳城市的途径：一是碳中和，通过植树造林或购买碳信用等形式抵消城市碳排放进而实现零碳；二是城市运行完全依靠可再生能源，通过“零碳交通”“零碳建筑”“零碳能源”“零碳家庭”等城市功能系统的“零碳”，独立地、真正地实现零碳排放。

国合院等一批院所、社团等积极推动零碳示范，并取得了显著成效。国合院多次组织零碳峰会，发布了零碳城市、零碳园区、零碳景区等团体标准及示范名单，大力推动“百城千企零碳行动”。

（二）案例研究：威海市文登区积极创建零碳城市

为贯彻落实国家“双碳”战略，威海市文登区立足资源优势，大力发展光伏等

清洁能源，投资开发抽水蓄能清洁能源项目，规划建设光伏产业园，委托国合华夏城市规划研究院编制了光伏产业园发展规划，积极开展新质生产力培育试点、产业转型与零碳城市创建工作。文登区从完善新能源政策入手，推动国家、山东省、威海市相关政策落地。组织编制新能源发展规划，推动零碳试点方案落地。强化重大项目资金招引，推动光伏产业、清洁能源等项目聚集发展，引导跨清洁能源与高端制造协同发展。加大清洁能源使用、实施光伏、风能与地热能等技术变革与项目孵化，推动园区、城市、生活、办公的低碳化、零碳化试点。坚持开放合作，推动威海市辖内产业协同，积极构建科技研发与飞地智库建设，打造零碳示范基地，基本形成了绿色低碳高质量发展的新格局。

二十二、零碳园区发展规划与创建方案

（一）基本概念

零碳园区指在特定产业园的边界范围内，持续优化产业结构，实现零碳能源全部供给，产业、设施和资源低碳化、循环化利用，通过减源、零碳以及负碳技术等各种创新型举措，依托零碳操作与管理系统，在一定的时间内（通常以年计算），与园区产生的温室气体排放量抵消，实现边界范围内“产碳”和“消碳”之间的平衡，总体温室气体净排放量为零的新型产业园区。

零碳产业园减碳节能的主动措施：一是减少生产、生活与环境治理活动中的温室气体排放，采取节能减排等措施；二是将生产、生活、环境治理活动中产生的二氧化碳等温室气体消除或收获，包括增加碳汇和使用 CCUS（二氧化碳捕获、利用与封存）技术等。

零碳产业园减碳节能的被动措施，包括：在实施以上内部措施仍无法抵消自身产生的二氧化碳或温室气体排放量的情况下，通过购买 CCER（中国核证减排量）对园区生产生活总温室气体排放量进行核销。

零碳产业园的推进路径，包括但不限于：

一是碳排放。碳排放核算涉及园区核算范围内所有温室气体，包括二氧化碳（CO_2）、甲烷（CH_4）、氧化亚氮（N_2O）、氢氟碳化物（HFCs）、全氟化碳（PFCs）以及六氟化硫（SF_6）六大类 15 种温室气体。

二是零碳排放改造。零碳排放指核算范围内温室气体净排放量绝对为零，应兼顾经济效益和生态效益。

三是统一核算范围和方法。园区是承载实施的主体，为确保园区碳排放计算的准确性和减排效果的可比性，核算的过程要求园区的边界在实施前后清晰明确，用统一

的方法计算碳排放量。

四是零碳产业支撑。实施产业结构升级，淘汰高耗能企业，集聚零碳、负碳的技术创新，引进零碳、负碳产业，形成产业集群。

五是多维度协同推进。零碳园区建设是一项系统工程，综合考虑节能、制造、建筑、交通、物流、废弃物处理、办公、生活、管理等领域与技术、负碳等方法学，全方位规划并实施，积极推动“零碳化”。

（二）案例研究：兰陵县开展零碳园区创建试点

国合华夏城市规划研究院自 2021 年开始推进实施“百城千企零碳行动”，积极探索创建零碳园区等试点。国合院与新华网、泉州人民政府联合发布了两批零碳园区试点名单，全面推进零碳园区试点。国合院以城市与社区示范为依托，积极联系山东省生态环境厅与省发展改革委等，积极融入山东省开展的近零碳试点，帮助申报零碳示范的重点社区开展零碳创建指标的实施项目与融资服务，积极辅导山东省临沂市兰陵县开发区等创建零碳园区试点工作，辅导兰陵县编制创建零碳园区实施方案，回顾了该县开发区资源条件、产业基础、减碳措施，以及开展节能减排工作取得的成效，明确了创建零碳园区的目标、路径、任务与措施，并对重大事项进行了部署与预测，提出了实现创建目标的推进策略与建议，为尽早实现园区零碳化指明了方向。同时，在全国各地全面推动零碳园区等试点示范，打造一批零碳园区示范基地。

二十三、零碳景区发展规划与创建方案

（一）基本概念

零碳景区指在景区范围内通过节能降碳，或者与外部碳汇项目结合，实现碳排放等于或低于零，景区生产、生活、办公、交通等清洁化，整体达到了零碳标准的特定景区。

（二）案例研究：如何编制零碳景区试点建设方案

零碳景区是文化旅游产业高质量发展的基础与试点。国合院在 2023 年 11 月与新华网、全国工商联文旅商会等联合推动“百城千企零碳行动”，连续发布了多批零碳示范，共创了零碳景区团体标准，并选择部分景区作为零碳与标准颁发的试点，积极推动景区管理与项目建设的零碳化、链条化、标准化。目前，国合院牵头打造的全国零碳景区团体标准、地方标准创建与验收等各项工作正在有序推进。

二十四、零碳酒店发展规划与创建方案

（一）基本概念

零碳酒店是运用节能减碳技术，积极实施清洁能源及垃圾循环化利用，鼓励使用循环性用具及可分解物品，大力推动零碳交通、零碳建筑及零碳环保等装备，鼓励零碳活动会议，积极参与植树造林等增加碳汇的公益活动，在酒店建设与运营等范围内，达到了碳汇与碳排放的零碳状态，或者负碳运营及核算的总体状态。

（二）案例研究：零碳酒店试点建设方案

国合院积极推动创建零碳酒店标准建设，并于 2023 年 11 月联合泉州市政府、新华网、全国工商联文旅商会等共同发布了创建零碳酒店标准的重大计划，计划从 2024 年开始，在全国选择基础良好的酒店创建零碳酒店，并为酒店用能、建筑改造、酒店用品低碳化、循环化发展等提供针对性强、规范高效的实施方案与落地思路。国合院推进的零碳酒店示范工作正在全面推进。

二十五、零碳企业创建方案

（一）基本概念

零碳企业指主动履行绿色低碳发展理念，制定并实施零碳发展规划，主动使用清洁能源，实施清洁生产，推进零碳交通、零碳办公、零碳物流，以及各种材料、固体废弃物的循环化利用，积极参与植树造林或购买碳汇，统筹核算企业各类经营活动处于零碳排放，或者负碳水平的绿色发展示范企业。

绿色工厂指实现用地集约化、原料无害化、生产洁净化、废弃物资源化、能源低碳化的工厂。根据工业和信息化部《2021 年度绿色制造名单》，我国数十个行业共有 673 家绿色工厂，主要是引领制造业绿色转型的标杆企业。

零碳工厂指企业通过节能改造、投资建设减排项目等方式，抵减自身的碳排放数额，使企业碳排放为零。

（二）案例研究：国合院编制零碳企业试点建设方案

国合院积极推动“百城千企零碳行动”，辅导各地进行零碳培训与企业辅导，组

织各地区编制零碳企业创建方案，主要内容包括但不限于创建环境、发展基础、零碳指标、重大行动、项目策划、推进措施、文化教育、科技创新、城乡融合等。截至2023年底，国合院联合新华网、全国工商联文旅商会等组织零碳城市峰会，共同发布了两批零碳企业、零碳城市等试点清单，积极辅导零碳企业等融入碳达峰碳中和战略，帮助实现节能降碳，持续打造核心竞争力。

国合院积极辅导建设零碳企业，并确立了五大创建流程与实施步骤：

一是编制零碳企业创建方案，确定具体行动计划，为推进减碳节能提供基本依据。同时，提交国家相关部委、相关社团等审核、批准。

二是分解落实零碳发展图谱与具体工作计划，按照预定计划分类实施，组织专业指导与自我优化，确保零碳发展目标实现。

三是孵化零碳技术引领的零碳产业、零碳项目、零碳模式等，以项目与产品推动零碳发展。

四是完善优势资源支撑与政策保障，落实减碳节能激励与日常监督平台，提高资源整合与生态产业化水平。

五是落实零碳企业创建的业绩评估。定期组织零碳企业创建工作效能评估与重大事项沟通，提高创建质量与工作效率。

二十六、零碳社区创建方案

（一）基本概念

零碳社区指通过在城市社区内发展低碳经济，创新低碳技术，改变生活方式，最大限度地减少城市的温室气体排放，彻底摆脱以往大量生产、大量消费和大量废弃的运行模式，建成结构优化、循环利用、节能高效的物质循环体系，形成健康、节约、低碳的生活方式和消费模式，最终实现城市社区零能量消耗、零需水量及零排放等多项指标，实现城市社区的清洁发展、高效发展和可持续发展。

零碳社区的申报主体为街道办事处（镇人民政府）、开发商或居住小区物业管理单位。

（二）案例研究:《零碳社区试点建设方案》编制的 PDCA 模型应用

国合院从2023年开始研究并辅导创建零碳社区，首先明确零碳社区建设目标（P），制订重点行动计划（D），对实施效果进行检查督导（C），经过一段时间运营之后，测算执行偏差进而进行计划调整（A）。国合院运用此分析模型与管理手段，编制完成了零碳社区实施方案并进行重点任务与项目、路径研究，相应提出了实施方案保证运营体系。

二十七、新质生产力培育方案

（一）基本概念

新质生产力是创新起主导作用，摆脱传统经济增长方式、生产力发展路径，具有高科技、高效能、高质量特征，符合新发展理念的先进生产力质态。

国合院积极推动各省（自治区、直辖市）、园区等编制新质生产力培育方案或者中长期发展规划，积极推动各地区新质生产力培育试点。

发展新质生产力是习近平总书记提出的我国经济社会变革的重大部署。习近平总书记强调，高质量发展需要新的生产力理论来指导，而新质生产力已经在实践中形成并展示出对高质量发展的强劲推动力、支撑力，需要我们从理论上进行总结、概括，以指导新的发展实践。习近平总书记在2024年中央经济工作会议发表重要讲话，强调要以科技创新推动产业创新，特别是以颠覆性技术和前沿技术催生新产业、新模式、新动能，发展新质生产力。

当前，我国面临世界百年未有之大变局，美国等西方国家竭力遏制中国发展，倒逼我国科技革命与产业升级，中国式现代化强国战略的推进期待科技创新与新兴产业、未来产业提速发展。以习近平同志为核心的党中央高瞻远瞩，精准把握世界历史的发展脉络和未来走向，认清我国社会发展、人类社会发展的大逻辑和大趋势，把握生产力发展的历史沿革和前进方向，深刻领悟开辟发展新领域新赛道、塑造发展新动能新优势的现实要求，提出了以发展新质生产力构筑我国竞争新优势和赢得发展主动权的战略判断，大力推动新质生产力加快形成和发展，为“十五五”规划前期研究与规划编制提供了基本依据。新质生产力以数据为基础性和战略性资源，以数字化、网络化、智能化技术为支撑，以科技创新为核心驱动力，强调创新性与实践性，突出劳动力、劳动资料、劳动对象等。发展新质生产力是实现高质量发展的内在要求和基本着力点。加快形成和发展新质生产力，必须进一步全面深化改革，形成与之相适应的新型生产关系。

（二）案例研究：国合院独创“1381”新质生产力培育模型

国合院作为部委系统第一家民族智库，贯彻落实习近平总书记关于发展新质生产力重要指示精神，深刻领会新质生产力概念的内涵，多次倡议共建“百千新质生产力行动”，在全国率先提出了“1381”的新质生产力培育模型与路线图，即：

一个目标：建设新质生产力强国（强市、强企等）；

三个特征：高科技、高效能、高质量；

八大体系：组织体系、人才体系、产业体系、创新体系、要素体系、流通体系、金融体系、开放体系；

十大工程：人才强市工程、科技强市工程、制造强市工程、质量强市工程、网络强市工程、交通强市工程、贸易强市工程、文化强市工程、金融强市工程、海洋强市工程。

国合院主动发挥部委智库职能，履行社会责任，深度推进“十大强国战略”落地，因地制宜辅导各省市、各城市、园区等构建新质生产力八大体系，全面落实各省市、城市“十大强省强市工程”，持续构建以国际国内双循环新发展格局、以“一带一路”倡议为主线的人类命运共同体，打造国家级新质生产力培育示范点。

二十八、规划环境评价报告

（一）基本概念

环评报告，全称环境影响评估报告书，是环境保护部门对某些重大建设项目一旦实施后对该区域周边环境可能产生的影响的预见性评定。

环境影响评价报告，是新建、扩建、改建项目对环境造成的影响的预见性评定。它根据对项目所在地的地下水、土壤的监测，对项目所用原材料、可能产生的废弃物、项目的环保设施的设计的评价，从而评估项目建成对环境的影响。

规划环评指将环境因素置于重大宏观经济决策链的前端，通过对环境资源承载能力的分析，对各类重大开发、生产力布局、资源配置等提出更为合理的战略安排，确保在开发建设活动源头预防环境问题。

（二）案例研究：规划环境影响评价条例

为做好规划环评，国家出台了《中华人民共和国环境影响评价法》，对环境影响评价工作进行了规范。2009 年 10 月 1 日，国家出台了《规划环境影响评价条例》，要求对各级政府或部门编制的土地利用的有关规划和区域、流域、海域的建设、开发利用规划（即综合性规划），以及工业、农业、畜牧业、林业、能源、水利、交通、城市建设、旅游、自然资源开发的有关专项规划进行环境影响评价。

区域性规划环评指评估各类区域规划是否符合资源禀赋，与其环境容量和生态承载力是否相适应，人口和产业的密集程度能否承载规划项目建成后的环境影响。

区域性规划环评包括各级行政区域，特定自然区域，特定的自然资源开发区、生态系统保护区等。区域性规划环评的主要内容：区域的自然结构（包括自然地理区位和经济地理区位）和承载力，经济发展方向、规模、总投资等基本评价和阐述，各种不同部门和行业的工业基地，主要产品规模，外部运入的配套原材料、化工原料污染特性，未来可能消耗的能源、资源等，工业基地的产品方向，区域内的经济和人口集聚态势和区域间的关系，规划区域是否处在流域的上游，下游人口和经济密集情况等。

各类发展规划要根据资源优势和环境承载能力，确定规划目标和行业定位，保障规划区域的生态与环境安全。

区域性规划环评需要评估区域规划的产业结构和方向、重大项目环境保护等。通过区域性规划环评，排除可能带来环境安全问题的行业、企业或产品，控制某些产业、工业区、开发区、矿区等，使区域性经济和社会发展规划与环境承载力和环境规划等协调。

企业（项目）环评主要是对具体企业的主要产品生产及其排放的废弃物是否符合环境保护要求，如何进行厂区布局、污水处理、环境安全的风险管理等环境评估。规划环评报告的主要内容包括：

（1）规划依据与产业环境研究。研究和重点分析规划与相关法律、法规、政策及上位规划的符合性、适应性，本规划和同位有关规划的协调性与衔接性。

（2）规划之间衔接研究。规划与生态环境功能区规划、环境保护规划、环境功能区划、城市（城镇）总体规划、土地利用规划、能源利用的协调性等。

区域性规划环评是针对区域性中长期规划的环评，有宏观和前瞻性的特点，也称为“战略环评”。它在时间尺度上与项目（企业）环评不同。通过区域性规划环评，排除规划中那些可能给本区域或给相邻区域带来严重的环境安全问题的行业、企业或产品生产，控制某些产业、某些城镇、工业区（开发区等）、资源开发的矿区等规模，使区域性经济和社会发展规划与环境承载力和环境规划等协调。

区域性环评指标包括：区域的自然结构和承载力；区域规划中经济发展方向、规模、总投资等的基本评价和阐述；不同部门和行业的工业基地，主要产品的生产规模，需要从外部运入的配套原材料、化工原料的规模（数量）及其污染特性；工业基地的产品方向；区域内的经济和人口集聚态势和区域之间的关系。

各项评价指标的确定应该符合国家和地方有关政策与要求，构建不同规划期的环境目标和评价指标体系。

资源承载力指某区域一定时期内在确保资源合理开发利用的条件下，资源能够承载的人口数量及相应的经济社会活动总量的能力。资源包括土地资源、能源、水资源等。

环境承载力指在一定时期内，在维持相对稳定的前提下，环境资源所能容纳的人口规模和经济规模的大小。环境承载力分析通过调研区域环境质量现状，分析规划的环境影响，明确评价环境质量达标、生态影响及扰动情况，测算环境容量或纳污能力，明确规划开发的污染物排放总量符合性等。

（3）规划环评目标分析。规划的环境目标和评价指标体系主要为资源与能源评价指标>环境质量与污染控制指标以及经济发展指标等。

（4）规划存在的冲突与问题。重点研究规划之间的相符性和协调性等，分析明确环评报告与相关规划之间的主要矛盾。

（5）提出措施建议。主要是给出结论，提出优化调整的措施建议等。

二十九、企业 ESG 报告

（一）基本概念

ESG 即环境（environmental）、社会（social）和治理（governance）单词首字母的组合。ESG 指标分别从环境、社会以及公司治理角度，衡量企业发展的可持续性。环境主要包含气候变化、可持续性等议题；社会主要包含多样性、人权等议题；治理则主要包含管理架构、薪酬等议题。

ESG 报告主要衡量一家公司在环境保护、社会责任和公司治理方面的综合协调能力。

编制企业 ESG 报告的原因主要有：一是资本驱动，二是投资者、客户驱动以及供应链建设的现实要求；三是企业内部驱动/ESG 测量工具等。

（二）案例研究：《北京市促进环境社会治理（ESG）体系高质量发展实施方案》

《北京市促进环境社会治理（ESG）体系高质量发展实施方案》提出了北京市促进 ESG 体系高质量发展的总体要求：

以习近平新时代中国特色社会主义思想为指导，全面贯彻党的二十大和二十届二中全会精神，深入学习贯彻习近平总书记对北京的一系列重要讲话指示精神，充分发挥市场在资源配置中的决定性作用，更好地发挥政府作用，以强化信息披露为核心，以 ESG 生态体系建设为基础，以评级体系高水平特色化发展为支撑，以丰富和深化 ESG 实践为动力，以试点示范为引领，以构建科学有效的监管体系为保障，坚持依法合规、兼收并蓄、统筹协调、循序渐进工作原则，努力将北京建设成为 ESG 发展全国高地和国际代表性城市。

到 2027 年，北京 ESG 高质量发展政策体系逐步完善，生态体系加快形成，在京上市公司 ESG 信息披露率力争达到 70%左右，ESG 鉴证和评级水平进一步提升，ESG 实践进一步丰富和深化，ESG 相关标准体系进一步完善。

到 2035 年，北京 ESG 体系高质量发展步入法治化轨道，信息披露充分高效，ESG 生态体系完备，评级体系高水平特色化凸显，ESG 实践丰富多彩，监管体系运转有效，成为 ESG 发展全国高地和国际代表性城市。

北京市积极支持企业进行 ESG 信息披露，逐步推动在京上市公司按照交易所要求披露 ESG 信息，2027 年披露率力争达到 70%左右。积极推动营业额、总资产或员工人数超过一定规模的经营主体，参照本市 ESG 信息披露标准率先披露 ESG 信息。支持和引导相关机构建设公益性、简易、轻量化 ESG 信息管理与披露系统，更好地服务中小微企业和社会组织信息披露和自我评价。

北京市加强经营主体 ESG 管理能力建设，支持北京绿色交易所和香港联合交易所合作探索 ESG 市场服务生态建设。鼓励经营主体积极践行可持续发展理念，将 ESG 纳入发展愿景和战略规划，建立相应的 ESG 组织机构和管理目标，构建有效的 ESG 绩效管理体系。

北京市推动设立北京市 ESG 学会、协会，支持相关机构和企业发起设立北京市 ESG 学会（智库端）、协会（业界端）等组织，促进行业自律和专业化发展，为政府提供决策支持，服务企业开展 ESG 实践，开展 ESG 国际国内学术研究与交流，加强 ESG 人才培育与管理。

北京市持续办好“中国 ESG 大会”，打造 ESG 国际国内交流高端平台，发布 ESG 投资指南、ESG 年度发展报告、ESG 理论研究成果等，推动中国特色 ESG 的国际传播。

北京市支持开展 ESG 试点。一是支持城市副中心开展 ESG 创新发展试点。充分发挥北京城市副中心国家绿色发展示范区带动效应，制订 ESG 创新发展试点方案，支持企业开展 ESG 评价、ESG 咨询等服务，支持 ESG 表现优秀的企业优先参与城市副中心政府投资、政府采购项目。探索建立北京城市副中心 ESG 数据库，建立 ESG 数据采集、共享机制。推进企业 ESG 信息披露、企业 ESG 治理等数字化产品创新。二是支持丰台区发展 ESG 服务生态试点。积极吸引一批国际知名律师事务所、ESG 评级机构和鉴证机构等，完善 ESG 披露、鉴证、战略、法务等生态服务链，打造优质专业服务业品牌。建立 ESG 专业服务人才储备机制，填补 ESG 服务人才缺口。

第二十章

规划编写培训

一、政府规划编制技巧

（一）确立政府规划的基本依据

一是建立政府规划的权限标准。政府对规划进行有限干预，赋予地方政府一定的自治权，同时要发挥市场在资源配置中的作用。行政管理立法的理念从国家本位向社会本位转变，权力主导向多元利益转变，充分考虑市场主体的利益诉求。

二是规范政府介入规划的标准。建立规划激励机制，通过公权与私权合作的管理机制，提高规划效率、降低实施成本。坚持政府有限干预，完善主体功能区规划制度、建立动态管理模式、健全多元化主体制度、确立地方分权；通过激励性管制，完善土地开发权指标交易制度、赋予利害关系人利益补偿权。

三是规范规划主体的行为。该权力行使时，遵循合理比例、确定性与灵活性平衡、信赖保护与利益平衡原则，依法合规，以经济发展和社会公众利益为出发点，尽量与利益相关方协商，通过法律合同，达到预定的规划目的。

四是修订制约的标准。加强对决策权的控制，避免公权权力异化和滥用。按照协商民主等模式，完善开发管制的协商制度，构建公私合作规划制度。健全和规范权力监督制度，加强行政监督、公众参与、立法监督机制与司法审查制度等。

（二）建立多元主体参与的机制

采取自上而下、自下而上、上下结合的规划编制与审核方法，让各方参与特定规划的各方交流和公开讨论，如地方规划尽可能让当地政府、社会公众、各级人大、政协、群众代表等利益相关主体参与，发挥其参谋与外部监督作用，提高规划编制的质量与公平。

（三）遵循政府规划的内在规律

政府规划有其内在规律、逻辑关系和编制特征，在编制政府规划时，要研究分析有关内在规律及国家产业政策，遵循和运用内在规律，不断提高规划前期调研、编制、评审、执行、评估、优化的科学性、规范性和前瞻性。本书以城市景观规划为例，进行有关阐述。

城市景观规划应遵循的设计规律主要包括：研究和确立科学的设计过程理论与实践理念，逐步树立个人设计理念；正确处理设计过程、设计历史与创造新环境之间的关系，以及社会学、人类学和文化等对设计的影响；研究并分析景观场地条件，定义设计原则与可能涉及的学科知识；善于运用设计原则、关键设计概念、定义，准确分析项目；重点关注与聚焦独立的设计难点、解决方案，确定优化方案；引导和培养良好的沟通与交流能力，包括依据研究、规划编制、汇报交流、视觉表达、计算机与CAD（电脑辅助设计）技巧等。

（四）树立融合协同的规划思维

编制政府规划要树立融合协同的编制思路，善于分析与协调各种规划之间、核心资源之间的相互关联、逻辑关系和资源匹配。

通过测算各级政府、园区、企业等有关经济数据、企业现状与资源结构，测算政府规划编制的经济目标及任务要点，科学划分各级政府的业务界限，确定中央和地方政府、各级地方政府的界限与任务，厘清政府部门之间的“混沌边缘”，形成明确的政府部门职责、规模与人员比例，系统研究各级政府部门的细分组织结构，确定规划参与人员的知识与构成，监测规划编制分工与进度。预判各地政府改革的趋势与实现目标，推动营商环境持续改进，推动政府综合改革的深层次、系统化、协同化。

（五）把握动态优化与适度调整的标准

世界各国政府规划的划分类型和标准复杂，理论体系差异不小。不同类型的政府规划，其前期调研、编制背景、实施条件各不相同，各类规划的编制成果与政府官员的执政理念、经济基础、产业形态、发展重点以及政治与经济环境密不可分。同时，政府规划作为政府经济与社会管理的重要内容，具有时代性与科学性，它与不同时期的科学技术创新有着很大的关联和适应性。

政府规划的编制评审、规划执行、规划评估等，与上一层级政府规划的最新要求、本层级规划目标、产业发展重点、当前国际形势、国家产业政策等最新的变化与调整保持协调一致。这就要求规划编制与规划管理工作应该具有动态性、适应性和持续性。政府规划有关部门应定期进行规划的评估与优化管理，根据政策、产业和发展条件的重大变化，适度研究和主动调整那些已经不适合发展需要的某些规划指标或具体措施，使其尽可能适应各级政府的经济发展和社会福利改善等目标。

二、政府规划编制工具

政府规划的模型工具很多，这里介绍常用的模型与分析工具。

（一）PEST

PEST 分析指宏观环境的分析，P 是政治（politics），E 是经济（economic），S 是社会（society），T 是技术（technology）。

在分析一个组织所处的外部环境或背景时，通常通过这四个因素分析该组织面临的形势或现状。

政治环境主要包括政治制度与体制、政局、政府的态度等；法律环境主要包括政府制定的法律、法规。

构成经济环境的关键战略要素：GDP、利率水平、财政政策与货币政策、通货膨胀率、失业率、居民可支配收入、汇率、能源供给成本、市场机制、市场需求等。

影响最大的是人口环境和文化背景。人口环境主要包括人口规模、年龄结构、人口分布、种族结构以及收入分布等因素。

技术环境不仅包括发明，而且还包括与企业市场有关的新技术、新工艺、新材料的出现和发展趋势以及应用背景等。

（二）SWOT

SWOT 分析代表分析一个组织的优势（strength）、劣势（weakness）、机会（opportunity）和威胁（threats）。

SWOT 分析实际上是对一个组织或者特定区域内外部条件进行综合和概括，进而归纳分析可能的优劣势、面临的机会和威胁。

优劣势分析主要着眼于组织自身的实力及与竞争对手的比较，机会和威胁分析主要研究组织外部环境变化的影响。在分析时，应把所有的内部因素（即优劣势）集中在一起，用外部的力量对这些因素进行评估。

（三）标杆分析法

标杆分析法是将一个组织的各项活动与从事该项活动表现最好的同行进行比较，提出具体的行动方法，以弥补自身的不足。

标杆分析法主要是将本单位经济发展或经营的各方面状况和环节与竞争对手或行业内外一流的机构进行对照分析的过程，是一种评价自身组织和研究其他组织的手段，是将外部组织的持久业绩作为自身组织的内部发展目标并将外界的最佳做法移植到本组织的经济发展与经营环节中的一种方法。

利用标杆分析法进行竞争对手分析，一是明确谁是真正的竞争对手，二是明确竞争对手采用的基本竞争战略。

标杆分析法可分为战略层、操作层或者管理层的标杆分析。还可以分为竞争对手与瞄准一流组织的标杆分析。

标杆分析的主要步骤如下：

（1）确定标杆分析的具体项目。

（2）确定在哪些领域哪些方面进行标杆分析。

（3）收集分析数据，包括本组织的情况和标杆组织的情况。分析数据必须建立在充分了解本组织当前状况以及标杆（或标杆组织）状况的基础之上，数据应当主要是针对组织的经济环境、经营过程和主要活动，实施方案并跟踪结果。

（4）根据标杆分析确定的实施方案，完成 ERP 实施或规划评估。

（四）五力模型

五力模型由迈克尔·波特在 20 世纪 80 年代初提出，他认为行业中存在决定竞争规模和程度的五种力量，这五种力量综合起来影响着产业的吸引力。

五种力量分别为：进入壁垒、替代品威胁、买方议价能力、卖方议价能力以及现存竞争者之间的竞争。

（五）产业价值链

产业链是产业经济学中的概念，是各产业部门之间基于一定的技术经济关联，依据特定的逻辑关系和时空布局关系客观形成的链条式关联关系形态。

价值链概念是由哈佛商学院教授迈克尔·波特于 1985 年在《竞争优势》一书中提出的。他认为，每一个企业都是在设计、生产、销售、发送和辅助其产品的过程中进行种种活动的集合体。所有这些活动可以用一个价值链来表明。

（六）GE 矩阵

GE 矩阵，又称通用电器公司法、麦肯锡矩阵、九盒矩阵法、行业吸引力矩阵。GE 矩阵主要根据一个组织的市场实力和市场的吸引力对其进行评估。在需要对产业吸引力和业务实力进行定义时，可以以 GE 矩阵为基础进行战略规划。

在规划过程中，GE 矩阵的 5 个步骤：

（1）确定战略业务单位，分析每个战略业务单位的内外部环境分析。根据一个组织的实际情况，或依据产品（服务）、地域，划分一个组织的业务，形成战略业务单位，针对每个战略业务单位进行内外部环境分析。

（2）确定评价因素及每个因素的权重。根据组织所处行业特点和发展阶段、行业竞争状况，确定市场吸引力和组织竞争力的主要评价指标及各指标的权重。市场吸引力通常由行业的发展潜力和盈利能力决定，组织竞争力通常由组织的财务资源、人力资源、技术创新和管理经验、无形资源与竞争能力等决定。同时，确定每个评价指标的权重。

（3）组织评估打分。根据行业分析结果，对各战略业务单位的市场吸引力和竞争力进行评估，打分和加权求和，得到每项战略业务单元的市场吸引力和竞争力综合得分。

（4）标注每个战略单位到 GE 矩阵中。根据总体得分，将每个战略业务单位的市场吸引力和组织竞争力用圆圈标在 GE 矩阵上。圆圈的大小表示战略业务单位的市场总量规模。还可以用扇形反映市场占有率。

（5）对各战略单位策略进行说明。根据每个战略业务单位在 GE 矩阵上的位置，对各个战略业务单位的发展战略指导思想进行系统说明和阐述。

（七）GAP 差距分析

GAP 差距分析又称缺口分析、差异分析。差距分析指在战略实施的过程中，将客户实际业绩与战略期望的业绩进行对比分析，进行战略的评价与修订。

差距分析主要分析差距产生的原因，提出减小或消除差距的方法，通过改变目标或者改变业务层的战略来实现。

差距分析依赖于四个假设：

（1）一个组织的业务组合保持不变。

（2）在一个组织的产品和市场上取胜的竞争战略继续发展。

（3）对一个组织市场的需求和盈利机会沿着历史趋势发展。

（4）一个组织自身对各业务采取的战略沿着历史演变模式发展。

如果预期的差距不能通过降低行业的市场潜力或得到额外的市场份额来弥补，应将注意力转向评价一个组织的业务组合，目的是修改业务组合，加强成长率更高的业务，并剥离成长率低的业务。

（1）业务层面的差距分析。外部环境与经营战略差距（宏观环境与经营战略差距、行业环境与经营战略差距、行业竞争对手与经营战略差距）、内部环境与经营战略差距（能力与经营战略差距、组织业绩与经营战略差距、主要利益相关者与经营战略差距）。

（2）组织层面的差距分析。组织（总体）战略与组织能力差距分析以及组织（总体）战略与组织业绩差距分析。

（八）7S 模型

7S 模型研究了一个组织在发展过程中需全面考虑的各方面要素，包括组织结构、制度、风格、员工、技能、战略、共同的价值观。也就是说，一个健康发展的组织，必须拥有平衡发展战略、组织结构、制度、风格、员工、技能、共同的价值观等要素，才能实现有效的、一致的行动和预期的效果。战略规划只是其中的一个要素。

在 7S 模型中，战略、结构和制度被认为是一个组织成功的“硬件”，风格、人员、技能和共同的价值观被认为是一个组织成功的“软件”。

战略是一个组织根据内外环境及可取得资源的情况，为求得组织生存与发展，对组织目标、达到目标的途径和手段的总体谋划。它是组织经营思想的集中体现，是一系列战略决策的结果，同时又是制定组织规划和计划的基础。

战略实施需要健全的组织结构予以保证，组织结构是组织活动和组织机制赖以生存的基础，是组织的构成形式，即组织目标、协同、人员、职位、相互关系、信息等组织要素的有效排列组合方式。组织结构是为战略实施服务的，组织结构必须与战略相协调。

组织的发展和战略实施需要完善的制度予以保证，各项制度又是组织精神和战略思想的具体体现。

杰出的组织呈现出既中央集权又地方分权的宽严并济的管理风格。不同的管理风格和组织风格影响组织的效率和组织质量。

战略是组织发展的指导思想，只有组织的所有员工都领会了这种思想并用其指导实际行动，战略才能得到成功的实施。

人力准备是战略实施的关键。

在执行组织战略时，需要员工掌握一定的技能，这有赖于严格、系统的培训。

（九）BDS

中国北斗卫星导航系统（BeiDou Navigation Satellite System，BDS）是中国自行研制的全球卫星导航系统，是继美国全球定位系统（GPS）、俄罗斯格洛纳斯卫星导航系统（GLONASS）之后第三个成熟的卫星导航系统。北斗卫星导航系统（BDS）和美国GPS、俄罗斯GLONASS、欧盟GALILEO，是联合国卫星导航委员会已认定的供应商。

北斗卫星导航系统由空间段、地面段和用户段三个部分组成，可在全球范围内全天候、全天时为各类用户提供高精度、高可靠定位、导航、授时、短报文通信等服务，已经初步具备区域导航、定位和授时服务能力。北斗卫星导航系统空间段计划由35颗卫星组成，包括5颗静止轨道卫星、27颗中地球轨道卫星、3颗倾斜同步轨道卫星。

北斗导航系统是覆盖中国本土的区域导航系统，覆盖范围东经70°~140°，北纬5°~55°。北斗卫星系统已经对东南亚实现全覆盖。35颗卫星在离地面2万多千米的高空上，以固定的周期环绕地球运行，使得在任意时刻、在地面上的任意一点，都可以同时观测到4颗以上的卫星。

由于卫星的位置精确可知，在接收机对卫星观测中，我们可得到卫星到接收机的距离，利用三维坐标中的距离公式，利用3颗卫星，就可以组成3个方程式，解出观测点的位置（X，Y，Z）。考虑到卫星的时钟与接收机时钟之间的误差，实际上有4个未知数，X、Y、Z和钟差，需要引入第4颗卫星，形成4个方程式进行求解，从而得到观测点的经纬度和高程。

三、政府规划主要指标

（一）经济指标

1. 国内生产总值

国内生产总值（GDP）是指在一定时期内（一个季度或一年），一个国家或地区的经济中所生产出的全部最终产品和劳务的价值，常被公认为衡量国家经济状况的最佳指标。

2. 财政政策

财政政策指国家根据一定时期政治、经济、社会发展的任务而规定的财政工作的指导原则，通过财政支出与税收政策的变动来影响和调节总需求与总供给。

3. 货币政策

货币政策指政府或中央银行为影响经济活动所采取的措施，尤指控制货币供给以及调控利率的各项措施。

狭义货币政策指中央银行为实现其特定的经济目标而采用的各种控制和调节货币供应量或信用量的方针和措施的总称，包括信贷政策、利率政策和外汇政策等。

4. 国际收支

国际收支是一种统计报表，系统记载了在一定时期内经济主体与世界其他地方的交易。大部分交易在居民与非居民之间进行。

5. 投资

投资指用某种有价值的资产，其中包括资金、人力、知识产权等投入某个企业、项目或经济活动，以获取经济回报的商业行为或过程。可分为实物投资、资本投资和证券投资。

6. 社会消费品零售总额

社会消费品零售总额指批发和零售业、住宿和餐饮业以及其他行业直接售给城乡居民和社会集团的消费品零售额。其中，对居民的消费品零售额指售予城乡居民用于生活消费的商品金额；对社会集团的消费品零售额指售给机关、社会团体、部队、学校、企事业单位、居委会或村委会等，公款购买的用作非生产、非经营使用与公共消费的商品金额。

7. 消费需求

消费需求指消费者对以商品和劳务形式存在的消费品的需求和欲望。

8. 三次产业

根据社会生产活动历史发展的顺序对产业结构的划分，产品直接取自自然界的部门称为第一产业，初级产品进行再加工的部门称为第二产业，为生产和消费提供各种服务的部门称为第三产业。

我国的三次产业划分：

第一产业指农、林、牧、渔生产业（不含农、林、牧、渔服务业）。

第二产业指采矿业（不含开采辅助活动），制造业（不含金属制品、机械和设备修理业），电力、热力、燃气及水的生产和供应业，建筑业。

第三产业即服务业，指除第一产业、第二产业以外的其他行业。第三产业主要包括：批发和零售业，交通运输、仓储和邮政业，住宿和餐饮业，信息传输、软件和信息技术服务业，金融业，房地产业，租赁和商务服务业，科学研究和技术服务业，水利、环境和公共设施管理业，居民服务、修理和其他服务业，教育、卫生和社会工作，文化、体育和娱乐业，公共管理、社会保障和社会组织，国际组织，以及农、林、牧、渔业中的农、林、牧、渔服务业，采矿业中的开采辅助活动，制造业中的金属制品、机械和设备修理业。

9. 工业总产值

工业总产值是以货币表现的工业企业在报告期内生产的工业产品总量。根据计算工业总产值的价格不同，工业总产值又分为现价工业总产值和不变价工业总产值。不变价工业总产值是指在计算不同时期工业总产值时，对同一产品采用同一时期或同一时点的工业产品出厂价格作为不变价。采用不变价计算工业总产值，主要是消除价格变动的影响。

10. 价格指数

价格指数是反映不同时期一组商品（服务项目）价格水平的变化方向、趋势和程度的经济指标，是经济指数的一种，通常以报告期和基期相对比的相对数来表示。价格指数是研究价格动态变化趋势的一种工具。

11. 居民收入

居民收入是居民从各种来源所取得的现期收入的总和，分为纯收入和毛收入。居民收入水平是直接影响市场容量大小的重要因素，它受制于宏观经济状况的影响，同时受到国家收入分配政策、消费政策的影响。居民收入水平直接决定消费者购买力水平。收入水平高，购买力就强；反之，就弱。

12. 服务业增加值

服务业增加值就是服务行业在一个周期（一般以年计）内比上个清算周期的增长值。测算服务业年度可比价增加值的方法归纳起来可分为两大类：双指标法和单指标法。双指标法考虑货物和服务的投入与产出变化，以及增加值为可比价的总产出减去可比价中间消耗的余额；单指标法主要使用单一变量测算可比价增加值，且假设这个变量与增加值的变动相关。从理论上讲，双指标法优于单指标法，双指标法考虑产出和投入的变化，更符合增加值是剩余量的定义。

13. 城镇化率

城镇化率（又称城市化率、城市化度、城市化水平、城市化指标）是一个国家或地区经济发展的重要标志，也是衡量一个国家或地区社会组织程度和管理水平的重要标志。

14. 研究与试验发展经费

研究与试验发展（R&D）经费支出指统计年度内全社会实际用于基础研究、应用研究和试验发展的经费支出。包括实际用于研究与试验发展活动的人员劳务费、原材料费、固定资产购建费、管理费及其他费用支出。

基础研究指为了获得关于现象和可观察事实的基本原理的新知识（揭示客观事物的本质、运动规律，获得新发展、新学说）而进行的实验性或理论性研究，它不以任何专门或特定的应用或使用为目的。

应用研究指为了确定基础研究成果可能的用途，或是为达到预定的目标探索应采取的新方法（原理性）或新途径而进行的创造性研究。应用研究主要针对某一特定的目的或目标。

试验发展指利用从基础研究、应用研究和实际经验所获得的现有知识，为产生新的产品、材料和装置，建立新的工艺、系统和服务，以及对已产生和建立的上述各项作实质性的改进而进行的系统性工作。

15. 耕地保有量

耕地保有量，即耕地总量，指在一定区域内的耕地总数量，等于上一年结转的耕地数量，扣除年内各项建设占用耕地的数量和农业结构调整占用及生态退耕的数量，加上年内土地开发、复垦和土地整理增加的耕地数量。

（二）生态指标

1. 单位国内生产总值能源消耗（能源消费强度）

单位 GDP 能耗是反映能源消费水平和节能降耗状况的主要指标。一次能源供应总量与国内生产总值（GDP）的比率，是一个能源利用效率指标。该指标说明一个国家经济活动中对能源的利用程度，反映经济结构和能源利用效率的变化。

2. 单位国内生产总值二氧化碳排放

GDP 碳排放指产生万元 GDP 排放的二氧化碳数量，降低碳强度只是降低单位 GDP 排放二氧化碳的数量，不一定产生二氧化碳总量减少的结果。

3. 资源综合利用

资源综合利用指在矿产资源开采过程中对共生、伴生矿进行综合开发与合理利用；对生产过程中产生的废渣、废水（液）、废气、余热余压等进行回收和合理利用；对社会生产和消费过程中产生的各种废物进行回收和再生利用。

4. 主要污染物排放总量

污染物排放总量指特定经济组织或地区，在特定时期内，根据环境质量要求，实现一定的经济目标而排放的主要污染物总量。

5. 城市污水处理

城市污水处理指为改变污水性质，使其对环境水域不产生危害而采取的措施。

城市污水处理一般分为三级：一级处理，系应用物理处理法去除污水中不溶解的污染物和寄生虫卵；二级处理，系应用生物处理法将污水中各种复杂的有机物氧化降解为简单的物质；三级处理，系应用化学沉淀法、生物化学法、物理化学法等，去除污水中的磷、氮、难降解的有机物、无机盐等。

6. 二氧化碳排放强度

碳排放强度指每单位国民生产总值的增长所带来的二氧化碳排放量。该指标主要是用来衡量一国经济同碳排放量之间的关系。如果一国在经济增长的同时，每单位国民生产总值所带来的二氧化碳排放量在下降，那么说明该国就实现了一个低碳的发展模式。

7. 氮氧化物

氮氧化物（Nitrogen Oxides）包括多种化合物，如一氧化二氮（N_2O）、一氧化氮（NO）、二氧化氮（NO_2）、三氧化二氮（N_2O_3）、四氧化二氮（N_2O_4）和五氧化二氮（N_2O_5）等。

8. 森林覆盖率

森林覆盖率，亦称森林覆被率，指一个国家或地区森林面积占土地面积的百分比，是反映一个国家或地区森林面积占有情况或森林资源丰富程度及实现绿化程度的指标，又是确定森林经营和开发利用方针的重要依据之一。

（三）社会指标

1. 城镇居民人均可支配收入

城镇居民人均可支配收入指反映居民家庭全部现金收入能用于安排家庭日常生活的那部分收入。它是家庭总收入扣除缴纳的所得税、个人缴纳的社会保障费以及调查户的记账补贴后的收入。

2. 农村居民人均纯收入

农村居民人均纯收入，又称农民人均纯收入，指农村居民家庭全年总收入中，扣除从事生产和非生产经营费用支出、缴纳税款和上交承包集体任务金额以后剩余的，可直接用于进行生产性、非生产性建设投资、生活消费和积蓄的那一部分收入。它也包括工资性收入、经营性收入、财产性收入、转移性收入。

3. 城镇登记失业率

城镇登记失业率指在报告期末城镇登记失业人数占期末城镇从业人员总数与期末实有城镇登记失业人数之和的比重。

4. 城镇新增就业人数

城镇新增就业人数反映特定时期某城镇增加了多少就业人员，它反映了某个区域的就业状况，以及落实国家劳动就业政策的重要指标，也是政府国民经济和社会发展五年规划的主要考核指标。

四、政府规划调研问卷

问卷调查法是政府规划前期调研和行业分析的重要手段与分析工具。

（一）政府人员调研问卷

本书以国合院研究团队在编制某政府发展规划，进行前期调研时，对当地政府人员和企业发放并收回的匿名问卷为例，进行有关说明。

政府部门调查问卷示例，具体如表 20-1 所示。

表 20-1　政府部门调查问卷

一、单项选择题（单选题，请在对应的选项后画√）
1. 您了解本地政府规划吗？（单选）
（1）非常了解（2）有些了解（3）一般（4）不太了解（5）不知道（注明原因）:
如果了解，请简单描述本地农业、工业和服务业规划内容:
2. 您认为本地产业发展的主要目标是什么？
（1）推动经济发展（2）改善百姓生活（3）提高政府业绩（4）塑造地方口碑（5）其他
3. 您对本地农业发展现状满意吗？
（1）非常满意（2）比较满意（3）基本满意（4）不满意（5）极不满意
4. 您对本地工业发展满意吗？
（1）非常满意（2）较满意（3）一般（4）不满意（5）极不满意
5. 您对本地服务业发展满意吗？
（1）非常满意（2）较满意（3）一般（4）不满意（5）极不满意
6. 您认为本地政府的经济发展思路明确吗？
（1）非常明确（2）较明确（3）一般（4）不明确（5）没有规划
7. 您认为政府部门的职责分工和服务现状满足本地产业发展需要吗？
（1）非常满足（2）较满足（3）一般（4）不满足（5）阻碍发展
8. 您对本地的经济环境满意吗？
（1）非常满意（2）较满意（3）一般（4）不满意（5）极不满意
9. 您对本地在全省（市）的经济排名满意吗？
（1）非常满意（2）较满意（3）一般（4）不满意（5）极不满意
二、多项选择题（多选题，请在对应的选项后画√）
10. 您认为本地产业发展的优势有哪些？
（1）自然环境（2）政治环境（3）服务环境（4）交通环境（5）产业基础（6）人才技术（7）其他
11. 您认为本地产业发展的机遇是什么？
（1）优惠政策（2）政府重视（3）潜在市场（4）有专业人才（5）地理条件（6）其他
12. 您认为本地产业发展的挑战是什么？
（1）环境污染（2）产值与业绩考核（3）交通与人才劣势（4）产业基础薄弱（5）招商引资困难（6）其他
13. 您认为本地产业发展的劣势是什么？
（1）地理位置（2）产业基础（3）政策环境（4）人才资源（5）邻县竞争（6）产业布局（7）其他
14. 您认为本地产业存在的突出问题有哪些？
（1）环境污染（2）产业结构不合理（3）产业链和产业集聚没有形成（4）交通与人才缺少竞争力（5）财政实力较弱（6）发展理念落后（7）招商引资困难（8）其他

表20-1（续）

15. 您认为本地产业未来 10 年的发展目标是什么？
（1）经济超速发展（2）生态经济（3）追求产值增长（4）经济和生活质量同步发展（5）进入综合排名前 5 名（6）科技经济（7）智慧经济（8）人文经济（9）其他，如有，请填写：
16. 您认为本地产业发展的方向有哪些？
（1）高端装备制造业（2）新材料（3）新能源（4）生物医药（5）节能环保（6）金融与物流（7）信息技术（8）高端软件（9）文化旅游（10）工业设计和研发（11）其他，如有，请填写：
17. 您认为本地工业产业基础中，应优先发展哪些细分产业（请选 5 类）？
（1）铝材（2）乳制品（3）焦炭（4）机制纸（5）水泥（6）饲料（7）服装（8）饮料酒（9）煤气（10）机械电子
18. 您认为本地服务业的基础中，应优先发展哪些细分产业（请选 5 类）？
（1）创意文化（2）旅游（3）工艺品（4）金融（5）商贸物流（6）其他，如有，请填写：
19. 您认为本地未来招商的重点领域是哪些（请选 5 类）？
（1）型材合金（2）酒类（3）文化旅游（4）金融投资（5）食品饮料（6）高端制造业（7）新能源（8）高端软件（9）信息技术（10）其他
20. 您认为本地政府未来的工作重点是哪些？
（1）转变观念（2）产业升级（3）改善服务（4）优化环境（5）引进大项目（6）无为而治（7）追求产值（8）其他，如有，请填写：
21. 您认为本地产业之间的关系是？
（1）工业为核心（2）服务业为核心（3）农业、工业和服务业协同（4）工业、服务业、城镇化、农业现代化融合（5）工业和服务业各自独立发展（6）其他，如有，请填写：
22. 你对本地未来 10 年的美好构想是什么？
请填写：
三、个人辅助信息（请在对应的选项后画√）：
23. 您的职务：
（1）省部级（2）地市级（3）县科级（4）一般公务员（5）企业高官（6）企业员工（7）其他
24. 您的年龄：
（1）<25 岁（2）26~35 岁（3）36~45 岁（4）46~55 岁（5）>55 岁
25. 您的工龄：
（1）<5 年（2）6~15 年（3）16~25 年（4）26~35 年（5）>35 年
26. 您所在单位的类型：
（1）政府（2）工业（3）服务业（4）农业（5）其他

（二）企业人员调研问卷

我们在规划编制过程中，对工业企业进行了前期调研和匿名问卷发放。以工业企业调研问卷为例，具体如表 20-2 所示。

表 20-2　工业企业调研问卷

一、企业基本情况

1. 企业名称：____________________

填表人：　　　　　　　　联系电话：

填表人职务：①总经理级　②中层　③一般员工

工龄：①<5 年　②6~10 年　③11~20 年　④>20 年

2. 主营业务：

3. 企业类型：

①国有企业　②集体企业　③中外合资/合作企业

④有限责任公司　⑤股份有限公司　⑥外资独资企业

4. 企业规模：

①大型　②中型　③小型　④微型

5. 行业类别：①采矿业　②制造业　③电力、热力、燃气及水生产和供应业

④建筑业　⑤战略性新兴产业　⑥其他____________________

本企业年业务收入排名前 4 的主要产品：__________

6. 控股情况：

①国有及国有控股　②集体控股　③私人控股　④港澳台商控股　⑤外商控股

7. 本企业业务所处的产业链环节：①方案设计和工业设计　②技术研发　③材料和辅料采购

④生产　⑤金融和物流　⑥销售　⑦售后服务　⑧其他__________

8. 企业的具体情况（请填写本年度数据）：

固定资产/万元		员工总数/人	
年产值/万元		销售收入/万元	
出口交货值/万美元		年利税/万元	

二、企业生产经营情况

1. 企业自有资金所占比重

①100%　②70%~99%　③50%~69%　④30%~49%

⑤30%以下　⑥其他____________________

2. 企业融资的主要来源

①上市股权融资　②银行借贷　③职工筹资　④其他企业借贷

社会分散资金股权融资　⑥社会分散资金债券融资　⑦其他____________________

第一 □　第二 □　第三 □

3. 您所在企业主要处于生产链条中的哪个环节

①纯制造企业　②产品设计制造　③原料地　④中转集散地

⑤终端产品销售　⑥研发制造业　⑦其他____________________

4. 您所在的企业是否为大企业提供配套产品　①是　②否

如果是，总共为几家大企业提供配套产品？____________________家

表20-2(续1)

5. 您所在企业提供配套产品的企业地域分布范围 （注：每后一选项排除前一选项的地域，若有三项以上，请按重要程度选三项） ①本工业区内 ②本县内 ③本地级市内 ④本省内 ⑤本国内国外 ⑦其他__________ 第一 □ 第二 □ 第三 □	
6. 您所在企业生产的原料主要来源分布范围 （注：每后一选项排除前一选项的地域，若有三项以上，请按重要程度选三项） ①本工业区内 ②本县内 ③本地级市内 ④本省内 ⑤本国内 ⑥国外 ⑦其他__________ 第一 □ 第二 □ 第三 □	
7. 您认为大企业选择与您合作的主要原因是 ①成本优势 ②生产灵活 ③技术先进 ④交货及时 ⑤其他__________	
8. 专业化协作生产对本企业的影响 ①正面影响 ②无影响 ③负面影响 ④无法判断	
9. 您所在企业与外地下游企业之间的产品联系通道主要是 ①物流公司 ②我方企业负责运出 ③对方企业负责提取	
10. 您所在企业与外地上游企业之间的产品联系通道主要是 ①物流公司 ②我方企业负责提取 ③对方企业负责运出	
11. 企业市场开发或者获取与其他企业协作机会的主要方式（请按重要程度选三项） ①业内交流 ②展销会 ③政府组织的推介活动 ④中介推介活动 ⑤利用网络⑥其他__________ 第一 □ 第二 □ 第三 □	
12. 是什么原因促使您所在的企业选择了生产中的分工协作 ①有利于保持生产的稳定性 ②独立设计和开发产品比较困难 ③不需要独自开展经营活动 ④能够得到原材料和技术方面的支持 ⑤其他__________	
13. 与大企业协作所采用的主要形式（请按重要程度选三项） ①技术合作 ②订单生产 ③贴牌生产 ④建立良好的供应商关系 ⑤相互持股 ⑥作为子公司 ⑦产品捆绑销售 ⑧共同投资新的项目 ⑨其他__________ 第一 □ 第二 □ 第三 □	
14. 企业单位产品利润在单个产品价值链总利润中所占比例__________ 完整产品价值链中企业类别数量____________________ 本企业利润所占比例____________________	

表20-2(续2)

15. 您所在的企业在生产过程中面临的主要问题 ①配套产品价格很低，导致利润率较低 ②订单工期没有规律，增加了安排生产的难度 ③政府对中小企业的扶持力度不够 ④污染问题　⑤产业升级问题　⑥产业配套不足 ⑦地理位置偏僻　⑧其他__________ 第一　□　第二　□　第三　□	
16. 您所在企业是否会坚持目前与其他企业的协作选择　①是　②否 如果是，您所在的企业会从哪些方面加强专业化协作？（请按重要程度选三项） ①采用新技术降低成本　②投资兴建新的工厂/购置新的设备 ③吸引、培养人才　④改进原有的产品 ⑤改善与供应商/客户的关系　⑥创造全新的产品和服务并推向市场 ⑦通过合并，增加生产规模⑧其他__________ 第一　□　第二　□　第三　□	
17. 企业主要设备情况 ①20 世纪 80 年代以前　②20 世纪 80 年代　③20 世纪 90 年代　④2000—2005 年 ⑤2005—2010 年　⑥2010 年以后	
18. 企业全部职工中，大学本科及以上学历职工的比重 ①10%以下　②10%～29%　③30%～49% ④50%～69%　⑤70%～89%　⑥90%～100% 多数职工学历主要集中在（　）	
19. 企业是否对职工进行专门的技能培训 ①是　②否	
20. 对企业生产经营效率的影响程度 　　　　很小　较小　一般　较大　很大 熟练员工　1　2　3　4　5　□ 管理人员　1　2　3　4　5　□ 技术人员　1　2　3　4　5　□	
21. 您所在企业普通职工月收入平均值为 ①1 001 元以下　②1 001～2 000 元　③2 001～3 000 元 ④3 001～4 000 元　⑤4 001～5 000 元　⑥5 001～6 000 元　⑦6 000 元以上	
22. 企业享受政府支持政策（减免税费、资金支持、政府采购等）①是　②否	
23. 目前影响企业发展的主要因素（请按重要程度选三项） ①资金紧张　②贷款难　③地理位置偏僻　④人力资源制约　⑤信息渠道不畅 ⑥政府部门服务差　⑦市场准入限制　⑧市场经济秩序差　⑨税费负担重 ⑩地区间贸易壁垒　⑪科研开发能力弱　⑫企业债务沉重　⑬经营成本上升 ⑭房屋、土地限制　⑮其他__________ 第一　□　第二　□　第三　□	

表20-2(续3)

24. 企业的研发投入占企业收入的比重（段值含低位数不含高位数） ①6%以上　②4%~6%　③3%~4%　④2%~3%　⑤2%以下	
25. 企业的品牌建设：①自有品牌　②为别的品牌代工生产③订单生产，无品牌	
26. 企业开拓市场方式 ①注重各种媒体广告宣传开拓市场　②注重社会资本开拓市场 ③经过中介机构接受订单　④仅保持原有市场，无须开拓市场 ⑤其他____________ 第一 □ 第二 □ 第三 □	
27. 本企业的营销网络 ①遍布国内外　②遍布国内市场　③遍布省内市场 ④遍布本地级市　⑤遍布本县　⑥无自已的销售网络	
28. 企业的外部性 ①对其他企业影响（益、损、无）　②对周围居民影响（益、损、无） ③对自然环境的影响（益、损、无）	
29. 企业的垄断优势 ①生产效率：生产过程中的成本与价格优势（高、一般、低）； ②产品差别：与其他企业相比除价格竞争之外的优势（高、一般、低） ③环境因素：本地与外地比较的环境优美，具有吸引力（高、一般、低）	
30. 企业可持续发展的空间 ①未来市场需求（前景较好、一般、市场饱和） ②品牌影响力（较大、一般、较小、无影响） ③信息化对本企业影响（较大、一般、无影响） 政府优惠政策影响（较大、一般、无影响） 环境保护影响（较大、一般、无影响）	
31. 当地工业发展对服务业的推动作用 很大②一般　③小　④没有	
32. 本地区应大力发展、推动与工业发展相配套的服务业 ①餐饮业　②住宿业　③物流业　④金融业 ⑤教育　⑥医疗行业　⑦其他________ 第一 □ 第二 □ 第三 □	
33. 您对本地区产业政策满意吗? ①非常满意　②较满意　③一般　④不满意　⑤极不满意	
34. 制约本地工业企业发展的最大阻碍是________	
35. 本地区政府最应该为企业提供的管理与服务 ①优惠政策　②经营环境　③高效服务　④信息技术平台 ⑤金融服务　⑥管理辅导　⑦税收减免　⑧土地资源　⑨其他________	
36. 您认为本地区企业发展的主要挑战是 ①环境污染　②产值与业绩考核　③交通与人才劣势 ④产业基础薄弱　⑤招商引资困难　⑥其他________	

表20-2（续4）

37. 您所在企业发展过程中，存在的突出问题和困难有哪些？ ①环境污染问题　②人才技术问题　③产业配套问题　④经营管理问题 ⑤优惠政策问题　⑥政府服务问题　⑦金融服务问题　⑧其他__________	
38. 您认为未来工业和服务业发展的方向有哪些？ ①高端装备制造业　②新材料　③新能源　④生物医药 ⑤节能环保　⑥金融与物流　⑦信息技术　⑧高端软件 ⑨文化旅游　⑩工业设计和研发　⑪其他__________	
39. 您认为现有工业的基础中，应优先发展哪些细分产业（请选 5 类）？ ①铝材　②乳制品　③焦炭　④机制纸 ⑤水泥　⑥饲料　⑦服装　⑧饮料酒 ⑨煤气　⑩机械电子　⑪其他__________	
40. 您认为未来招商的重点领域是哪些（请选 5 类）？ ①型材合金　②酒类　③文化旅游　④金融投资　⑤食品饮料 ⑥高端制造业　⑦新能源　⑧高端软件　⑨信息技术　⑩其他__________	
41. 您认为本地未来 5~10 年的政府工作目标是 ①经济发展　②生态政府　③单纯追求产值增长 ④经济和生活质量同步发展　⑤进入本地区经济实力前 5 名 ⑥按照目前增长速度发展　⑦其他__________	
42. 您所在企业未来 10 年可能的投资方向和业务领域是 ①型材合金　②新材料　③文化旅游　④金融保险　⑤食品饮料 ⑥高端制造业　⑦新能源　⑧高端软件　⑨信息技术　⑩其他__________	
43. 未来 10 年，本地区工业产业的发展目标是什么？ ____________________	
44. 您心目中未来 10 年本地区发展的美好蓝图是什么？ ____________________	

注：

（1）企业类型、规模等划分执行国家统计局、工业和信息化部等制度文件规定；

（2）在选项上直接划○或者√，如果对选项中的信息不清楚或者不存在可选项，可以写明；

（3）问卷选项可单选，也可多选，如果有顺序请用①②③的序号排序；

（4）如果您有合理的建议，请填在每个问题的右侧空白处；

（5）项目组对企业资料严格保密，仅用于规划参考，不公布个体资料，请如实填写。

五、政府规划评估技巧

（一）基本技巧

关于政府规划评估技巧，前面章节已有系统阐述，这里不再重复。

（二）评估咨询

规划评估咨询的主要内容，包括但不限于：

（1）论证规划目标。对规划确定的主要指标进行综合分析，论证其实现进度、影响因素以及未来特定阶段实现结果等，作为规划下一阶段实施的基本指南。

（2）评价规划方案。对已有规划方案、重点任务、重大项目以及实施路径等进行评价，进而做出规划方案的总体评估结论。

（3）分析规划的比较优势和制约因素。研究全球、全国、区域政策与交通、矿产等资源禀赋，对比产业基础与发展现状，确定分析对象所处的相对优势与劣势，以及影响规划目标、任务实现的外部因素、内外部条件等。

（4）提出评价意见和建议。针对分析结果，结合当前政策变化，预测未来发展趋势，形成评价意见，提出可能的措施与保障机制建议。

六、大数据与元宇宙

（一）基本内容

大数据、互联网、元宇宙、AI（人工智能）等是我国政府规划重要的、系统的前期调研和经济分析的基础。

未来需要对数据架构、AI 等进行大规模重组，包括对混乱的数据库进行筛选，创建清晰的数据库，满足政府规划的各类需求。

未来相当长时期，各类规划技术和分析模型将与大数据、互联网、AI 技术等深度应用进一步融合，信息技术、虚拟应用及规划模型不断创新和全面推广，新质生产力将会爆发巨大的活力。

元宇宙（metaverse）也称为后设宇宙、形上宇宙、元界、超感空间、虚空间。元宇宙是一个在线可与现实世界交互的虚拟空间，其中所有事件都是实时发生的，且有永久的影响力。元宇宙是通过虚拟增强的物理现实，呈现收敛性和物理持久性特征的、基于未来互联网的具有连接感知和共享特征的 3D 虚拟空间。

人工智能（artificial intelligence，AI）亦称智械、机器智能，指由人制造出来的可以表现出智能的机器。通常人工智能指通过普通计算机程序来呈现人类智能的技术。人工智能是“智能主体（intelligent agent）的研究与设计”，智能主体指可以观察周遭环境并做出行动以达致目标的系统。“人工智能”一词最初是在 1956 年的 DARTMOUTH（达特茅斯）学会上提出的，安德里亚斯·卡普兰（Andreas Kaplan）和迈克尔·海恩莱因（Michael Haenlein）将人工智能定义为“系统正确解释外部数据，从这些数据中学习，并利用这些知识通过灵活适应实现特定目标和任务的能力”。

（二）趋势判断

政府规划的数字化、平台化，引发了海量数据的生产和持续堆积。互联网、高端软件、元宇宙等新一代信息技术的快速发展，为政府规划的虚拟技术等提供了大量应用场景。

空间规划的时间和空间立体监测与记录，以及政府规划相关的各类数据的横向比较，要实现对信息技术和大数据的使用，必须采用互联网技术、大型算力等进行动态监测，搜集海量的行业数据和进行分类整理。

“多规合一”、一张图、一本账、一个平台协同审批的政府规划改革与发展趋势，为大数据的信息处理和广泛应用提供了全方位的空间。

大数据、互联网、云应用、AI 等成为政府规划的重要工具，政府规划将更加依赖海量信息搜集、处理、分析以及定量测算与数据支撑，定量规划与定性规划的深度融合将成为常态，规划检测、规划评估与规划调整将更多地使用大数据、互联网、AI 等信息技术与分析工具。

未来，政府规划的实现手段更加多元化、数字化、智能化、平台化与系统化，政府规划更多地依托现代信息技术，更加统筹考虑自然资源、产业基础、技术革命、人民需求、环境承受力以及项目落地等可变因素，更加追求人、产业、环境等融合发展，并且规划内容更加具有前瞻性、规范性、系统性、操作性。

后　记

“没有全局在胸，是投不下一着好棋的。”做好国家经济与社会发展规划，是一项利国利民的战略性工作。政府规划涉及国际形势、宏观政策、国家战略、经济基础、科技创新、人口增长、金融创新、资源要素、考评激励等多领域、多学科，是全局性的系统工程。因此，做好规划编制工作意义重大。

国合华夏城市规划研究院作为国家部委系统专注于乡村振兴、“双碳”战略、园区转型、新质生产力、文旅休闲等规划编制与产业研究的高端智库，始终以服务国家和地方高质量发展为己任，组织院士专家、院所学者，进行规划理论、宏观研究、规划编制、产业招商、典型案例提炼等研究，形成了本专著。

本书在编写过程中，得到有关部门、中央党校、中国社科院、清华大学、北京大学、中国人民大学、同济大学、地方政府等专家、学者和部门的支持与帮助，他们提出了很多富有建设性的意见或案例。在此谨表感谢。

希望本书对各级党委、政府、园区、企业开展宏观研究、规划编制、企业战略、项目策划、产业招商、公共服务、重大决策等提供较强的实践借鉴。

吴维海　吴志强　黄宝荣

2024 年 8 月